U0115968

中華文化思想叢書

# 清代學術源流

## 下冊

陳祖武　著

# 目次

# 第十三章
# 戴東原學述

　　戴震是活躍在清乾隆中葉學術舞臺上的一位傑出大師，繼惠棟之後，他與之齊名而主持一時學術風會。梳理戴震的為學歷程，探討其學術旨趣，對於準確地把握乾隆中葉的學術大勢，進而揭示乾嘉學派的歷史特質，顯然具有典型意義。

## 一　從江永到戴震

　　戴震，字東原，一字慎修，安徽休寧人。生於雍正元年十二月二十四日（1724年1月19日），乾隆四十二年五月二十七日（1777年7月1日）在北京病逝，得年五十五歲。

　　休寧地處皖南山區，乏平原曠野，緣地少人多，一方山民每每「商賈東西，行營於外」。[1] 戴震早年家貧，一家生計仰仗其父弁販布四方維持，十歲始得入塾求學。唯聰穎敏慧，勤學善思，由精讀《說文解字》入手，漸及《爾雅》、《方言》，乃至漢儒傳注、群經注疏，從而奠定堅實為學根柢，走上訓詁治經以聞道的治學路徑。震晚年曾就此回憶道：「僕自十七歲時，有志聞道，謂非求之《六經》、孔孟不得，非從事於字義、制度、名物，無由以通其語言。宋儒譏訓詁之學，輕語言文字，是欲渡江河而棄舟楫，欲登高而無階梯也。為之卅

---

1　戴震：〈戴節婦家傳〉，《東原文集》，卷12。

餘年，灼然知古今治亂之源在是。」[2]

乾隆五年（1740年），震隨父販布江西、福建，並課督學童於邵武，時年十八歲。七年，自邵武歸，值儒臣程恂在鄉，震遂拜謁師從。恂為雍正二年進士，乾隆元年中式博學鴻詞，官翰林院檢討，有「休寧山斗」之稱。[3]此時，婺源著名學者江永正以西席而深得程恂器重。永為一方大儒，學宗朱子，精於《三禮》及天文曆算、聲韻、輿地。承朱子遺志，早在康熙六十年，永即撰成《禮書綱目》。乾隆初，清廷徵集該書入《三禮》館。之後，永又致力於《近思錄》的集注。乾隆五年，入程恂家館，完成曆學書七卷，計有《金水二星發微》、《七政衍》、《冬至權度》、《恒氣注歷辨》、《歲實消長辨》、《曆學補論》、《中西合法擬草》七種，旨在與梅文鼎遺說商榷。同年八月，永隨程氏入都，《三禮》館臣方苞、吳紱、杭世駿等，皆與之問學論難。翌年八月返皖，自九年至十二年間，江永皆執教程氏家館。

既秉程恂之教，亦受江永為學影響，乾隆九年至十二年間，戴震相繼撰成《籌算》、《六書論》、《考工記圖》、《轉語》諸書。尤以《考工記圖》最為程恂所重，十二三年間，曾向儒臣齊召南推薦，獲齊氏贊為「奇書」。[4]

乾隆十四年（1749年），戴震學已粗成，以正致力的《大戴禮記》校勘稿，而與歙縣學人程瑤田定交。翌年，又經瑤田而交西溪汪氏叔侄。據程瑤田事後追記：「庚午、辛未（乾隆十五、十六年）之間，余與稚川及余姊婿汪松岑三人同研席，每論當世士可交而資講習益者，余曰戴東原也。東原名震，休寧隆阜人。先是己巳歲，余初識東原。

---

2　《戴震全書》之三十五《與段茂堂等十一劄》之第九劄；又見段玉裁《戴東原先生年譜》，「乾隆四年、十七歲」條。

3　江錦波、汪世重：《江慎修先生年譜》，「乾隆五年、六十歲」條。

4　紀昀：〈考工記圖序〉，《紀曉嵐文集》，卷8。

當是時，東原方躓於小試，而學已粗成，出其所校《太傅禮》示余。《太傅禮》者，人多不治，故經傳錯互，字句訛脫，學者恆苦其難讀，東原一一更正之。余讀而驚焉，遂與東原定交。至是，稚川、松岑亦交於東原矣。」[5]此後，震與諸友皆問學江永，成為江氏學術的追隨者。震尤為江永所喜，歎為「敏不可及」。[6]時值清廷詔舉經學特科，永以年逾古稀而辭薦，並致書戴震，表示「馳逐名場非素心」。[7]

十六年（1751年），戴震補為休寧縣學生，年已二十九歲。十七年，震應汪梧鳳聘，執教歙縣西溪汪氏家館。翌年，江永亦來西溪，應聘主持汪氏家館講席，於是汪氏一門學人及戴震、程瑤田等，皆得朝夕從永問業。據《江慎修先生年譜》乾隆十八年、七十三歲條記：「館歙邑西溪，歙門人方矩、金榜、汪梧鳳、吳紹澤從學。休寧鄭牧、戴震，歙汪肇龍、程瑤田，前已拜門下問業，是年殷勤問難，必候口講指畫，數日而後去。」[8]

乾隆十九年（1754年），因與同族有權勢者發生墳地糾紛，戴震被迫負笈遠遊，避仇入都。抵京之後，雖困於逆旅，但卻以所擅天文曆算、聲韻、訓詁和古代禮制諸學，廣交錢大昕、紀昀、王鳴盛、王昶、朱筠等新科進士，遂以天下奇才而聲重京師。錢大昕於此所記甚明：「戴先生震，性介特，多與物忤，落落不自得。年三十餘，策蹇至京師，困於逆旅，饘粥幾不繼，人皆目為狂生。一日，攜其所著書過予齋，談論竟日。既去，予目送之，歎曰天下奇才也。時金匱秦文恭公蕙田兼理算學，求精於推步者，予輒舉先生名。秦公大喜，即日命駕訪之，延主其邸，與講觀象授時之旨，以為聞所未聞。秦公撰

---

5　程瑤田：《通藝錄》之《修辭餘抄》〈五友記〉。
6　洪榜：《初堂遺稿》〈戴先生行狀〉。
7　戴震：〈江慎修先生事略狀〉，《東原文集》，卷12。
8　江錦波、汪世重：《江慎修先生年譜》，「乾隆十八年、七十三歲」條。

《五禮通考》，往往采其說焉。高郵王文肅公安國亦延致先生家塾，令其子念孫師之。一時館閣通人，河間紀太史昀、嘉定王編修鳴盛、青浦王舍人昶、大興朱太史筠，先後與先生定交。於是海內皆知有戴先生矣。」[9]紀昀、盧文弨亦有專文推尊震學，昀稱：「戴君深明古人小學，故其考證制度、字義，為漢以降儒者所不能及。」[10]文弨則云：「吾友戴君東原，自其少時，通聲音文字之學，以是而求之遺經，遂能探古人之心於千載之上。既著《詩補傳》、《考工記圖》、《勾股割圓記》、《七經小記》諸書，又以餘力為《屈原賦》二十五篇作注，微言奧指，具見疏抉。」[11]姚鼐甚至致書稱戴震為「夫子」，提出師從問學的請求，為震所婉拒。戴震復書云：「至欲以僕為師，則別有說……僕與足下，無妨交相師，而參互以求十分之見，苟有過則相規，使道在人不在言，斯不失友之謂，固大善。昨辱簡，自謙太過，稱夫子，非所敢當，謹奉繳。」[12]

在京三年，戴震既播揚一己之學，反對「株守」成說，「信古而愚」[13]，主張合「理義」、「制數」、「文章」為一以求道[14]，亦不忘表彰江永學術。乾隆二十七年三月江永病逝。五月，戴震即為永撰行狀，以供他日史館採擇。文中，記此時史事云：「戴震嘗入都，秦尚書蕙田客之，見書笥中有先生曆學數篇，奇其書。戴震因為言先生。尚書撰《五禮通考》，摭先生說入觀象授時一類，而《推步法解》則取全書載入，憾不獲見先生《禮書綱目》也。」[15]晚年的江永，則以

---

9　錢大昕：〈戴先生震傳〉，《潛研堂文集》，卷38。

10　紀昀：〈考工記圖序〉，《紀曉嵐文集》，卷8。

11　盧文弨：〈戴東原注屈原賦序〉，《抱經堂文集》，卷6。

12　戴震：〈與姚孝廉姬傳書〉，《東原文集》，卷9。

13　戴震：〈與王內翰鳳喈書〉，《東原文集》，卷3。

14　戴震：〈與方希原書〉，《東原文集》，卷9。

15　戴震：〈江慎修先生事略狀〉，《東原文集》，卷12。

戴震的「盛年博學」而引為同志。[16]據稱:「余既為〈四聲切韻表〉,
細區今韻,歸之字母音等,復與同志戴東原商定《古韻標準》四卷、
《詩韻舉例》一卷,分古韻為十三部,於韻學不無小補。」[17]而在江
永逝世之前,戴震亦有長書一通答永,以討論《說文解字》的六書學
說,從而顯示問學江永以來的出藍之獲。書中,戴震寫道:

> 《說文》於字體、字訓,罅漏不免,其論六書,則不失師
> 承。……大致造字之始,無所憑依。宇宙間,事與形兩大端而
> 已。指其事之實曰指事,一、二、上、下是也;象其形之大體
> 曰象形,日、月、水、火是也。文字既立,則聲寄於字,而字
> 有可調之聲;意寄於字,而字有可通之意。是又文字之兩大端
> 也。因而博衍之,取乎聲諧曰諧聲,聲不諧而會合其意曰會
> 意。四者,書之體止此矣。由是之於用,數字共一用者,如
> 初、哉、首、基之皆為始,卬、吾、臺、予之皆為我,其義轉
> 相為注,曰轉注。一字具數用者,依於義以引申,依於聲而旁
> 寄,假此以施於彼,曰假借。所以用文字者,斯其兩大端也。
> 六者之次第出於自然,立法歸於易簡,震所以信許叔重論六書
> 必有師承,而考、老二字,以《說文》證《說文》,可不復疑
> 也。[18]

　　述許慎六書學說而明晰如此,難怪江永於問學諸人中,要獨稱戴
震「敏不可及」了。[19]

---

16 洪榜:《初堂遺稿》〈戴先生行狀〉。
17 段玉裁:《戴東原先生年譜》,「乾隆二十八年、四十一歲」條引述。
18 戴震:〈答江慎修先生論小學〉,《東原文集》卷3。
19 洪榜:《初堂遺稿》〈戴先生行狀〉。

## 二　惠棟與戴震

　　乾隆二十二年（1757年）冬，戴震離京南還，途經揚州。此時的揚州，正值兩淮鹽運使盧見曾駐節，見曾擅詩，雅好經史，一時江南名儒多集於其幕府，南來北往的學術俊彥，亦每每出入其間。戴震抵揚，恰逢大儒惠棟、沈大成主盧幕西席，助見曾輯刻《雅雨堂藏書》，以表彰東漢經師鄭玄學說。此後二三年間，戴震皆客居於盧見曾幕。面對飽學務實的前輩大儒，戴震為宗法漢代經師的風氣習染，與先前在京中俯視一輩新科進士，自是不可同日而語。

　　惠棟長戴震二十七歲，乾隆十九年即入盧氏幕府，最稱前輩，影響盧氏及一方學術亦最深。惠棟早先即從亡友沈彤處得聞戴震博學，此番晤面，若舊友重逢。據戴震稱：「震自京師南還，始覿先生於揚之都轉鹽運使司署內。先生執震之手言曰：『昔亡友吳江沈冠云嘗語餘，休寧有戴某者，相與識之也久。冠雲蓋實見子所著書。』震方心訝少時未定之見，不知何緣以入沈君目，而憾沈君之已不久覿，益欣幸獲覿先生。」[20]戴震同惠棟在揚州的相處，雖不過短短數月，但耳濡目染，潛移默化，於其爾後的為學，留下了頗深的影響。其大要有三：

　　首先，是推崇鄭玄學說，抨擊宋明經學為「鑿空」。王昶為惠棟學說的追隨者，早年求學蘇州紫陽書院，即問業於惠棟。乾隆二十一二年間，昶又與棟同客盧見曾幕。二十三年五月，惠棟在蘇州病逝，王昶為棟撰墓誌銘，文中記云：「余弱冠遊諸公間，因得問業於先生。及丙子、丁丑，先生與予又同客盧運使見曾所，益得盡讀先生所著。嘗與華亭沈上舍大成手抄而校正之，故知先生之學之根柢，莫餘

---

20　戴震：〈題惠定宇先生授經圖〉，《東原文集》，卷11。

為詳。」[21]為明一己學術宗尚，王昶青年時代即以「鄭學齋」為書室名。乾隆二十四年九月，戴震在京應順天鄉試，應昶請撰《鄭學齋記》。震文開宗明義即云：「王蘭泉舍人為余言，始為諸生時，有校書之室曰鄭學齋，而屬余記之。今之知學者，說經能駸駸進於漢，進於鄭康成氏，海內蓋數人為先倡，舍人其一也。」繼之尊鄭玄為一代儒宗，述鄭學興廢云：「方漢置五經博士，開弟子員，先師皆起建、元之間，厥後鄭氏卓然為儒宗。眾家之書亡於永嘉，師傳不絕獨鄭氏。及唐承江左義疏，《書》用梅賾所進古文，《易》用輔嗣、康伯二經，涉前儒之申鄭者，目曰鄭學云爾。故廢鄭學，乃後名鄭學以相別異。」戴震認為，宋明以降，經學的積弊就在「鑿空」二字，他說：「鄭之《三禮》、《詩箋》僅存，後儒淺陋，不足知其貫穿群經以立言，又苦義疏繁蕪，於是競相鑿空。」震文以朱子當年抨彈王安石《三經新義》為例，指斥宋明經學的病痛云：「自制義選士以來，用宋儒之說，猶之奉新經而廢注疏也。抑亦聞朱子晚年治《禮》，崇鄭氏學何如哉！」文末，戴震沿惠棟訓詁治經、興復古學的主張而進，對鄭學做出界定，指出：「由六書、九數、制度、名物，能通乎其詞，然後以心相遇。是故求之茫茫，空馳以逃難，歧為異端者，振其槁而更之，然後知古人治經有法。此之謂鄭學。」[22]

　　其次，是繼承惠棟遺願，引沈大成為忘年友，致力古學復興。沈大成少惠棟三歲，邃於經史，通故知今，為惠棟興復古學事業的志同道合者。惠棟生前，為大成《學福齋集》撰序云：

　　　　明於古今，貫天人之理，此儒林之業也。余弱冠即知遵尚古
　　　　學，年大來兼涉獵於藝術，反覆研求於古與今之際，頗有省

---

21　王昶：〈惠定宇先生墓誌銘〉，《春融堂集》，卷55。
22　戴震：〈鄭學齋記〉，《東原文集》，卷11。

悟，積成卷帙。而求一彈見洽聞，同志相賞者，四十年未睹一
人。最後得吾友云間沈君學子，大喜過望。夫所貴於學者，謂
其能推今說而通諸古也……沈君與余，不啻重規而疊矩，以此
見同志之有人，而吾道之不孤，為可喜也。沈君邃於經史，又
旁通九宮、納甲、天文、樂律、九章諸術，故搜擇融洽而無所
不貫。古人有言，知今而不知古，謂之盲瞽；知古而不知今，
謂之陸沉。溫故知新，可以為師，吾於沈君見之矣。[23]

　　惠棟故世，沈大成與戴震在盧見曾幕府朝夕共處。大成喜震乃
「耆古之士」，乾隆二十五年（1760年）夏，約震復校何焯校本《水
經注》。大成有校記云：「庚辰初夏，從吾友吳中朱文游奐借何義門校
本，復校於廣陵。同觀者休寧戴東原震，亦耆古之士也。」[24]戴震則
以得前輩師長的護愛而感念不忘，欣然撰文，尊沈大成為「卓然儒
者」。據稱：「沃田先生周甲子六十之明年夏，以《戴笠圖》示休寧戴
震。先生在維揚使幕也久，震之得識先生也，於今四年，蓋四三見。
其見也，漏下不數商而復離，離則時時懸於想似。豈形遇疏者神遇故
益親邪？抑非也？先生於《六經》、小學之書，條貫精覈，目接手
披，丹黃爛然，而恂恂乎與叔重、康成、沖遠諸人輩行而踧踖也。蓋
先生卓然儒者。」[25]

　　之後，戴震北遊，闊別有年。乾隆三十六年（1771年），沈大成
文集重行纂輯，大成二千里馳書，囑震為文集撰序。戴震如約成文，
文中重申：「先生之學，於漢經師授受欲絕未絕之傳，其知之也獨
深。」因此，他認為文章無非沈大成為學的緒餘，可傳者則是由小學

---

23　惠棟：〈學福齋集序〉，《松崖文抄》，卷2。
24　楊應芹：《東原年譜訂補》，「乾隆二十五年、三十八歲」條。
25　戴震：〈沈處士戴笠圖題詠序〉，《東原文集》，卷11。

故訓入手的治經之道。戴震就此指出：

> 夫先生之可傳，豈特在是哉！以今之去古既遠，聖人之道在
> 《六經》也。當其時，不過據夫共聞習知，以闡幽而表微。然
> 其名義、制度，自千百世下遙溯之，至於莫之能通。是以凡學
> 始乎離詞，中乎辨言，終乎聞道。離詞則舍小學故訓無所借，
> 辨言則舍其立言之體無從而相接以心。先生於古人小學故訓，
> 與其所以立言用相告語者，研究靡遺。治經之士，得聆一話
> 言，可以通古，可以與幾於道。而斯集都其文凡若干篇，繩尺
> 法度，力追古人，然特先生之出其餘焉耳。[26]

最後，是弘揚惠棟學術，提出「故訓明則古經明」的著名主張。
乾隆三十年（1765年），戴震客遊蘇州，曾撰〈題惠定宇先生授經圖〉
一文，以紀念亡友惠棟。文中，震於惠棟學術推崇備至，有云：「先
生之學，直上追漢經師授受，欲墜未墜，埋蘊積久之業，而以授吳之
賢俊後學，俾斯事逸而復興。震自愧學無所就，於前儒大師不能得所
專主，是以莫之能窺測先生涯涘。」正是在這篇文章中，戴震承惠棟
訓詁治經的傳統，提出了「故訓明則古經明」的著名主張。他說：

> 然病夫《六經》微言，後人以歧趨而失之也。言者輒曰：「有
> 漢儒經學，有宋儒經學，一主於故訓，一主於理義。」此誠震
> 之大不解也者。夫所謂理義，苟可以舍經而空憑胸臆，將人人
> 鑿空得之，奚有於經學之云乎哉？惟空憑胸臆之卒無當於賢人
> 聖人之理義，然後求之古經。求之古經而遺文垂絕，今古懸隔

---

26 戴震：〈沈學子文集序〉，《東原文集》，卷11。

也，然後求之故訓。故訓明則古經明，古經明則賢人聖人之理
義明，而我心之所同然者，乃因之而明。[27]

在乾隆中葉的學術界，戴震之所以能與經學大師惠棟齊名，根本
原因不僅在於他能融惠學為己有，而且還因為他進一步把惠學與典章
制度的考究及義理之學的講求相結合，從而發展了惠學。正是由此出
發，戴震對惠棟學術做出了創造性的解釋，指出：

> 賢人聖人之理義非它，存乎典章制度者是也。松崖先生之為經
> 也，欲學者事於漢經師之故訓，以博稽三古典章制度，由是推
> 求理義，確有據依。彼歧故訓、理義二之，是故訓非以明理
> 義，而故訓胡為？理義不存乎典章制度，勢必流入異學曲說而
> 不自知，其亦遠乎先生之教矣。[28]

乾隆三十四年（1769年），戴震為惠棟弟子余蕭客所著《古經解
鉤沉》撰序，重申前說，系統地昭示了訓詁治經以明道的為學宗旨。
他說：

> 士貴學古治經者，徒以介其名使通顯歟？抑志乎聞道，求不謬
> 於心歟？人之有道義之心也，亦彰亦微。其彰也是為心之精
> 爽，其微也則以未能至於神明。《六經》者，道義之宗，而神
> 明之府也。古聖哲往矣，其心志與天地之心協，而為斯民道義
> 之心，是之謂道。

---

27 戴震：〈題惠定宇先生授經圖〉，《東原文集》，卷11。
28 戴震：〈題惠定宇先生授經圖〉，《東原文集》，卷11。

這就是說，學古治經，旨在聞道。道何在？戴震認為就在《六經》蘊涵之典章制度。所以戴震接著又說：

> 士生千載後，求道於典章制度，而遺文垂絕，今古懸隔。時之相去，殆無異地之相遠，僅僅賴夫經師故訓乃通，無異譯言以為之傳導也者。又況古人之小學亡，而後有故訓。故訓之法亡，流而為鑿空。數百年以降，說經之弊，善鑿空而已矣。

既然宋明數百年的鑿空治經不可取，那麼正確途徑又當若何？依戴震之見，就當取漢儒訓詁治經之法，從文字、語言入手，他的結論是：

> 經之至者道也，所以明道者其詞也，所以成詞者未有能外小學文字者也。由文字以通乎語言，由語言以通乎古聖賢之心志，譬之適堂壇之必循其階，而不可以躐等。[29]

從惠學到戴學，有繼承，更有發展。戴學之繼承惠學者，為訓詁治經的傳統。這一傳統導源於清初顧炎武的「讀九經自考文始，考文自知音始」[30]，至惠棟而門牆確立。惠棟於此有云：「漢人通經有家法，故有五經師。訓詁之學，皆師所口授，其後乃著竹帛。所以漢經師之說立於學官，與經並行。五經出於屋壁，多古字古言，非經師不能辨。經之義存乎訓，識字審音，乃知其義。是故古訓不可改也，經師不可廢也。」[31]戴震一脈相承，播揚南北，遂成乾嘉學派為學的不

---

29 戴震：〈古經解鉤沉序〉，《東原文集》，卷10。
30 顧炎武：〈答李子德書〉，《亭林文集》，卷4。
31 惠棟：〈九經古義述首〉，《松崖文抄》，卷1。

二法門。離開文字訓詁，乾嘉學派將失去其依託。然而，戴學之可貴
處則在於發展了惠學，它並不以諸經訓詁自限，而只是以之為手段，
去探求《六經》蘊涵的義理，通經以明道。因此，在〈古經解鉤沉
序〉篇末，戴震指出：「今仲林得稽古之學於其鄉惠君定宇，惠君與
余相善，蓋嘗深嫉乎鑿空以為經也。二三好古之儒，知此學之不僅在
故訓，則以志乎聞道也，或庶幾也。」[32]

## 三　戴震學說的傳播

出入揚州幕府，倏爾五年過去。其間，繼《考工記圖》之後，隨
著《句股割圓記》、《屈原賦注》諸書的先後付梓，戴震學說不脛而
走。而憑藉多年校勘《大戴禮記》的積纍，震又與前輩碩儒盧文弨合
作，書劄往復，精心切磋，克成《大戴禮記》善本。乾隆二十三年
（1758年），盧見曾將文弨與戴震所校訂《大戴禮記》收入《雅雨堂
藏書》，有序記云：「《大戴禮記》十三卷，向不得注者名氏……錯亂
難讀，學者病之。餘家召弓太史，於北平黃夫子家，借得元時刻本，
以校今本之失，十得二三，注之為後人刊削者，亦得據以補焉。又與
其友休寧戴東原震，氾濫群書，參互考訂。既定，而以貽餘。夫以戴
書盧注，經千百年後，復有與之同氏族者，為之審正而發明之。其事
蓋有非偶然者，因亟授諸梓。」[33]兩年之後，新刻《大戴禮記》蕆
事，盧文弨亦有跋稱：「吾宗雅雨先生，思以經術迪後進。於漢、唐
諸儒說經之書，既遴得若干種，付劂厥氏以行世。猶以《大戴》者，
孔門之遺言，周元公之舊典，多散見於是書，自宋、元以來諸本，日
益訛舛，馴至不可讀，欲加是正，以傳諸學者。知文弨與休寧戴君震

---

32 戴震：〈古經解鉤沉序〉，《東原文集》，卷10。
33 盧見曾：〈大戴禮記序〉，《雅雨堂文集》，卷1。

夙嘗留意是書，因索其本，並集眾家本，參伍以求其是。義有疑者，常手疏下問，往復再四而後定。凡二年始竣事，蓋其慎也如此。」[34]

乾隆二十七年（1762年），在經歷三年前北闈鄉試的挫折之後，戴震於是年秋舉江南鄉試，時年四十歲。翌年入都會試，竟告敗北。在京期間，震客居新安會館，汪元亮、胡士震、段玉裁等追隨問學。玉裁且將震所著《原善》三篇、《尚書今文古文考》、《春秋改元即位考》一一抄謄，後更自稱弟子，執意師從。震雖一如先前之婉拒姚鼐，數度辭謝，終因玉裁心誠而默許。從此，遂在乾隆中葉以後的學術史上，寫下了戴、段師友相得益彰的一頁。

乾隆三十年（1765年），戴震致力《水經注》校勘，別經於注，令經、注不相淆亂，成《水經考次》一卷。卷末，震有識語云：「夏六月，閱胡朏明《禹貢錐指》所引《水經注》，疑之。因檢酈氏書，輾轉推求，始知朏明所由致謬之故。」由釋胡渭誤入手，震進而揭出辨析《水經注》經文、注文的四條義例，即「《水經》立文，首云某水所出，已下不復重舉水名。而注內詳及所納小水，加以採摭故實，彼此相雜，則一水之名不得不循文重舉。《水經》敘次所過郡縣，如云『又東過某縣南』之類，一語實賅一縣。而注內則自縣西至東，詳記水歷委曲。《水經》所列，即當時縣治，至善長作注時，已縣邑流移。注既附經，是以云徑某縣故城，經無有稱故城者也。凡經例云『過』，注例云『徑』。」篇末，震重申：「今就酈氏所注，考定經文，別為一卷，兼取注中前後例粲不可讀者，為之訂正，以附於後。是役也，為治酈氏書者棼如亂絲，而還其注之脈絡，俾得條貫，非治《水經》而為之也。」[35]

---

34 盧文弨：〈新刻大戴禮跋〉，《抱經堂文集》，卷8。
35 戴震：〈後記〉，《水經考次》，卷末。

　　三十一年（1766年），震再度入都會試，復遭挫折。迄於三十七年，歷屆會試皆名落孫山。其間，震先後作幕晉冀，應聘主持《汾州府志》、《汾陽縣志》和《直隸河渠書》纂修事宜。所著《聲韻考》漸次成文，凡韻書之源流得失，古韻之部類離析，皆卓然有識，自成一家。戴震的博學多識，一度為在國子監求學的章學誠所傾倒，據章氏稱：

> 往僕以讀書當得大意，又年少氣銳，專務涉獵，四部九流，泛覽不見涯涘，好立議論，高而不切，攻排訓詁，馳騖空虛，蓋未嘗不　然自喜，以為得之。獨怪休寧戴東原振臂而呼曰：「今之學者，毋論學問文章，先坐不曾識字。」僕駭其說，就而問之。則曰：「予弗能究先天後天，河、洛精蘊，即不敢讀元亨利貞；弗能知星躔歲差，天象地表，即不敢讀欽若敬授；弗能辨聲音律呂，古今韻法，即不敢讀關關雎鳩；弗能考《三統》正朔，《周官》典禮，即不敢讀春王正月。」僕重愧其言！因憶向日曾語足下所謂「學者只患讀書太易，作文太工，義理太實」之說，指雖有異，理實無殊。充類至盡，我輩於《四書》一經，正乃未嘗開卷卒業，可為慚惕，可為寒心！[36]

　　唯章學誠與段玉裁為人為學之旨趣不一，玉裁心悅誠服，執意師從，學誠無非聳動一時，別有追求。因之，段氏終身光大師門，言必稱先生，年屆耄耋，依然勤於纂輯《戴東原先生年譜》。而章氏不惟分道揚鑣，而且反唇相向，以己之長，形人之短，惡意指斥，喋喋不休，直至戴震故世多年，始終耿耿於懷。

---

36 章學誠：〈與族孫汝楠論學書〉，《章氏遺書》，卷22。

　　乾隆三十八年（1773年）二月，清廷開館纂修《四庫全書》。閏三月十一日，任命書館正副總裁及一應纂修官員，並由民間徵調學者來京修書。戴震以能考訂古書原委，亦在指名徵調之列。據《高宗實錄》記，是日，大學士劉統勳等奏：

> 纂輯《四庫全書》，卷帙浩繁，必須斟酌綜覈，方免罣漏參差。請將現充纂修紀昀、提調陸錫熊，作為總辦。原派纂修三十員外，應添纂修翰林十員。又查有郎中姚鼐，主事程晉芳、任大椿，學正汪如藻，降調學士翁方綱，留心典籍，應請派為纂修。又進士余集、邵晉涵、周永年，舉人戴震、楊昌霖，於古書原委，俱能考訂，應請旨調取來京，令其在分校上行走，更資集思廣益之用。[37]

　　此奏為高宗允行，調令下頒。此時，戴震正客遊浙東，主持金華書院講席。聞訊中斷教學，臨行，至寧波，在寧紹臺兵備道署，與章學誠不期而遇。戴、章二人的此次晤面，與七年前初識迥異，雙方竟因纂修地方志主張不一，各抒己見，不歡而散。據章學誠記：

> 乾隆三十八年癸巳夏，與戴東原相遇於寧波道署，馮君弼方官寧紹臺兵備道也。戴君經術淹貫，名久著於公卿間，而不解史學，聞余言史事，輒盛氣淩之。見余《和州志例》，乃曰：「此於體例則甚古雅，然修志不貴古雅，余撰汾州諸志，皆從世俗，絕不異人，亦無一定義例，惟所便爾。夫志以考地理，但悉心於地理沿革，則志事已竟，侈言文獻，豈所謂急務哉？」余

---

37 《高宗實錄》，卷930，「乾隆三十八年閏三月庚午」條。

曰：「余於體例求其是爾，非有心於求古雅也……如余所見，考
古固宜詳慎，不得已而勢不兩全，無寧重文獻而輕沿革耳。」[38]

## 四　獻身《四庫全書》

　　乾隆三十八年（1773年）八月，戴震奉召抵京，預修《四庫全
書》。書館初開，意在自《永樂大典》中輯錄散佚古籍，震獲授校勘
《永樂大典》纂修兼分校官。震校勘《水經注》多歷年所，自上年起
即在浙東刊刻自定《水經注》，未及四分之一，因奉調入京而中輟。
入館修書，有《永樂大典》可據，校訂《水經注》遂成駕輕就熟的第
一件工作。同時，則根據其為學所長，分任天文、算法、小學、方
言、禮制諸書的輯錄。是年十月三十日，戴震致書遠在蜀中的段玉
裁，告以抵京數月所為，有云：「數月來，纂次《永樂大典》內散
篇，於《儀禮》得張淳《識誤》、李如圭《集釋》，於算學得《九
章》、《海島》、《孫子》、《五曹》、《夏侯陽》五種算經。皆久佚而存於
是者，足寶貴也。」[39]歷時年餘，震校《水經注》、《九章算術》、《五
經算術》諸書相繼完成。
　　乾隆四十年四月，戴震會試又告落第，奉高宗諭，準與貢士一體
殿試，賜同進士出身。五月，入翰林院為庶起士。震初入詞館，即因
論學齟齬，先後同蔣士銓、錢載發生爭執，尤其是與儒臣錢載的論
辯，更成一樁學術公案，二十餘年之後，依然為學者重提。翁方綱乃
錢、戴二人發生爭議時的見證人之一，事後曾就此有專書致儒臣程晉
芳，以平停二家爭議。據稱：

---

38 章學誠：〈記與戴東原論修志〉，《章氏遺書》，卷14。
39 〈與段茂堂等十一劄〉之第7劄，《戴震全書》之35。

昨籜石與東原議論相詆，皆未免於過激。戴東原新入詞館，斥詈前輩，亦籜石有以激成之，皆空言無實據耳。籜石謂東原破碎大道，籜石蓋不知考訂之學，此不能折服東原也。訓詁名物，豈可目為破碎？學者正宜細究考訂詁訓，然後能講義理也。宋儒恃其義理明白，遂輕忽《爾雅》、《說文》，不幾漸流於空談耶？況宋儒每有執後世文字慣用之義，輒定為詁訓者，是尤蔑古之弊，大不可也。今日錢、戴二君之爭辯，雖詞皆過激，究必以東原說為正也。然二君皆為時所稱，我輩當出一言持其平，使學者無歧惑焉。[40]

當然，這場爭議並非以翁方綱一言即可弭平。所以戴震故世二十餘年之後，章學誠又藉端生事，稱：「戴東原嘗於筵間偶議秀水朱氏，籜石宗伯至於終身切齒，可為寒心……戴氏之遭切齒，即在口談。」[41]

戴震家境本不寬裕，入京修書，官俸微薄，維持一家老少生計，更形拮据。早在入京之初，震即在致段玉裁書劄中道出憂慮：「僕此行不可謂非幸邀，然兩年中無分文以給旦夕。曩得自由，尚內顧不暇，今益以在都費用，不知何以堪之。」[42]修書既已辛勞，又有生計之虞，加之與同官爭議所致憤懣，自乾隆四十一年三月起，戴震即已罹患足疾。是年十一月二十二日，震致書段玉裁，開始萌生南旋之意。據稱：「僕自三月初獲足疾，至今不能行動，以纂修事未畢，仍在寓辦理。擬明春告成，乞假南旋。久不與人交接……僕於本月十

---

40 翁方綱：〈理說駁戴震作〉附〈與程魚門平錢戴二君議論舊草〉，《復初齋文集》，卷7。

41 章學誠：〈上辛楣宮詹書〉，《章氏遺書》卷29。

42 〈與段茂堂等十一劄〉之第8劄，《戴震全書》之35。

六，移寓北官園范宅，在海岱門之西，前門之東，更遠人跡。」[43]翌
年正月十四日，震再致書段玉裁，重申南旋之想：「僕自上年三月初
獲足疾，至今不能出戶，又目力大損。今夏纂修事似可畢，定於七八
月間乞假南旋就醫，覓一書院糊口，不復出矣。」[44]

四十二年（1777年）春，戴震得悉山東布政使陸燿著《切問齋文
抄》，已撰〈璿璣玉衡解〉、〈七政解〉二文錄入該書卷二十四〈時憲〉
一門，欣然致書陸氏。書中，論及近儒理欲之說，並告南歸心跡。春
末，陸氏接書，後復書戴震，作同調之鳴，且邀遊濟南。據稱：

> 春杪接書，久未裁復，紛紜案牘之中，力小任重，日夜惶疚，
> 即此稽緩，亦足見其才力之困也。閣下究心典籍，高出群儒，
> 修述之事方期身任，胡遽有秋令假歸之語？行止何如，臨期尚
> 祈示及。如果言旋，倘可迂道濟南，一訪鵲華之勝，尤所顒
> 跂。來教舉近儒理欲之說，而謂其以有蔽之心，發為意見，自
> 以為得理，而所執之理實謬。可謂切中俗儒之病。[45]

戴震的同樣心境，亦見於同年四月二十四日之致段玉裁書。書中
有云：「僕足疾已逾一載，不能出戶，定於秋初乞假南旋，實不復出
也。擬卜居江寧，俟居定當開明，以便音問相通……僕生平論述最大
者，為《孟子字義疏證》一書，此正人心之要。今人無論正邪，盡以
意見誤名之曰理，而禍斯民，故《疏證》不得不作。」[46]

此劄發出二日，戴震病勢轉重。五月二十一日，強起致書段玉

---

43 〈與段茂堂等十一劄〉之第8劄，《戴震全書》之35。

44 〈與段茂堂等十一劄〉之第9劄，《戴震全書》之35。

45 陸燿：〈復戴東原言理欲書〉，《切問齋集》，卷2。

46 〈與段茂堂等十一劄〉之第10劄，《戴震全書》之35。

裁，明確告以擬於八月南歸：「僕歸山之志早定，八月準南旋……僕歸後，老親七十有八，非得一書院不可。陝西畢公欲招之往，太遠不能就也。」[47]殊不知天不遂人願，七日之後，為庸醫所誤，一代大儒戴東原即在崇文門西范氏穎園客寓遽然長逝。

自乾隆三十八年八月入《四庫全書》館，迄於四十二年五月二十七日逝世，五年之間，經戴震之手輯錄校訂的古籍，凡十六種，計為：《水經注》、《九章算術》、《五經算術》、《海島算經》、《周髀算經》、《孫子算經》、《張丘建算經》、《夏侯陽算經》、《五曹算經》、《儀禮識誤》、《儀禮釋宮》、《儀禮集釋》、《項氏家說》、《蒙齋中庸講義》、《大戴禮》、《方言》。戴震之於《四庫全書》，可謂鞠躬盡瘁，死而後已。

## 五　《孟子字義疏證》及其遭遇

戴震一生著述甚富，由早年著《考工記圖》、《句股割圓記》、《屈原賦注》諸書始，迄於晚年成《孟子字義疏證》，多達三十餘種一百餘卷。其中，尤以《孟子字義疏證》最成體系，亦最能反映著者一生的學術追求。正如戴震逝世前一月所自言：「僕生平論述最大者，為《孟子字義疏證》一書，此正人心之要。今人無論正邪，盡以意見誤名之曰理，而禍斯民，故《疏證》不得不作。」[48]

關於戴震的畢生學術追求，他曾經對其弟子段玉裁講過這樣的話：「六書、九數等事，如轎夫然，所以舁轎中人也。以六書、九數等事盡我，是猶誤認轎夫為轎中人也。」[49]這就是說，文字音韻、訓

---

47 〈與段茂堂等十一劄〉之第11劄，《戴震全書》之35。

48 〈與段茂堂等十一劄〉之第10劄，《戴震全書》之35。

49 段玉裁：〈戴東原集序〉，見《戴震集》（北京市：中華書局，1980年），卷首。

話考證以及天文曆算等，無非戴震為學的工具而已，他的根本追求則別有所在。至於這一追求之具體目標，用戴震的話來說，就是求之《六經》、孔孟以聞道，而聞道的途徑只有一條，即故訓，所以他說：「故訓明則古經明，古經明則賢人聖人之理義明。」[50]

　　戴震的此一為學宗旨，發軔於早年在徽州問學程恂、江永，確立於中年在揚州與惠棟相識之後。從此，他便開始致力於《六經》理義的闡發。由至遲在乾隆二十八年完稿的《原善》三篇始，中經乾隆三十一年擴充為《原善》三章，再於乾隆三十七年前後修訂，相繼增補為《孟子私淑錄》、《緒言》各三卷。爾後再集諸書精粹，刪繁就簡，區分類聚，終於在乾隆四十二年逝世前，完成了自己的代表作品《孟子字義疏證》。

　　《孟子字義疏證》凡三卷，卷上釋理，卷中釋天道、性，卷下釋才、道、仁義禮智、誠、權。全書以文字訓詁的方式，就宋明理學家在闡發孟子學說中所論究的上述諸範疇，集中進行探本溯源。尤以對程頤、朱熹等理學大師學術主張的針砭，形成了具有鮮明個性的思想體系。

　　理與氣的關係，這是宋明數百年理學家反覆論究的一個根本問題。入清以後，迄於戴震的時代，理學中人重複前哲論究，陳陳相因，依然如故。就這一論究的終極目的而言，它所要解決的，是世界的本原問題。在這個根本的問題上，戴震不贊成朱子「理先氣後」的主張，尤其反對把「理」界定為「如有物焉，得於天而具於心」。《孟子字義疏證》從對理的集中詮釋入手，以朱子學說為排擊目標，提出了有力的辯詰。

　　戴震認為，理字的本義很平實，並非如宋儒所說出自上天的賦

---

50 戴震：〈題惠定宇先生授經圖〉，《東原文集》，卷11。

予，而是可以在事物中把握的條理。他稱引漢儒鄭玄、許慎「理，分也」的解釋以證成己說，指出：「理者，察之而幾微，必區以別之名也，是故謂之分理。在物之質，曰肌理，曰文理（亦曰文縷，理、縷，語之轉耳）；得其分則有條而不紊，謂之條理。」[51]這就是說，歸根結蒂，所謂理就是事物的條理。他進而把理和情結合起來，加以解釋道：「理也者，情之不爽失也。」戴震的結論是：「苟舍情求理，其所謂理無非意見也。」因此，他否定以一己的意見為轉移的私理，主張在事物中求條理。他說：「物者事也，語其事，不出乎日用飲食而已矣。舍是而言理，非古聖賢所謂理也。」這樣，戴震通過對儒家經典中「理」字本來意義的還原，把理從「得於天」的玄談召喚到現實的人世。沿著這樣的邏輯程序走下去，「理在事中」、「理在情中」的命題，則已呼之欲出。

　　事實上，理氣之辨的是非，在戴震著《緒言》時即已解決。他在那部書中說得很明白：

> 舉凡天地、人物、事為，不聞無可言之理者也，《詩》曰「有物有則」是也。就天地、人物、事為求其不易之則，是謂理。後儒尊大之，不徒曰天地、人物、事為之理，而轉其語曰「理無不在」，以與氣分本末，視之如一物然。豈理也哉！

因此，戴震斷言，「理先氣後」說，「將使學者皓首茫然，求其物不得，合諸古賢聖之言牴牾不協」[52]。隨著他思想的發展，《孟子字義疏證》出，其論究重點已轉移到對天理、人欲關係的探討，試圖以此去對宋學進行徹底清算。

---

51 戴震：〈理〉，《孟子字義疏證》，卷上。
52 戴震：〈緒言〉，卷上。

天理、人欲關係的辯證，這是《孟子字義疏證》全書的論究核心，也是戴震思想最為成熟的形態。雖然這一思想在他早先撰寫《原善》時即已萌芽，但是作為一種完整的系統的思想主張揭出，則是由《孟子字義疏證》來完成的。

在宋明理學的精緻體系中，天理是最高的哲學範疇。理學家將傳統的綱常倫理本體化，使之成為至高無上的天理，用以主宰天下的萬事萬物。在他們看來，與之相對而存在的，便是萬惡之源的人欲，因此必須竭盡全力加以遏制。於是「存天理，滅人欲」遂成宋明數百年理學中人標榜的信條。入清以後，經過康熙後期確立朱子學獨尊的格局，到戴震的時代，已是「理欲之分，人人能言之」。戴震對此深惡痛絕，為了正人心，救風俗，他與之針鋒相對，在《孟子字義疏證》中，系統地提出了自己的理欲一本論。

如同對理氣之辨的探討一樣，在理欲觀的論證上，戴震也採取了由訓詁字義入手的方法。根據以情釋理的一貫思想，他對天理的詮釋也絲毫沒有離開情。他說：「天理云者，言乎自然之分理也。自然之分理，以我之情絜人之情，而無不得其平是也。」又說：「情得其平，是為好惡之節，是為依乎天理。」這就是說，談天理不能與人情對立，天理就在人情之中。戴震認為，這才是天理的原始界說。用他的話來說，就叫做：「古人所謂天理，未有如後儒之所謂天理者矣。」顯然，這同宋儒所說的天理就不是一回事情了。至於人欲，戴震同樣沒有如理學家那樣視若洪水猛獸，他反覆稱引《詩經》「民之質矣，日用飲食」；《禮記》「飲食男女，人之大欲存焉」的儒家經典中語，以論證人的欲望存在的合理性。在他看來，人欲並不可怕，也不存在有無的問題，關鍵只是在於節制與否。所以他說：「天理者，節其欲而不窮人欲也。是故欲不可窮，非不可有。有而節之，使無過情，無不及情，可謂之非天理乎！」也就是說，只要能以情為尺度加以節制，那麼天理就存在於人欲之中。

　　至此，天理、人欲的鴻溝，在戴震的筆下頓然填平，宋儒「截然分理欲為二」的天理、人欲之辨，也就理所當然應予否定。於是戴震「理者，存乎欲者也」的理欲一本論便宣告完成。他的結論是：「凡事為皆有於欲，無欲則無為矣。有欲而後有為，有為而歸於至當不可易之謂理。無欲無為，又焉有理！」戴震進而指出，宋儒所喋喋不休的理欲之辨，「適成忍而殘殺之具」，是為禍天下的理論根源。因此他斷言：

　　　　古之言理也，就人之情慾求之，使之無疵之為理。今之言理
　　　　也，離人之情慾求之，使之忍而不顧之為理。此理欲之辨，適
　　　　以窮天下之人盡轉移為欺偽之人，為禍何可勝言也哉！[53]

　　以天理、人欲之辨為突破口，戴震一改先前著《原善》和《孟子私淑錄》、《緒言》時的閃爍其詞，對宋明理學進行了不妥協的批判。他既不再肯定程、朱之學「遠於老、釋而近於孔、孟」[54]；也不再承認「宋儒推崇理，於聖人之教不害」。[55]而是明確指出：

　　　　自宋儒雜荀子及老、莊、釋氏以入《六經》、孔、孟之書，學
　　　　者莫知其非，而《六經》、孔、孟之道亡矣。[56]

　　依戴震之所見，既然程、朱之學的流行，導致《六經》、孔、孟之道的中絕，那麼這樣一種學說高踞廟堂的局面，自然就不該繼續下

---

53　戴震：〈權〉，《孟子字義疏證》，卷下。
54　戴震：《孟子私淑錄》，卷下。
55　戴震：〈緒言〉，卷下。
56　戴震：〈理〉，《孟子字義疏證》，卷上。

去了。晚近著名學者王國維先生評戴學，認為戴震「晚年欲奪朱子之
席，乃撰《孟子字義疏證》」[57]，根據大概就在於此。不過，僅以「奪
朱子之席」而概括戴著宗旨，恐怕還可商量。《孟子字義疏證》的批
判精神，絕不僅僅在於與朱熹立異，它還表現為對當權者「以理殺
人」黑暗現狀的不滿和抨擊。應當說這才是戴震著述的最終落腳之
點。《孟子字義疏證》於此有過一段集中表述：

> 尊者以理責卑，長者以理責幼，貴者以理責賤，雖失，謂之
> 順。卑者、幼者、賤者以理爭之，雖得，謂之逆。於是下之人
> 不能以天下之同情、天下所同欲達於上，上以理責其下，而在
> 下之罪，人人不勝指數。人死於法猶有憐之者，死於理其誰憐
> 之！[58]

這樣的社會政治格局，在戴震看來，同樣不能再繼續下去。因
此，他在書中提出了「體民之情，遂民之欲」的政治主張，憧憬「與
民同樂」；「省刑罰，薄稅斂」；「必使仰足以事父母，俯足以畜妻
子」；「居者有積倉，行者有裹糧」；「內無怨女，外無曠夫」的「王
道」。戴震的政治思想，雖然並未逾越孟子的「仁政」學說，但是它
在乾隆中葉的問世，實質上正是清王朝盛極而衰現實的折射，蘊涵於
其間的社會意義是不當低估的。

作為一個傑出的思想家，戴震在《孟子字義疏證》中的理性思
維，既是嚴峻社會現實的反映，也預示著深刻的社會危機已經來臨。
然而這種盛世危言，在戴震生前不僅沒有引起共鳴，反而招致非議，
甚至「橫肆罵詈」。以進士而事佛學的彭紹升，讀《孟子字義疏證》

---

57 王國維：〈聚珍本戴校水經注跋〉，《觀堂集林》，卷12。
58 戴震：〈理〉，《孟子字義疏證》，卷上。

後，專為致書戴震，指斥該書勢將「使人逐物而遺則，徇形色，薄天性，其害不細」。[59]戴震接信，於乾隆四十二年四月抱病復書駁詰，表明學術旨趣與彭氏「盡異，無毫髮之同」。重申正是因為宋儒淆亂《六經》、孔孟之道，「不得已而有《疏證》之作」。[60]戴震去世後，其同郡後學洪榜為他撰寫行狀，文中全錄答彭紹升書。翰林院編修朱筠見之，竟稱：「可不必載，戴氏可傳者不在此。」[61]一如朱筠的曲解戴學，戴震的生前友好，諸如錢大昕、王昶等，為他撰寫的紀念文字，也對《孟子字義疏證》的學術價值不置一詞。私淑戴震的淩廷堪撰〈東原先生事略狀〉，雖然肯定《疏證》為「至道之書」，但卻以「其書具在，俟後人之定論云爾」[62]，迴避作具體的評價。就連戴震的高足段玉裁，對《疏證》精義也若明若暗，當他著《戴東原先生年譜》時，竟然把該書的成書時間誤植於乾隆三十一年（1766年）。《孟子字義疏證》在當時的遭遇，以及一時學術界的好尚，於此可見一斑。

戴震崛起，正值乾隆中葉漢學發皇。他試圖以《孟子字義疏證》去開創一種通過訓詁以明義理的新學風。然而在當時的歷史條件下，以復興古學為職志的漢學方興未艾，知識界沉溺於經史考據之中，如醉如癡，無法自拔。風氣既成，要想扭轉它，亦絕非一朝一夕可以成就，更非個人意志所能轉移。何況訓詁之與義理，規律各異，不可取代。戴震所示範的訓詁方法，並非探討義理之學的必由之路。加以清廷文化專制的沉重制約，要企求知識界改弦易轍，實在是不實際的一相情願而已。因此，在戴震生前，他的《孟子字義疏證》罕有共鳴。他逝世之後，其文字訓詁、天文曆算、典章制度諸學，得段玉裁、王

---

59 彭紹升：〈與戴東原書〉，《二林居集》，卷3。
60 戴震：〈答彭進士允初書〉，《東原文集》，卷8。
61 江藩：〈洪榜〉，《國朝漢學師承記》，卷6。
62 淩廷堪：〈東原先生事略狀〉，《校禮堂文集》，卷35。

念孫、孔廣森、任大椿諸弟子張大而越闡越密，唯獨其義理之學則無
形萎縮，繼響乏人。直到嘉慶間焦循脫穎而出，以《讀書三十二贊》
對《孟子字義疏證》加以表彰，並稱引其說於所著《孟子正義》中，
始肯定戴震「生平所得力，而精魄所屬，專在《孟子字義疏證》一
書」。[63]不過，此時與戴震辭世相去近四十年，時移勢易，學風將變，
顯然已不可同日而語了。

---

63 焦循：〈申戴〉，《雕菰樓集》，卷7。

# 第十四章
# 揚州諸儒與乾嘉學派

　　揚州為運河樞紐，大江東去，運河縱流，明代以來，這裏一直是兩淮鹽運使官署所在地。入清之初，雖罹兵燹，瘡痍滿目，但自康熙中葉以後，百廢俱興，經濟復蘇。便利的交通，富庶的經濟，使之成為人文薈萃、商旅輻輳之區。有清一代學術，揚州諸儒皆耕耘其間，由陳厚耀、王懋竑，迄劉文淇、劉師培，後先接武，名家輩出，佔有一席重要地位。其中，尤以清代中葉諸大師，總結既往學術，開啟晚清先路，貢獻最稱卓著。將此一時期的揚州地域學術作為解剖對象，通過論究諸大師為學的歷史個性，對於深化乾嘉學派和乾嘉學術的研究，無疑是有重要意義的。

## 一　汪中的先秦諸子研究

　　乾隆中葉以後的揚州諸儒，接受惠棟、戴震之學影響且卓然成家者，當首推汪中。

　　汪中，字容甫，揚州府屬江都人。生於乾隆九年（1744年），卒於乾隆五十九年（1794年），終年五十一歲。他自幼喪父失學，隨寡母茹苦含辛，備受煎熬。由於生活所迫，自十四歲起，即受雇於書商。販書之餘，他從學於其父生前友好，流覽經史百家，尤喜為詩，藉以寫狀孤貧之境。乾隆二十八年，初應童子試，取得附學生員資格，時年二十歲。此後，他作幕四方，賣文為生，常年往來於大江南北，浙水東西。乾隆四十二年選為拔貢生後，以患怔忡之症而絕跡科

場，專意於《述學》一書的撰寫。後應聘校勘文宗、文瀾二閣入藏
《四庫全書》，因心臟病猝發逝世於杭州校書處。

乾隆中葉以後的思想界，戴震、章學誠、汪中若三峰鼎峙。從形
式上看，三家學雖不盡相同，但實事求是，殊途同歸，都力圖以各自
的學術實踐去開闢一時為學新路。戴震從文字訓詁入手，以闡發經籍
義理為歸宿，承先啟後，卓然大家。章學誠別闢蹊徑，究心史學義
例、校讎心法而獨樹一幟。汪中則以其對先秦子學的創造性研究，領
異立新，雄視一時。

春秋戰國間，儒墨名法，百家爭鳴，在我國古代學術史上，寫下
了諸子之學並肩媲美的一頁。西漢初，罷黜百家，獨尊儒術，沿及魏
晉六朝，經學盛而子學微。經歷唐宋元明，佛學、理學，盛衰更迭，
尤其是宋明數百年間，理學一統，諸子百家形同異端。迄於明清之
際，在對理學積弊的反省之中，傅山、王夫之、顧炎武諸大師重理子
學，傅山更以其經子並尊之說而開一代子學復興先河。乾隆初，古學
復興，以《四庫全書》開館為標誌，對傳統學術的全面整理和總結成
為一時風氣。汪中的子學研究，就是在此一背景之下應運而生的。

汪中之於子學，最先致力的是《荀子》。乾隆四十一年，他幕居
南京，與安徽歙縣著名學者程瑤田定交。從瑤田處，他得知戴震學術
大要，於是接踵戴震對荀子學說的董理，與同時學者王念孫、盧文弨
等唱為同調，治戴學而兼及《荀子》。汪中治《荀子》從校勘始，自
當年二月至五月，將全書大體校核一遍。後即據校勘所得，撰為〈荀
卿子通論〉一篇，並製成《荀卿子年表》一部。當時，校勘《荀子》
者雖不止汪中一家，但敢於肯定荀學為孔學真傳，則應屬汪中首倡。
自宋代理學家推尊孟子「性善」之說，斥荀子「性惡」說為異端，揚
孟抑荀，歷數百年而不改。汪中以對舊學的批判精神，博稽載籍，提
出了富有個性的見解。

　　據汪中考訂，荀子之學源自孔子高足子夏、仲弓，其學以禮見長，兼善《周易》，對於儒家經典的流傳，其承前啟後之功，尤不可沒。他指出，《毛詩》、《魯詩》、《左氏春秋》、《穀梁春秋》皆傳自荀子，《禮經》則是荀子的支流餘裔，而《韓詩》亦無異於「荀卿別子」。因此他斷言：「自七十子之徒既歿，漢諸儒未興，中更戰國、暴秦之亂，六藝之傳賴以不絕者，荀卿也。」汪中以一個學術史家的識見，勾勒出他心目中的先秦儒學統緒，這就是：「周公作之，孔子述之，荀卿子傳之，其揆一也。」[1]

　　汪中的《荀子》研究，雖草創未精，以致某些立論貽後世以「武斷」之譏，但為他所得出的「荀卿子之學出於孔氏，而尤有功於諸經」的結論，則是不可推翻的。他的研究所得，與同時學者錢大昕、王念孫等對《荀子》「人之性惡，其善者偽也」一語的辯證，異曲同工，互為聲援，於一代《荀子》學術的復興，皆有摧陷廓清之功。

　　繼《荀子》之後，汪中又致力於《商子》、《老子》、《晏子春秋》、《賈誼新書》、《墨子》等諸家學說的研究。其中，尤以《墨子》研究歷時最久，用力最勤，創獲亦最多。

　　在我國古代學術史上，自儒學於西漢間取得獨尊地位以來，同《荀子》相比，《墨子》的遭遇就更其不公。《荀子》之被視作異端，畢竟是宋代理學勃興以後的事情，而《墨子》則早在孟子的時代，即已與楊朱並斥，詆為「無父」，聲稱「楊墨之道不息，孔子之道不著」。惟其如此，漢初，墨學已告衰微，迄於魏晉，則幾成絕學。宋明之世，孟子以「亞聖」高踞廟堂，他對墨學的詆斥，經程頤、朱熹表彰而成為儒家經典的構成部分。於是視墨學為異端邪說，眾口一詞，儼若不可推翻的鐵案。承清初諸儒對墨學的闡幽發覆，汪中以求

---

1　汪中：〈荀卿子通論〉，《述學》，補遺。

實存真的批判精神，對歷史進行實事求是的考察，終於還原了先秦時代儒墨並稱「顯學」的歷史真實。

兼愛，這是墨學的一個重要主張，也是孟子據以否定墨子的把柄所在。汪中即由此入手，辨明是非。他首先論證兼愛與「先王制為聘問、弔恤之禮，以睦諸侯之邦交者」實無不同，進而指出：「彼且以兼愛教天下之為人子者，使以孝其親，而謂之『無父』，斯已過矣。」同時，於楊、墨並舉之說，汪中亦斷然否定，他說：「歷觀周、漢之書，凡百餘條，並孔墨、儒墨對舉。楊朱之書，惟貴放逸，當時亦莫之宗，躋之於墨，誠非其倫。」[2]

在為墨子辨誣的基礎之上，汪中進而闡明暸他的墨學觀。汪中認為，墨子之學是旨在救世的仁人之學。在他看來，從學以經世這個意義上說，儒墨兩家雖然「不相為謀」，但「其意相反而相成」，其間無所謂正統與異端之別。至於墨子之攻駁孔子，他認為這在春秋戰國間不足為奇，「諸子百家，莫不如是」。因此，斷不能以之作為詆誣墨子的罪名。汪中引《呂氏春秋》的〈去私〉、〈尚德〉二篇和《韓非子》的〈顯學篇〉為證，指出在先秦諸子中，唯有儒家足以同墨子相抗衡。他說：「自墨子歿，其學離而為三，徒屬充滿天下。」儒、墨並稱「顯學」，這才是當時學術界的本來面目。

汪中的墨子研究，洋溢於其間的批判精神，在乾隆後期嚴酷的文化專制之下，顯然是不能見容於世的。因此，還在汪中生前，便遭到內閣學士翁方綱的猛烈抨擊，詈之為「名教之罪人」，主張「褫其生員衣頂」。[3]而素以識力自負的章學誠，也與翁方綱沆瀣一氣，在汪中逝世不久，即撰文肆意譏彈，詆其墨子研究為「好誕之至」，且斥汪

---

2　汪中：〈墨子序〉，《述學》，內篇3。
3　翁方綱：〈書墨子〉，《復初齋文集》，卷15。

中學「不知宗本」,「大體茫然」。[4]

　　平心而論,尺短寸長,學有專攻,章、汪學術,蹊徑各異,未可軒輊。然而汪中的子學研究,能以反傳統的批判精神和實事求是的為學態度,道人之所不能道,言人之所不敢言,這在當時不僅需要足夠的理論勇氣,而且更要具備過人的學術見識。章學誠攻其一點,不及其餘,竟統而訾之為「大體茫然」,顯然失之輕率。章、汪二人交惡,是乾嘉學術史上的一樁舊案,前哲時賢多有理董。其實,他們之間的分歧,固然有個人恩怨,也有舊時代讀書人的痼疾作祟,但是之所以釀成唇槍舌劍,直至「竟欲持刀抵舌鋒」,恐怕還有深層的原因。汪中的墨子研究,恰好透露了個中消息。質言之,一個要盡力維護綱常名教,一個則公然蔑視儒家經典,敢於向其挑戰,這或許才是問題的癥結所在。

## 二　焦循的經學思想

　　清代的揚州經學,開風氣於康熙、雍正間。泰州陳厚耀,窮究天文曆算,接武宣城梅文鼎;寶應王懋竑,精研朱熹學術,撰寫《朱子年譜》並《考異》十卷,以經學醇儒為天下重。乾隆六十年間,高郵王念孫、賈稻孫、李惇首倡於前,寶應劉台拱、江都汪中、興化任大椿、顧九苞相繼而起,後先輝映,蔚成大觀。至焦循出,終以通儒而結成碩果。

　　焦循,字理堂,一字裏堂,晚號裏堂老人,揚州府屬甘泉人。生於乾隆二十八年(1763年),卒於嘉慶二十五年(1820年),終年五十八歲。他早年為諸生,攻舉子業,習詩古文。科場角逐,迭經顛躓,

---

4　章學誠:〈述學駁文〉,《文史通義》,(遺書本)外篇1。

至嘉慶六年（1801年）舉鄉試，時已三十九歲。翌年入都會試，再遭落第。不堪舉業蹉跎，自此絕意仕進，託疾不出，蜇居於所葺雕菰樓中，以著述授徒終老鄉里。其學博大通達，天文數學、經史藝文、音韻訓詁、性理辭章、地理方志、醫藥博物，廣為涉足，多所專精。一生所著甚富，卷帙之積，幾近三百卷。其中，尤以《裏堂學算記》、《易學三書》、《孟子正義》享盛名於學術界，一時有「通儒」之稱。

焦循早年，得一方經學風氣薰陶。乾隆四十四年，與講求經學的同窗顧鳳毛結為友好，時年十七歲。鳳毛為著名經師顧九苞之子，承其家學，每有論說，多精眇簡要，極為焦循所歎服。兩年後，焦循以攻治《毛詩》開始了他的經學研究。乾隆五十二年，顧鳳毛將家藏《梅氏叢書》贈與焦循，勉勵道：「君善苦思，可卒業於是也。」[5]從此，焦循究心梅文鼎遺著，轉而研討數學。

在中國古代，數學為經學附庸，經師而兼治數學，歷代皆然。入清以後，梅文鼎、王錫闡、薛鳳祚等，就都是以經師而精研數學的名家。到乾嘉學派崛起，江永、戴震、錢大昕等著名經學家，也同時以精於數學名世。戴震在《四庫全書》館所輯校《算經十書》，錢大昕所撰《三統術衍》及《廿二史考異》中於歷代《曆律志》的補闕正訛，皆是一時引人注目的佳作。焦循繼承此一傳統，在迄於嘉慶六年的十餘年間，從鑽研梅氏遺著入手，會通中西，撰寫了一批富有成果的數學著作。後匯為《裏堂學算記》刊行，成為此一時期數學成就的總結。

在致力於數學研究的同時，焦循還究心《三禮》，撰寫《群經宮室圖》上下三十一篇。他又將詮釋《毛詩》舊稿六度改易，訂為《毛詩鳥獸草木蟲魚釋》十一卷。這兩部著述同他的數學諸作一道，成為

---

5　焦廷琥：〈先府君事略〉，見《焦氏遺書》，附錄。

焦循步入乾嘉之際學術界的成名作品。如果說數學研究之所得，使焦循在人才如云的乾嘉學術界贏得了一席地位，那麼他的《周易》研究，則使之卓然名家，一躍而躋身領先行列。

清代的《周易》研究，經過清初諸《易》學大師對宋儒《易》學的批判，迄於乾隆初葉，惠棟撰《易漢學》、《周易述》，考明古義，表彰漢《易》，已漸向復興漢《易》一路走去。張惠言繼起，專宗虞翻《易》說，推出《周易虞氏義》、《虞氏消息》諸書，孤家絕學，大明於世。水到渠成，一呼百應，究心漢《易》遂成一時《易》學主流。風氣既成，「唯漢是求」聲浪由《易》學推擴，迅速席卷整個經學研究和知識界。歷史地看來，中國古代經學，由漢唐注疏演為宋明義理，是一個必然的發展過程。這個過程是歷史的進步，而非倒退，理所當然應予肯定。宋儒治經，固有武斷臆解之失，因而通過對傳統經典的整理和總結，實事求是地還儒家典籍以本來面目，就是一樁很有必要的工作。但是唯古是信，唯漢是求，專以儒家經典疏解的還原為務，則未免失之矯枉過正。

有鑑於此，焦循對「唯漢是求而不求其是」的傾向進行了批評。他認為，乾嘉之際彌漫於學術界的漢學之風，「述孔子而持漢人之言，唯漢是求而不求其是，於是拘於傳注，往往扞格於經文。是所述漢儒也，非孔子也」。對於當時漢學諸家治經的蓄意貶抑宋儒，焦循提出了尖銳的質疑，指出：「唐宋以後之人，亦述孔子者也，持漢學者或屏之不使犯諸目，則唐宋人之述孔子，豈無一足徵者乎？學者或知其言之足徵，而取之又必深諱其姓名，以其為唐宋以後之人，一若稱其名，遂有礙乎其為漢學者也。噫，吾惑矣！」[6]

焦循治經，一反盲目尊信漢儒的積弊，力倡獨立思考，提出了

---

6 焦循：〈述難四〉，《雕菰樓集》，卷7。

「證之以實而運之於虛」的方法論。他說:「經學之道,亦因乎時。漢初,值秦廢書,儒者各持其師之學。守之既久,必會而通,故鄭氏注經,多違舊說。有明三百年,率以八股為業,漢儒舊說,束諸高閣。國初,經學萌芽,以漸而大備。近時數十年來,江南千餘里中,雖幼學鄙儒,無不知有許、鄭者,所患習為虛聲,不能深造而有得。蓋古學未興,道在存其學;古學大興,道在求其通。前之弊患乎不學,後之弊患乎不思。證之以實而運之於虛,庶幾學經之道也。」[7]何謂「證之以實而運之於虛」?用焦循的話來說,就是「博覽眾說,各得其意,而以我之精神氣血臨之」。[8]這種精神,一言以蔽之,即學求其是,貴在會通。焦循的《易》學研究,正是這種治經精神的集中反映。

治《易》為焦循家學,其曾祖源、祖鏡、父蔥,世代相守。其父且兼得岳家王氏說《易》之法,還在焦循十四歲時,便給他提出了讀《易》的一個值得注意的問題。即為什麼「密云不雨,自我西郊」的語句,既見於〈小畜〉,又見於〈小過〉。此後,他受這一問題啟發,進而探討「號咷」之再見於〈同人〉、〈旅〉;〈蠱〉、〈巽〉二卦的重複出現「先甲」、「後甲」、「先庚」、「後庚」;《明夷》、《渙》二卦同有「用拯馬狀,吉」諸現象。然而歷時近三十年,四處請教,遍求說《易》之書,終百思而不得其解。嘉慶七年會試落第,決意專力治《易》。自十五年起,更摒除一切外務,潛心《易》學,終於在三年之後,陸續完成了他的《易學三書》,即《易通釋》、《易圖略》、《易章句》。當三書中的最後一部《易章句》於嘉慶二十年脫稿謄清,焦循時已年逾半百。

---

7　焦循:〈與劉端臨教諭書〉,《雕菰樓集》,卷13。

8　焦循:《里堂家訓》,卷下。

在《易》學園囿中，焦循辛勤耕耘數十年。始究程頤、朱熹，漸探服虔、鄭玄，自漢魏以來，歷唐宋元明，迄於當代惠棟、張惠言諸家，凡說《易》之書，皆摘其精要，記錄於冊。然後運用其先前數學研究之所得，「以數之比例，求《易》之比例」。[9] 同時，又將文字訓詁學中的六書假借、轉注諸法引入《易》學。終於擺落漢宋，自成一家。焦循說《易》，不贊成朱熹將《周易》視為卜筮之書的界定，將《易》定性為「聖人教人改過之書」。[10] 由此出發，他既否定了宋儒的先天《易》學，同時也不取漢儒的納甲、卦氣諸說，而是通貫經傳，一意探求卦爻變化的「比例」。焦循將《周易》卦爻的推移法則總結為三條，即旁通、相錯、時行。三者的核心，則在變通。他說：「能變通則可久，可久則無大過，不可久則至大過。所以不可久而至於大過，由於不能變通。變通者，改過之謂也。……捨此而言《易》，豈知《易》哉！」這樣的變通，[11] 其歸宿就在於通過《周易》的講求，達到「己所不欲，勿施於人」的和諧境界。

焦循的《易》學研究，通貫經傳固是其所長，而混淆經傳也是其所短。他忽略了《周易》經傳非一時一人所做這樣一個基本認識，加以歷史的局限，又過分尊信《周易》為伏羲、文王、周公、孔子「四聖人」之作。因而他的治《易》三法，未免先入為主，多有牽強附會之失。但是會通漢宋，獨抒心得，對學術真理的追求，其精神則是可貴的。焦循實事求是的治經精神，不僅體現於他的《易》學研究，而且也貫穿在群經補疏之中。諸如力排眾議，肯定王弼《易》注的價值，認為《尚書》偽孔傳可據以研究魏晉間經學等，皆不失為通達持平之論。焦循學求其是，貴在會通的經學思想，是對乾嘉漢學的一個

---

9　焦循：〈自序〉，《易通釋》，卷首。

10　焦循：《易通釋》，卷1。

11　焦循：《易圖略》，卷3。

批判性總結。它標誌著漢學的鼎盛局面已經結束，以會通漢宋去開創
新學風，正是歷史的必然。

# 三　高郵王氏父子對乾嘉學術的總結

　　晚近著名學者王國維先生論清代學術，有一段言簡意賅的歸納，
他說：「國初之學大，乾嘉之學精，而道咸以來之學新。」[12]王先生以
一個「精」字來概括乾嘉學術，實為得其肯綮。乾嘉學術，由博而
精，專家絕學，並時而興。惠棟、戴震之後，最能體現一時學術風
貌，且以精湛為學而睥睨一代者，當屬高郵王念孫、王引之父子。

　　王念孫，字懷祖，號石臞，揚州府屬高郵人。生於乾隆九年
（1744年），卒於道光十二年（1832年），終年八十九歲。其子引之，
字伯申，號曼卿，卒謚文簡。生於乾隆三十一年（1766年），卒於道
光十四年（1834年），終年六十九歲。

　　高郵王氏，為仕宦之家。念孫父安國，以雍正二年（1724年）進
士，官至吏部尚書。念孫則以乾隆四十年進士，歷官工部主事、陝西
道御史、吏科給事中。引之一如父祖，以嘉慶四年進士，官至吏部尚
書。王門祖孫，既以官顯，亦以學著，史稱：「國朝經術，獨絕千
古。高郵王氏一家之學，三世相承，自長洲惠氏父子外，蓋鮮其匹
云。」[13]念孫早年，隨父宦居京城，十餘歲即遍讀經史，為學根柢奠
立甚厚。乾隆二十年前後，戴震避仇入京，王安國聘入家塾，課督念
孫。日後念孫父子之為學，即承戴東原而進，發揚光大，卓然名家。
王念孫著《廣雅疏證》、《讀書雜志》，王引之著《經義述聞》、《經傳
釋詞》，合稱「王氏四種」，博大精微，海內無匹。

---

12　王國維：〈沈乙庵先生七十壽序〉，《觀堂集林》，卷23。
13　〈王念孫〉，《清史列傳》，卷68。

　　王氏父子之學，以文字音韻最稱專精。在我國古代學術史上，文字音韻學本為經學附庸，乾嘉諸儒治經，講求文字訓詁，奉「讀九經自考文始，考文自知音始」為圭臬，風氣既成，共趨一途，終使附庸而蔚為大國。

　　王念孫初從戴震受聲音文字訓詁，於《爾雅》和《說文解字》多所用功。本擬各撰專書，後見邵晉涵《爾雅正義》、段玉裁《說文解字注》疏解甚善，遂轉治三國魏人張揖著《廣雅》，撰為《廣雅疏證》三十兩卷。念孫結撰此書，日以三字為程，歷十年而始成。著者認為：「訓詁之旨，存乎聲音。字之聲同聲近者，經傳往往假借。學者以聲求義，破其假借之字而讀以本字，則渙然冰釋。」[14]於是博採《倉》、《雅》古訓，就古音以求古義，引申觸類，多發義例於《爾雅》、《說文》之外。書成，一時學者多所折服。阮元取與張氏原書及惠、戴二家所著比較，評為「借張揖之書以納諸說，實多張揖所未及知者，而亦為惠氏定宇、戴氏東原所未及」。[15]

　　王引之秉過庭之訓，從古音以明古義，與其父唱為同調。所撰《經傳釋詞》十卷，知難而進，專意搜討經傳虛詞，比類而觀，尋繹義例，於後世讀古文者，確有渙然冰釋之效。阮元於此書極意推崇，驚歎「恨不能起毛、孔、鄭諸儒而共證此快論也」。[16]

　　乾嘉學派之於音韻學，因係為治經服務，故沿襲清初顧炎武所開路徑，不取宋儒叶韻說，專就上古音韻做深入研究，以還經籍原貌。所以一時經師之音韻學成就，主要表現為對古韻部類的離析。顧炎武的《音學五書》，在宋人鄭庠以六部分類的基礎上，分古韻為十部。江永繼起，著《古韻標準》，則作十三部。段玉裁雖為戴震弟子，但

---

14　王引之：〈序〉引述王念孫語，《經義述聞》，卷首。
15　阮元：〈王石臞先生墓誌銘〉，見《清代碑傳集補》，卷39。
16　阮元：〈王伯申經傳釋詞序〉，《揅經室一集》，卷5。

於古韻離析則有出藍之獲，所著〈六書音韻表〉，更加密作十七部。戴震受其啟發，援段說入《聲類表》，增作十八部。至王念孫、王引之父子崛起，則依據《詩經》，博及經傳、《楚辭》之韻，析作二十一部。其中，於支、脂、之三部之分，固為段玉裁〈六書音韻表〉所見及，而分至、祭、盍、輯為四部，則是段書所未及。同時人江有誥不謀而合，所著《詩經韻讀》、《群經韻讀》、《先秦韻讀》，亦析古韻為二十一部。有此愈闡愈密的古韻離析，宋人叶韻說不攻自破，不唯改經之弊失其依託，且讀先秦古籍亦不致因訓詁不明而生歧解。晚近學者治古音學，雖有章太炎二十三部、黃侃二十八部之分，但加詳而已，終未能出王氏父子之所得。

乾嘉時代，校勘、輯佚之學空前發皇。在中國古代學術史上，運用校勘輯佚於學術研究，並不自乾嘉諸儒始，然而如同乾嘉學派中人的視之為專門學問而蔚成風氣，甚至作為一種個人的學術事業，竭畢生心力於其中而不他顧，則是沒有先例的。由於好尚相同，用力專一，因而乾嘉諸儒在古籍整理上取得了很大成績。在這方面，王氏父子以其精湛的校讎學造詣，貢獻尤為卓著。

王念孫所著《讀書雜志》八十兩卷，為其一生治學精粹之匯輯。其間所精心校勘者，博及子史辭章，計有《逸周書》、《戰國策》、《史記》、《漢書》、《管子》、《荀子》、《晏子春秋》、《墨子》、《淮南子》、《漢隸拾遺》、《後漢書》、《莊子》、《老子》、《呂氏春秋》、《韓非子》、《法言》、《楚辭》、《文選》等十餘家。凡古義之晦誤，歷代之妄改，在王念孫筆下，皆旁徵博引，一一是正。書出，遂以其原原本本，多可據依，而成為一代校勘學名著。王引之著《經義述聞》三十兩卷，亦係畢生心力所萃，歷時數十年始成完書。其書闡發庭訓，斷制精審，凡為歷代儒林中人所誤解者，無不旁徵曲喻，而得其本義之所在。引之此書，與其父《讀書雜志》若雙璧輝映，並稱校讎名著。

　　若專就先秦子書的校讎而言，王氏父子承乾嘉諸儒矩矱，於《荀子》、《墨子》、《管子》三書用力尤勤，所獲亦甚巨。

　　《荀子》三十二篇，舊有唐人楊倞注，宋明間皆有校刻本，但訛奪不少，有待整理。乾隆中葉以後，王念孫與汪中、盧文弨等共治荀學，開乾嘉諸儒治荀學的先路。後江蘇學政謝墉得盧文弨助，校刻《荀子箋釋》刊行。至此，《荀子》一書始有善本。盧、謝書出，復經王念孫、顧廣圻、郝懿行、劉台拱諸人理董，拾遺補闕，是正文字，荀學始漸復興。

　　《墨子》一書，據《漢書》〈藝文志〉載，原有七十一篇，今存五十三篇。舊有唐人樂臺注，久佚。宋明間雖有刻本，但「闕文錯簡，無可校正，古言古字，更不可曉」[17]，墨學幾成絕學。乾隆中葉以後，汪中、盧文弨、孫星衍、畢沅等人皆治墨學。畢沅集諸家之成，於乾隆四十八年成《墨子注》十六卷刊行。爾後，顧廣圻、王念孫等續事校勘訓釋，於是漢晉以降，潛沉兩千年的墨學漸趨復興。同《荀子》、《墨子》相比，《管子》文字古奧，錯簡誤字，問題更多，「訛謬難讀，其來久矣」。[18]書凡二十四卷，原作八十六篇，今存七十六篇。舊有唐人房玄齡注，一題尹知章注，唯牴牾甚多，幾不可卒讀。嘉慶間，王念孫、王引之父子與孫星衍、洪頤煊等皆潛心於《管子》校勘。洪頤煊據王、孫二家所校，先成《管子義證》八卷。其後，王念孫續加校補，成《讀管子雜誌》二十四卷，錄入所著《讀書雜志》中。念孫書出，《管子》理董，風氣漸開。晚清，終於演成子學復興的局面。

---

17　俞樾：〈墨子序〉，見孫詒讓《墨子閒詁》，卷首。
18　戴望：〈凡例〉，《管子校正》，卷首。

## 四　阮元與《皇清經解》

　　乾嘉之際，阮元崛起，迄於道光初葉，以封疆大吏而獎掖學術，振興文教，儼然一時學壇主盟。為他所主持編纂的《皇清經解》，將清代前期主要經學著作彙聚一堂，成為近二百年間經學成就的一個集萃。阮元亦以之對乾嘉學派和乾嘉學術作了一個輝煌的總結。

### （一）漢學護法與經學名臣

　　阮元，字伯元，號云臺，一號芸臺，又號雷塘庵主，晚號頤性老人，卒謚文達，揚州府屬儀徵人。生於乾隆二十九年（1764年），卒於道光二十九年（1849年），終年八十六歲。乾隆五十四年進士，以翰林院編修，歷仕乾隆、嘉慶、道光三朝。外而累官山東、浙江學政，浙江、江西、河南巡撫，漕運、湖廣、兩廣、雲貴總督，內而疊任詹事府詹事、都察院都御史、諸部侍郎、尚書等，道光十八年，以體仁閣大學士告老還鄉。晚節自重，著述以終。

　　阮元幼承家學，其父承信，熟悉史籍，究心《資治通鑒》，教以「讀書當為有用之學，徒習時藝無益也」。後相繼問學於喬椿齡、李道南，喬、李皆通經術，為一方特立獨行之儒。家學師教，確立了阮元早年的為學藩籬。自乾隆四十五年起，他在揚州及京城陸續結識經史學家凌廷堪、邵晉涵、王念孫、任大椿等，為一時學術風氣習染，訓詁治經，終身不改。

　　乾隆末，阮元初入翰林院，即奉敕編《石渠寶笈》，校勘石經。出任山東學政，留意金石碑刻，主持纂修《山左金石志》。嘉慶初，奉調北京，倡議並主持編纂《經籍籑詁》、《疇人傳》、《淮海英靈集》、《兩浙輶軒錄》、《兩浙金石志》、《十三經校勘記》、《經郛》、《皇

清碑板錄》諸書，立「書藏」於杭州靈隱云林寺。創建詁經精舍，集兩浙有志經學者於其中，風厲實學，作育人才，於一時書院建設影響甚大。他還彙編漢學著述，輯刻《文選樓叢書》。又集《四庫全書》未收諸書，主持撰寫《四庫未收書目提要》。十五年，再入翰林院，兼任國史館總輯，創編《儒林》、《文苑》二傳，開整理當代學術史風氣之先聲。十九年，巡撫江西，刊刻宋本《十三經注疏》。嘉慶末、道光初，總督兩廣，沿詁經精舍規制，創學海堂，提倡經史，表率一方。且主持重修《廣東通志》，編寫《粵東金石略》、《兩廣鹽法志》，讚助刊行《國朝漢學師承記》，輯刻《皇清經解》、《江蘇詩徵》等。移節雲貴，又有編纂《雲南通志》之舉。

　　阮元博學多識，尤長考證。一生為學以研治經學為主，博及史學、金石、考古、方志、譜牒、輿地、天文、曆法、數學、音韻、文字、目錄、詩文諸學。著述弘富，多達三十餘種，數以百卷計。除前述主持編纂諸書之外，主要著述尚有《三家詩補遺》、《考工記車製圖解》、《曾子注釋》、《詩書古訓》、《性命古訓》、《積古齋鍾鼎彝器款識》、《定香亭筆談》、《小滄浪筆談》等。其它詩文雜著，自道光三年起，先後輯為《揅經室一集》、《二集》、《三集》、《四集》、《續集》、《外集》、《再續集》刊行。在乾嘉學派諸大師中，阮元雖不以專學名家，但主持風會，宣導獎掖，其學術組織之功，實可睥睨一代。梁啟超先生早年著《清代學術概論》，因之而稱阮元為漢學「護法神」。[19]錢賓四先生著《中國近三百年學術史》，亦稱其「弁冕群材，領袖一世，實清代經學名臣最後一重鎮」。[20]大師定評，足稱不刊。

---

19 梁啟超：《清代學術概論》（北京市：中華書局，1954年），頁48。

20 錢穆：《中國近三百年學術史》（上海市：復旦大學出版社，1985年），下冊，頁478。

## （二）從《經郛》到《皇清經解》

阮元一生，於學術事業貢獻甚大。其最可表彰者，則是主持纂修《皇清經解》。阮元的發願纂修《皇清經解》，經歷了一個較長時間的醞釀過程。由他早年在浙江創詁經精舍，到總督兩廣，建學海堂於廣州，從各方面為之進行了充分的準備。

詁經精舍為清中葉著名書院。嘉慶二年，阮元任浙江學政，倡議編《經籍籑詁》。五年，書成，升任浙江巡撫，遂以往日修書用屋五十間，選兩浙諸生有志經史古學者讀書其中，題名為詁經精舍。精舍本漢代生徒講學之所在，阮元借用古名，意在崇獎漢學，所以舍中立鄭玄、許慎木主，師生皆定期拜祀。精舍而稱詁經，則是阮氏學術旨趣的體現。他認為「經非詁不明」，「舍詁求經，其經不實」，於是題名學舍，以示「不忘舊業，且勤新知」。[21]精舍初立，阮元禮聘王昶、孫星衍主持講席，且捐俸以為教學費用。每月一次，三人輪番授課，命題評文。舍中不講八股文，不用試帖詩，重在解經考史，兼及詩詞古文。其中的優秀篇章，以《詁經精舍文集》結集刊行。迄於十四年阮元奉調離浙，一時兩浙名士多講學其間，振興一方學術，作育人才甚眾。日後為阮元具體從事《皇清經解》編纂的嚴傑，即係當時精舍培養的高才生。

繼詁經精舍之後，學海堂成為又一名噪南北的書院。嘉慶二十二年冬，阮元就任兩廣總督。為宣導經史實學，二十五年三月，沿杭州詁經精舍規制，借廣州城西文瀾書院舊址，創立學海堂，以經史古學課督一方士子。經數年規劃營建，道光四年十二月，堂舍另闢新址，在粵秀山麓落成。就學士子經史詩文，阮元親為審閱遴選，輯為《學

---

21 阮元：〈西湖詁經精舍記〉，《揅經室二集》，卷7。

海堂集》刊行。翌年秋，《皇清經解》始修，堂中士子則成為校訂協修的幹才。

從詁經精舍到學海堂，阮元除為《皇清經解》的纂修培育出眾多人才之外，還有過幾次重大的經學編纂活動。一是《十三經注疏校勘記》的完成，二是校刻宋本《十三經注疏》，三是編纂大型經學專書《經郛》。其中，以《經郛》同《皇清經解》最為有關。

《經郛》的結撰，始於嘉慶八年夏，實際從事者為阮元弟子陳壽祺及詁經精舍諸高材生。此書取法唐人李鼎祚《周易集解》，以彙集唐以前諸儒經說為務。陳壽祺《上儀徵阮夫子請定經郛義例書》，於此有云：「乃者仰蒙善誘，俯啟檮昧，將於九經傳注之外，裒集古說，令壽祺與高才生共纂成之。」可見它是要鉤稽古說於九經傳注之外。而壽祺所擬之該書義例，則更將其具體化，據稱：「《經郛》薈萃經說，本末兼該，源流具備，闡許、鄭之閎渺，補孔、賈之闕遺。上自周秦，下迄隋唐，網羅眾家，理大物博。漢魏以前之籍，搜採尤勤，凡涉經義，不遺一字。」[22] 工程如此之浩大，規格如此之崇高，其艱難可想而知，當然成功非易。所以，陳壽祺雖與詁經精舍諸高才生竭盡全力，歷時數月，但所成初稿卻並未達到預期的構想。嘉慶八年冬，陳氏北去，阮元公務繁忙，無人再能掛帥增訂，此事也就擱置下來。十五年，阮元因浙江學政舞弊案牽連，左遷翰林院編修。再入詞館，略有閒暇，遂重理《經郛》舊稿。迄於十六年四月，改訂一過，得稿一百餘卷。終緣「采擇未周，艱於補遺」[23]，以致長期束之高閣，未能付刻。

嘉慶二十二年冬，阮元抵廣州接任。翌年除夕，為幕友江藩著《國朝漢學師承記》撰序，遂將先前結撰《經郛》的初衷略加改變，

---

22 陳壽祺：〈上儀徵阮夫子請定經郛義例書〉，《左海文集》，卷4。
23 阮常生續編：《雷塘庵主弟子記》，卷4，「四十八歲」條。

發願沿用其體例,專輯清儒經解為一書,題為《大清經解》。他說:

> 國朝諸儒,說經之書甚多,以及文集說部,皆有可採。竊欲析
> 縷分條,加以剪截,引繫於群經各章句之下。譬如休寧戴氏解
> 《尚書》「光被四表」為「橫被」,則係之《堯典》;寶應劉氏
> 解《論語》「哀而不傷」,即《詩》「惟以不永傷」之「傷」,則
> 係之《論語》〈八佾篇〉,而互見《周南》。如此勒成一書,名
> 曰《大清經解》。[24]

至此,《皇清經解》的纂修已然提上日程。

阮元倡議纂修《皇清經解》,其發願之初,本寄厚望於江藩、顧
廣圻諸名儒,所以他說:「徒以學力日荒,政事無暇,而能總此事,
審是非,定去取者,海內學友惟江君(藩)與顧君千里二三人。他年
各家所著之書或不盡傳,奧義單辭,淪替可惜,若之何哉!」[25]然而
江、顧等人,或遠居三吳,艱於南行,或近在咫尺,他務纏身,皆未
能擔此重任。時隔七年,托無其人,於是阮元只好依靠南來的弟子嚴
傑並學海堂諸生,放棄舊日所構想的體制,改以叢書的形式,彙編清
儒經學著述為一書。

一如早先《經郛》之委以陳壽祺,《皇清經解》的纂修,始終其
事者,則是阮元的弟子嚴傑。傑字厚民,號鷗盟,浙江餘杭人,因寄
居錢塘,故又稱錢塘人。其生卒年未詳。據光緒間重修《杭州府志》
載,晚清,諸可寶為其撰有傳記一篇,唯筆者孤陋寡聞,用力不勤,
竟未能覓得一讀。嚴傑初為諸生,曾師從段玉裁問學。阮元督學浙
江,聘其助修《經籍籑詁》。繼之阮氏撫浙,創詁經精舍於杭州,嚴

---

24 阮元:〈國朝漢學師承記序〉,《揅經室集》,卷11。
25 阮元:〈國朝漢學師承記序〉,《揅經室集》,卷11。

傑入舍就讀，成為其間之佼佼者。嘉慶十五年，阮元離浙還朝。翌年，厚民遠道相隨，課督阮元女安，留京師一年餘。後阮元與江都張氏聯姻，嚴傑又成為阮安未婚夫張熙師。嘉慶二十五年春，學海堂初開，嚴傑亦於此時陪伴張熙來粵完婚。熙本患肝疾，體質虛弱，婚後未及一年即告夭亡。之後，嚴傑遂留於粵中阮元幕署。道光四年冬，學海堂新舍建成。翌年八月，嚴傑即受阮元之命，集阮氏藏書於堂中，輯刻《皇清經解》。

作為經學叢書，《皇清經解》的纂修體例，既不同於康熙間《通志堂經解》，又有別於乾隆間修《四庫全書》。它沒有按照前二書的編纂方式，區分類聚，人隨書行，而是以作者為綱，按年輩先後，依人著錄，或選載其經著，或輯錄其文集、筆記。上起清初顧炎武、閻若璩、胡渭，下迄道光初依然健在的宋翔鳳、淩曙，終以嚴傑所輯《經義叢鈔》。所錄凡七十四家，著述一百八十餘種，計一千四百卷。

道光六年六月，阮元奉調改任雲貴總督。此時，《皇清經解》輯刻將及一載，已得成書千卷。離粵前，他將《經解》主持事宜託付給廣東督糧道夏修恕。至於編輯重任，則仍委之嚴傑。道光九年十二月，三十函《皇清經解》寄達滇南，阮元苦心孤詣，數十年夙願終成現實。

阮元一生為官所至，振興文教，獎掖學術，於清代中葉學術文化的發展做出了卓越的貢獻。《皇清經解》作為他晚年的一項重大學術編纂活動，接武早先的《十三經注疏校勘記》，以其所取得的巨大成功，在清代學術史上寫下了輝煌的一頁。其繼往開來之功，主要在於如下三個方面：

首先，《皇清經解》將清代前期的主要經學著述彙聚一堂，對此一時期的經學成就，尤其是乾嘉學派的業績，作了一次成功的總結。清代前期的經學，自清初顧炎武諸儒發端，經胡渭、閻若璩、毛奇齡

等經師張大旗幟，已然擺脫宋明理學的羈絆，向復興古學，樸實窮經一路走去。乾隆初，惠棟諸儒崛起，以復原漢《易》為職志，拔宋幟而立漢幟，經學遂成一代學術中堅。繼惠棟、江永之後，戴震領風騷於一時，其學得段玉裁併王念孫、王引之父子及揚州諸儒發揚光大。在中國古代學術史上，清代經學終得比美宋明理學而卓然自立。與之同時，由莊存與開啟先路，中經孔廣森、張惠言諸儒闡發，至劉逢祿出，而今文經學異軍突起，在清代經學中別闢新境，蔚為大觀。從順治到道光，近二百年間，清代經學所走過的發展歷程，在《皇清經解》之中，以著述彙編的形式得以再現。全書編選有法，大體允當，為瞭解此一時期的經學成就，提出了一個較為集中的依據。

其次，《皇清經解》的纂修，示範了一種實事求是的良好學風，對於一時知識界，潛移默化，影響深遠。清儒為學，以務實為旨趣。清初，鑒於明季心學末流氾濫無歸而釀成的學術弊端，棄虛就實，學以致用，風氣漸趨健實。自康熙中葉，以迄乾隆一朝，務實學風經百餘年培養，敦崇實學，實事求是，朝野莫不皆然。阮元師弟訓詁治經，學風平實，可謂是康乾諸儒嫡傳。以此而編選一代經師解經之作，從顧亭林的《左傳杜解補正》始，中經惠定宇的《周易述》、《九經古義》，江慎修的《周禮疑義舉要》、《群經補義》，再到戴東原的《杲溪詩經補注》、《考工記圖》，又及段若膺的《說文解字注》，王懷祖的《廣雅疏證》、《讀書雜志》，王伯申的《經義述聞》、《經傳釋詞》，並載劉申受的《春秋公羊經何氏釋例》，凌曉樓的《公羊禮說》，終以阮芸臺師弟的《十三經注疏校勘記》、《經義叢鈔》，原原本本，篤實可依。洋溢於其間的實事求是學風，對於一時知識界良好學風的培養，產生了積極的影響。之後，《皇清經解》不脛而走，廣為流傳，成為學術界解經圭臬。咸豐間，版片多為兵燹毀損，復得兩廣總督勞崇光倡議釀資補刻。迄於光緒中，王先謙以江蘇學政承阮元遺

風，再事纂輯，既補阮元書之所未收，又錄咸、同以降經師著述，終成無愧前哲的《皇清經解續編》。

最後，《皇清經解》集清儒經學精粹於一書，對於優秀學術文化成果的保存和傳播，確乎用力勤而功勞巨。清代前期，諸儒經學著作，汗牛充棟，浩如煙海，限於客觀條件，流傳未廣，得書非易。即以當時的廣州論，雖為通商口岸，經濟繁榮，而士子尚以不能覓得前哲時賢經學著述一讀為憾，其它偏遠落後地區，則其苦自然更甚。因此，阮元師弟將清代前期經學著述整理比勘，匯輯成冊，不惟傳播學術，有便檢核，而且保存文獻，弘揚古籍，亦可免除意外災害及其它因素造成的圖書散佚毀損之虞。一舉而兼數得，實為清代學術史上的一椿盛舉。

從乾隆初惠棟、江永崛起而闢乾嘉學派先路，中經清廷開《四庫全書》館，戴震、邵晉涵、紀昀、任大椿諸儒雲集其間而成乾嘉學派如日中天之勢。迄於嘉慶、道光間，此一學派盛極而衰，始由揚州諸儒對之做出歷史總結。汪中、焦循、王念孫、王引之、江藩、阮元等，皆此一時期揚州儒林翹楚。乾嘉學派與乾嘉學術之能得一輝煌總結，揚州諸儒辛勤其間，功至偉矣！

## 五　孔子仁學與阮元的《論語論仁論》

孔門之教，以求仁為本。為探尋孔子仁學意蘊，古往今來，幾多賢哲后先相繼，孜孜以求，可謂著述如林，汗牛充棟。然而由於視角不同，方法各異，以致仁者見仁，智者見智，結論亦每多歧出。清儒阮元，當朱子《四書章句集注》大行之後，摒《集注》不取，遠承漢儒鄭玄遺說，獨闢蹊徑，訓詁解經，撰為《論語論仁論》。阮氏之所著，以樸學釋仁，雖立異理學，心存門戶，但原原本本，務實切己，於把握孔子仁學精要多所裨益。

## （一）《論語論仁論》雜識

阮元撰《論語論仁論》，一卷，未見單行刊本，道光三年輯《揅經室集》，錄入一集卷八。唯無序跋、題記一類文字，故此篇何時撰成未得明確。阮氏弟子、後人所輯年譜，於此亦未做明文交代。據張鑒輯《雷塘庵主弟子記》卷一記，嘉慶三年，阮元任浙江學政，成《曾子注釋》十篇，時年三十五歲。元三子阮祜，於此條有注云：「是時，《論語論仁論》、《性命古訓》三卷尚未撰。」可見《論語論仁論》的結撰應在嘉慶三年以後。後於何時？據阮元致其門人陳壽祺劄稱：「生近來將胸中數十年欲言者，寫成《性命古訓》一卷。大抵欲闡李習之復性之書，而以《書》、《召誥》節性為主，少暇當再抄寄。又《論仁論》兩卷奉政。」[26]此劄寫於道光元年四月，《揅經室集》未錄，見於陳氏《左海全集》卷首。據此，則《論語論仁論》的脫稿不會晚於道光元年。再檢江藩著《國朝漢學師承記》，則此一問題的解決又可前進一步。江氏書述阮元學行有云：「伯元名元，一字芸臺，儀徵人。乾隆丙午舉人，己酉進士，授編修，官至浙江巡撫，今官詹事府少詹事。於學無所不通，著有《考工車制考》、《石經校勘記》、《十三經注疏校勘記》、《曾子注》、《論語論仁論》、《疇人傳》等書。」[27]據考，江藩書稿初成於嘉慶十七年，而阮元自上年七月二十三日至是年五月初八日，適任詹事府少詹事。江氏書「今官」云云，應屬實錄。因此，《論語論仁論》的完稿時間，當可提前至嘉慶十六七年間。倘若輔以焦循、淩廷堪諸儒對阮元仁學思想的影響，那麼此一判斷與歷史實際相去大致不會太遠。

阮元何以要在此時撰寫《論語論仁論》？就篇中所涉及的內容

---

26 阮元致陳壽祺劄，《揅經室集》未錄，載於陳壽祺《左海全集》，卷首。
27 江藩：〈淩廷堪〉，《國朝漢學師承記》，卷7。

看，這個問題似可從兩個方面來思考：一個是當時大的學術環境，另一個是阮元在仁學方面所接受的具體學術影響。

嘉慶末，國家多故，世變日亟。學術隨時勢而移易，以江藩《國朝漢學師承記》的結撰為標誌，漢學已然日過中天，趨向批判和總結。而與之同時，宋學的頡頏則日漸強勁。儘管如此，自清初毛奇齡《四書改錯》發端，迄於乾隆後期戴震《孟子字義疏證》推出，競尊漢儒，排擊宋儒，非議朱子學的風氣卻依然並未過去。阮元雖未能見到毛奇齡、戴震，但他為學伊始，即讀過毛奇齡的著述。督學浙江，因服膺毛氏學說，更將《西河全集》撰序刊行，加以表彰。據稱：「國朝經學盛興，檢討首出，於東林、蕺山空文講學之餘，以經學自任，大聲疾呼，而一時之實學頓起。當是時，充宗起於浙東，朏明起於浙西，寧人、百詩起於江淮之間，檢討以博辨之才，睥睨一切，論不相下，而道實相成。迄今學者日益昌明，大江南北著書授徒之家數十，視檢討而精覈者固多，謂非檢討開始之功則不可。」[28]至於戴震之學，阮元雖尚有所保留，但由訓詁以明義理，此一戴氏所倡治經方法論，則是一脈相承，篤信謹守。身為漢學後勁，且主持風會，領袖四方，阮元當然要與江藩作同調之鳴，去為自己的學派固守壁壘。惟其如此，晚近梁啟超先生撰《清代學術概論》，稱阮元為漢學「護法神」[29]，實在是再恰當不過的。

在阮元仁學思想的形成過程中，予他影響較大者，主要是四個人。第一個是他的姻親劉端臨。端臨為一時著名經師，學術、人品為學壇備極推重，卒於嘉慶十年。所著《論語駢枝》，阮元在浙江巡撫任上即已刊行，而且曾攜往京中，送請前輩學者翁方綱審閱。翁氏《復初齋集》中，於此有過記錄。據云：「劉台拱深於《論語》，昨阮

---

28 阮元：〈毛西河檢討全集後序〉，《揅經室二集》，卷7。
29 梁啟超：《清代學術概論》（北京市：中華書局，1954年），頁48。

侍郎元以所錄臺拱之書來示,其《論語》卷中有精審者,亦有偏執者。」[30]第二個是臧庸。庸為康熙間經師臧琳的後人,又從學於一時名儒盧文弨、錢大昕、王昶、段玉裁等,家學淵源,師承有自,經學根柢甚為堅實。阮元督學浙江,曾聘庸助輯《經籍籑詁》。後巡撫浙江,再延臧氏入幕府。臧庸卒於嘉慶十六年,所著《拜經日記》即有涉及《論語》仁學之見,為阮元所欽佩。

第三個直接影響阮元的仁學觀者,則是先於他將《論語》區分類聚,撰為專書的焦循。焦循與阮元同里同學,且係其族姊夫,一生潛心治學,博識多通。嘉慶二十五年病故,阮元為之撰傳,冠以「通儒」之稱,譽為「儒林大家」。據云:「焦君與元年相若,且元族姊夫也。弱冠與元齊名,自元服官後,君學乃精深博大,遠邁於元矣。」[31]焦循私淑戴震,早在嘉慶九年,即仿戴氏《孟子字義疏證》,撰為《論語通釋》。該書類聚孔子論學語,凡分聖、大、仁、一貫忠恕、學、知、能、權、義、禮、仕、君子小人等十二門,「仁」即為其中之一門。

第四個,也是影響阮元仁學思想的最大者,當為淩廷堪。阮元十八歲即與廷堪訂交,時當乾隆四十六年,迄於嘉慶十四年淩氏病逝,論學問難,終身莫逆。廷堪亦私淑戴震,尤以禮學最稱專精。嘉慶十三年,應阮元邀南遊杭州,盡出所著書相示。阮元大為折服,命長子常生師從問學。所著《禮經釋例》及《校禮堂集》中〈復禮〉三篇,於阮元《論語論仁論》的結撰,影響最為巨大,不啻阮氏立論依據。淩廷堪認為:「聖人之道,至平且易也。《論語》記孔子之言備矣,但恒言禮,未嘗一言及理也。」他指出:「夫仁根於性,而視聽言動則生於情者也。聖人不求諸理而求諸禮,蓋求諸理必至於師心,求諸禮

---

30 翁方綱:〈考訂論〉中之2,《復初齋集》,卷7。

31 阮元:〈通儒揚州焦君傳〉,《揅經室二集》,卷4。

始可以復性也。」因之斷言：「夫《論語》，聖人之遺書也，說聖人之遺書，必欲舍其所恒言之禮，而事事附會於其所未言之理，是果聖人之意邪！」[32]阮元據以立論，亦步亦趨，《論語論仁論》開宗明義，即指出：「《論語》言五常之事詳矣，惟論仁者凡五十有八章，仁字之見於《論語》者，凡百有五，為尤詳。若於聖門最詳切之事，論之尚不得其傳而失其旨，又何暇別取《論語》所無之字，標而論之邪！」[33]

　　阮元自青年時代即入宦海，之後雖因公務纏身，其學不能如前述諸家之專精，但朝夕切磋，歷有年所，加以得天獨厚的特殊地位，亦使他在學術上能多有所成。嘉慶十六年前後，阮元於論學諸友擇善而從，沿淩廷堪「以禮代理」遺意，取焦循類聚《論語》舊規，合眾家之長而成《論語論仁論》，高揚「以仁代理」的大纛，就宛若水到渠成，不期而然。其間學術發展的內在邏輯，實非個人意志所能轉移。

## （二）阮元的仁學觀

　　《論語論仁論》由漢儒鄭玄對「仁」的訓釋入手，凡三部分。第一部分為發凡，提綱挈領，紹介撰述宗旨；第二部分為《論語》論仁諸章分類輯錄，兼有作者按語，以闡釋各章大要；第三部分為結語，重申古訓，以與篇首宗旨相呼應。阮元的仁學觀寄寓其間，概括起來，主要有三個方面。

## 1 「仁」字本訓

　　阮元釋仁，溯源古訓，極力從古籍中去尋覓字源。據他考證，「仁」字既不見於《尚書》中的虞、夏、商書，又不見於《詩經》中

---

32 淩廷堪：〈復禮〉，《校禮堂文集》，卷4。
33 阮元：《論語論仁論》，《揅經室集》，卷8。（本章以下凡引阮元語而未注出處者，皆為此篇）

的三頌和《周易》的卦爻辭。儒家經典中最早出現此字,當為《詩經》小雅的〈四月〉篇。篇中所云「先祖匪人,胡寧忍予」,此「人」字即為「仁」字。其後則是鄭風〈叔于田〉篇的「洵美且仁」。因此,阮元認為,就由語言到文字的次第而言,仁在「周初,有此言而尚無此字」,當時,凡仁字,「但寫人字,〈周官禮〉後始造仁字也」。[34]

周初以後的仁字,又當作何解釋?阮元先是引許慎《說文解字》為據,許書釋仁云:「仁,親也,從人二。」繼之又引段玉裁《說文解字注》為解:「親者,密至也,會意。」隨後則是鄭玄的《中庸注》。《中庸》曰:「仁者人也。」鄭玄注云:「人也讀如相人偶之人,以人意相存問之言。」何謂「相人偶」?阮元於此,旁徵博引,證成己說。《儀禮》中《大射儀》「揖以偶」,鄭玄注:「以者偶之事成於此,意相人偶也。」《聘禮》「每曲揖」,鄭玄注亦云:「每門輒揖者,以相人偶為敬也。」《公食大夫禮》「賓入三揖」,鄭玄同樣注云:「相人偶。」《詩經》國風中的〈匪風〉篇,有「誰能烹魚」、「誰將西歸」諸句,鄭玄箋詩亦稱:「人偶能割烹……人偶能輔周道治民。」賈誼《新書》的〈匈奴篇〉曰:「胡嬰兒得近侍側,胡貴人更進得佐酒前,上使人偶之。」阮元備舉諸多例證,歸納出如下結論:「古所謂人偶,猶言爾我親愛之辭,獨則無偶,偶則相親,故其字從人二。」於是他據以重申仁字本訓:「仁字之訓為人也,乃周秦以來相傳未失之故訓,東漢之末,猶人人皆知,並無異說。康成氏所舉相人偶之言,亦是秦漢以來民間恒言,人人在口,是以舉為訓。」據此,阮元推本古訓,對《論語》中的仁字提出了新的界說。他說:「春秋時,孔門所謂仁也者,以此一人與彼一人相人偶,而盡其敬禮忠恕等事之謂也。」

---

34 阮元:《論語論仁論》,《揅經室集》,卷8。

## 2 對孔子仁學的把握

阮元之學，切己務實，以實事求是為特徵。他曾經說過：「儒者之於經，但求其是而已矣。是之所在，從注可，違注亦可，不必定如孔、賈義疏之例也。……株守傳注，曲為附會，其弊與不從傳注，憑臆空說者等。」[35]他對孔子仁學的把握，實最能體現這一為學個性。阮元認為，探討孔子仁學，切忌「務為高遠」，「當於實者、近者、庸者論之」。本此宗旨，他將《論語》論仁諸章區分類聚，由〈雍也〉、〈述而〉二篇始，迄於〈子罕篇〉終，或章自為類，或多章並析，對孔子的仁學作了廣泛而深入的探討。阮元之論孔子仁學，大要有三。

一、「己欲立而立人，己欲達而達人。」阮元既以「相人偶」為釋仁出發點，因而《論語‧雍也篇》孔子與子貢的問答，便成為他心目中孔子仁學的核心。孔子說：「夫仁者，己欲立而立人，己欲達而達人。」阮元緊緊抓住這一核心，取〈雍也篇〉此章冠於諸章之首，使之同「相人偶」的古訓水乳交融，從而儼若貫穿全篇的一根紅線。他先是說：「所謂仁者，己之身欲立則亦立人，己之身欲達則亦達人，所以必須兩人相人偶而仁始見也。」繼之再說：「聖賢之仁，必偶於人而始可見。故孔子之仁，必待老少始見安懷。若心無所著，便可言仁，是老僧面壁多年，但有一片慈悲心，便可畢仁之事，有是道乎？」隨後又說：「但能無損於人，不能有益於人，未能立人達人，所以孔子不許為仁。」篇末還說：「夷、齊讓國，相偶而為仁，正是己立立人，己達達人之道。」首尾照應，三致意焉，足見孔子此一命題在其仁學思想中的極端重要。

二、「克己復禮為仁」。「克己復禮為仁」，是孔子在《論語》〈顏

---

35 阮元：〈焦里堂群經宮室圖序〉，《揅經室集》，卷11。

淵篇〉中，就仁學所提出的又一個重要命題。孔子說：「克己復禮為
仁。一日克己復禮，天下歸仁焉。為仁由己，而由人乎哉？」如何解
釋這個命題，在學術史上，漢宋歧說，莫衷一是。漢儒馬融，訓「克
己」為約身。後儒雖間有異解，但多從其說。南宋間，朱子注《論
語》，別出新解，釋云：「仁者，本心之全德。克，勝也。己，謂身之
私欲也。禮者，天理之節文也。」[36]阮元於此最為不滿，視之為儒釋
分野之所在，因而據理力爭，詳加辨析，成為《論語論仁論》中篇幅
最大，亦最為突出的部分。他首先考證，「克己復禮」本為古語，故
既見《論語》，又見《左傳》。孔子以人己對稱，正是爾後鄭玄以「相
人偶」釋仁之所本，斷不能如朱子所訓，釋己為私欲。否則乖違《論
語》原意，實是方枘圓鑿。所以阮元推本古訓，指出：「『克己』己
字，即自己之己，與下為仁由己相同。言能克己復禮，即可並人為
仁。一日克己復禮，而天下歸仁，此即己欲立而立人，己欲達而達人
之道。仁雖由人而成，其實當自己始，若但知有己，不知有人，即不
仁矣。」

　　三、「無求生以害仁，有殺身以成仁。」在孔子的仁學中，仁的
涵蓋浸潤至為廣大深厚，它發源於孝悌，既兼恭、寬、信、敏、惠於
一體，又合忠、清、敬、恕諸德於一堂，最終成為一種崇高的精神境
界和理想的追求。所以孔子說：「志士仁人，無求生以害仁，有殺身
以成仁。」[37]又說：「富與貴是人之所欲也，不以其道得之，不處也。
貧與賤是人之所惡也，不以其道得之，不去也。君子去仁，惡乎成
名。君子無終食之間違仁，造次必於是，顛沛必於是。」[38]還說：「民
之於仁也，甚於水火。水火，吾見蹈而死者矣，未見蹈仁而死者

---

36 朱熹：〈顏淵〉，《論語集注》，卷6。
37 〈衛靈公〉，《論語》。
38 〈里仁〉，《論語》。

也。」[39]因而孔子主張：「當仁不讓於師。」[40]對於齊國管仲「不以兵車」，「相桓公，霸諸侯，一匡天下」的歷史功績，孔子傾心贊許，歎為「如其仁！如其仁！」[41]阮元羅列諸章，闡發精要，據以歸納出對孔子仁學的宏觀把握。他指出，「仁之有益於人民者甚大」，「為富貴生死所不能奪」。針對孔子之論管仲功過，阮元尤為強調：「仁道以愛人為主，若能保全千萬生民，其仁大矣。故孔子極許管仲之仁，而略其不死公子糾之小節也。」

## 3 求仁的途徑

一如前述，根據阮元的探討，仁在孔子的思想體系中，細而言之，當為處理人際關係的準則，「己欲立而立人，己欲達而達人」，「己所不欲，勿施於人」，意在謀求人與人之間的和諧。宏觀而論，因其涵蓋浸潤之深廣，它又是一種崇高理想的追求。因而如何去求仁，既是孔子仁學的一個組成部分，也是實踐孔子仁學的重大課題。

對於求仁的途徑，孔子或者說「能近取譬」[42]，或者說「能行（恭、寬、信、敏、惠）五者於天下」[43]，或者說「用其力於仁」[44]，講的都是平實的道德踐履，身體力行。至於他的弟子之所論，亦同樣篤實不虛。子夏說：「博學而篤志，切問而近思，仁在其中矣。」[45]曾子也說：「士不可以不弘毅，任重而道遠。仁以為己任，不亦重乎？

---

39 〈衛靈公〉，《論語》。
40 〈衛靈公〉，《論語》。
41 〈憲問〉，《論語》。
42 〈雍也〉，《論語》。
43 〈陽貨〉，《論語》。
44 〈里仁〉，《論語》。
45 〈子張〉，《論語》。

死而後已，不亦遠乎？」[46]阮元本之而論求仁，認為其途徑唯在身體力行。他說：「凡仁必於身所行者驗之而始見，亦必有二人而仁乃見。」因而他反對閉戶修持，虛悟遠求，指出：「一部《論語》，孔子絕未嘗於不視、不聽、不言、不動處言仁也。」又說：「仁必須為，非端坐靜觀即可曰仁。」阮元進而斷言：「若一人閉戶齋居，瞑目靜坐，雖有德理在心，絕不得指為聖門所說之仁矣。」

至此，阮元通過學理的探討，確立了積極經世、身體力行的仁學觀。

## 六　餘論

仁學是一個歷史範疇。在中國思想史上，這一學說自孔子創立，爾後不同的歷史時期，不同的學術流派和思想家，皆就各自的經濟、政治和學術利益，對其進行闡釋，從而使之得到發展，成為中國古代儒學的一個重要組成部分。清代學術，以總結和整理中國傳統學術為其基本特徵。阮元的《論語論仁論》，正是對孔子仁學的一次歷史總結。他的總結，直接導源於宋儒對孔子仁學的闡釋。因其對宋儒釋仁的不滿，故而力圖通過對孔子仁學的表彰，以恢復儒家仁學的本來面目。

宋儒釋仁，以朱子為集大成者。朱熹曾撰有〈仁說〉一篇，文中發展二程、尤其是小程子的仁學思想，以「愛之理」、「心之德」釋仁，對兩宋間諸儒的仁學思想作了批評和總結。他說：「故語心之德，雖其總攝貫通，無所不備，然一言以蔽之，則曰仁而已矣。」又說：「程子之所訶，以愛之發而名仁者也。吾之所論，以愛之理而名

---

46　〈泰伯〉，《論語》。

仁者也。」[47]後來著《論語集注》，於〈學而篇〉「其為仁之本與」一句，朱子釋仁更為簡捷，他說：「仁者，愛之理，心之德也。」

朱子故世，其高足陳淳撰《北溪字義》闡發師說，於古代仁學源流，有過梳理。陳氏說：「自孔門後，人都不識仁。漢人只把做恩惠說，是又太泥了愛。又就上起樓起閣，將仁看得全粗了，故韓子遂以博愛為仁。」唐儒韓愈著《原道》，稱「博愛之謂仁」[48]，二程、朱熹皆所不取。程頤答弟子問，主張「將聖賢所言仁處，類聚觀之，體認出來」。於韓愈之論仁，明斥其非，指出：「仁者固博愛，然便以博愛為仁，則不可。」[49]陳淳之說，即源此而來。接下去，陳氏又本程頤「愛自情，仁自是性」之教，對宋儒仁學進行總結。他說：「至程子始分別得明白，謂仁是性，愛是情。然自程子此言一出，門人又將愛全掉了，一向求高遠去。不知仁是愛之性，愛是仁之情，愛雖不可以正名仁，而仁豈能離得愛？」於是遵朱子遺訓，對程門弟子謝良佐、楊時等的仁學主張，陳淳斷然否定，評為「殊失向來孔門傳授心法本旨」。他的結論是：「程子論『心譬如穀種，生之性便是仁』，此一語說得極親切。只按此為準去看，更兼所謂『仁是性，愛是情』及『仁不可訓覺與公，而以人體之，故為仁』等數語相參照，體認出來，則主意不差而仁可得矣。」[50]

從二程經朱熹到陳淳，宋儒的仁學，其主流無疑是應當肯定的。宋儒為學善演繹，正是在對先哲學理的演繹之中，以「生之性便是仁」、「愛之理，心之德」等思想，發展了孔子的仁學。

清儒之為學，其門徑雖由宋儒而來，但自清初顧炎武、閻若璩一

---

47 朱熹：〈仁說〉，《朱文公文集》，卷67。

48 韓愈：〈原道〉，《昌黎先生集》，卷11。

49 程頤：〈伊川先生語四〉，《河南程氏遺書》，卷18。

50 陳淳：〈仁義禮智信〉，《北溪字義》，卷上。

輩大師,已別張一軍,向樸學一路走去。至乾隆間戴震崛起,遂唱以樸學釋仁先聲。戴氏名著《孟子字義疏證》,專闢「仁義禮智」一門,書中釋仁云:「仁者,生生之德也。民之質矣,日用飲食,無非人道所以生生者。一人遂其生,推之而與天下共遂其生,仁也。」本此而合四德於一體,戴震進而指出:「自人道溯之天道,自人之德性溯之天德,則氣化流行,生生不息,仁也。由其生生,有自然之條理,觀於條理之秩然有序,可以知禮矣。觀於條理之截然不可亂,可以知義矣。在天為氣化之生理,在人為其生生之心,是乃仁之為德也。在天為氣化推行之條理,在人為其心知之通乎條理而不紊,是乃智之為德也。唯條理,是以生生;條理苟失,則生生之道絕。」[51]戴震不取宋儒天理說,而釋理為條理,別開新境,自成一家,顯示出其理論探索的勇氣。而他又獨能把握住宋儒關於仁有生意的卓見,賦予仁以生生不息之德,從而發展仁學,則是戴震在乾嘉時代的卓絕過人處。

　　戴震為學之初,本受鄉里宋學遺風薰陶,儘管力圖棄宋而歸漢,但是探尋義理,始終如一,因而他的釋仁,頗多演繹而非盡歸納。惟其如此,所以樸學家阮元並不贊成這條路子。於是私淑戴氏的凌廷堪,本鄭玄「相人偶」之說釋仁,遂成阮元結撰《論語論仁論》的先導。阮元以樸學釋仁,與宋儒的以理學釋仁,各盡其得,殊途同歸,同樣有功於仁學的發展。孔子仁學以道德修持為入手,其歸宿則在積極經世。從恢復孔子仁學本來面目的意義上說,阮元的《論語論仁論》無疑取得了成功,而且也較之宋儒前進了一步。然而不分精華糟粕,一味揶揄宋儒,盡棄程朱仁說於不取,亦是阮元的缺乏識見處。這就難怪曾經做過他幕賓的方東樹一度與之辯難,在所著《漢學商

---

51　戴震:〈仁義禮智〉,《孟子字義疏證》,卷下。

兌》中，要集矢於阮元的仁論了。[52]晚清，朱一新著《無邪堂答問》，仍舊故案重理，原因也在於此。[53]

自孔子宣導仁學，數千年來，中華民族一直有著講求和實踐仁學的好傳統。仁學在中國歷史上的演進，深刻地作用於中國社會，使之成為我們的民族自強不息的一個深層依據。積數千年的歷史經驗，歸結到一點，便是求仁的好傳統斷不可丟棄。我想，無論未來的社會如何發展，亦無論後世如何釋仁，作為一種積極的經世學說，仁學終將同我們的民族、同我們的子孫後代所生活的世界共存。

---

52　方東樹：《漢學商兌》，卷中之上。
53　朱一新：《無邪堂答問》，卷1。

# 第十五章
# 章實齋研究二題

## 一　讀章實齋家書札記

在乾嘉學術史上，章學誠以究心「史學義例，校讎心法」而獨步一時。[1] 儘管他在生前不為一時通人所許可，知音寥寥，煢煢孑立，然而身後未及百年，其學終得彰顯。尤其是二十世紀初以來，對章學誠學行、思想的研究，則日益引起海內外學者的重視。從林慶彰教授近年主編的《乾嘉學術研究論著目錄》（1900-1993年）來看，在乾嘉時期的眾多學者中，除戴震之外，章學誠即為最受關注的學者。學誠生於乾隆三年（1738年），卒於嘉慶六年（1801年），正當考據學風流播四方的時代。他同一時主流學派中人，始而過從甚密，繼之漸生齟齬，終至分道揚鑣，成為考據學風的不妥協批評者。以下，擬以章學誠的家書為論究對象，對形成這一局面的緣由稍事梳理，藉以從一個側面窺知一時學風之梗概。唯用力不勤，所述未必允當，尚祈各位賜教。

民國初，吳興劉氏嘉業堂輯刻《章氏遺書》，於卷九《文史通義》外篇三，以〈家書〉為題，著錄章學誠致其諸子書劄七首。是為嚴格意義上的實齋家書。此次梳理，則把章學誠與其長子之論文書兩首，以及致同族戚屬信劄一併論列。這能否視之為廣義上的家書，還要請各位批評。此類書劄，計有同卷之〈與族孫守一論史表〉、〈答大

---

[1]　章學誠：〈家書二〉，《文史通義》外篇3，《章氏遺書》，卷9。

兒貽選問〉，卷二十二《文集》七之〈與族孫汝楠論學書〉，卷二十九
《外集》二之〈論文示貽選〉、〈與宗族論撰節愍公家傳書〉、〈與琥脂
姪〉、〈與家正甫論文〉、〈又與正甫論文〉和〈與家守一書〉等九首。

## （一）與族孫汝楠之論學長文

〈與族孫汝楠論學書〉寫於乾隆三十一年（1766年）秋，實齋時
年二十九歲。此時他尚肄業國子監，業已三落順天解試，正值窮愁彷
徨之際。該書以論學為主題，既述早年為學經歷，又述負笈京城的苦
悶，還述決意追求的為學方向，論世知人，多可參考。誠如胡適先生
著、姚名達先生訂補之《章實齋年譜》所論，該書是譜主「早年第一
篇重要文字，最可注意」。[2]

關於實齋的早年為學，書中寫道：

> 僕自念幼多病，一歲中銖積黍計，大約無兩月功，資質椎魯，
> 日誦才百餘言，輒復病作中止。十四受室，尚未卒業四子書。
> 顧老父聚徒授經，僕尚為群兒嬉戲左右。當時聞經史大義，已
> 私心獨喜，決疑質問，間有出成人擬議外者。自後知識漸通，
> 好泛覽，老父以業患不精，屏諸書令勿閱，而嗜好初入，不忍
> 割置，輒彷徨久之。年十五六，在應城，館師日課以舉子業。
> 又官舍無他書得見，乃密從內君乞簪珥易紙筆，假手在官胥
> 吏，日夜抄錄《春秋》內外傳及衰周戰國子史。輒復以意區
> 分，編為紀表志傳，凡百餘卷，三年未得成就。後為館師所
> 覺，呵責中廢。勤而無所，至今病之。老父解組來，饑驅寒
> 迫，北走燕秦，南楚越，往返一萬餘里，至今不得稅駕。比雖

---

2　胡適著、姚名達訂補：《章實齋先生年譜》，「乾隆三十一年、二十九歲」條。

識力稍進，而記誦益衰，時從破篋檢得向所業編，則疏漏牴牾，甚可嗤笑。回首當日，不覺憮然。夫讀書之年，誤貪撰著，小成無本，古人攸悲，而僕乃更為文墨兒戲。日月如馳，忽不我與，知弗及守，知其勤苦鮮成功矣。

據實齋自述可見，其早年資質並不好，不惟嚮學甚晚，不守舉業矩矱，且為學伊始，即過早地致力史書編纂，經史根柢並不堅實。故而他自二十三歲入京應鄉試，迄於二十九歲，三遭敗績，一事無成，就絕非偶然。

實齋此書之又一可注意者，則是述及同一時主流學派中人關係的文字，一是問學朱筠，二是拜望戴震。關於朱筠，實齋此書云：「近從朱先生游，亦言甚惡輕雋後生，枵腹空談義理。故凡所指授，皆欲學者先求徵實，後議擴充。所謂不能信古，安能疑經，斯言實中癥結。」而是年的慕名拜訪戴震，予章氏的震動則一度甚大。他就此在信中寫道：

> 休寧戴東原振臂而呼，曰：「今之學者，毋論學問文章，先坐不曾識字。」僕駭其說，就而問之，則曰：「予弗能究先天、後天，河洛精蘊，即不敢讀『元亨利貞』；弗能知星躔歲差，天象地表，即不敢讀『欽若敬授』；弗能辨聲音律呂，古今韻法，即不敢讀『關關雎鳩』；弗能考《三統》正朔、《周官》典禮，即不敢讀『春王正月』。」僕重愧其言。

正是為戴震的一席高論影響，實齋反省早年為學云：「往僕以讀書當得大意，又年少氣銳，專務涉獵，四部九流，氾濫不見涯涘。好立議論，高而不切，攻排訓詁，馳騖空虛。」惟其如此，所以他說：

「充類至盡,我輩於《四書》一經,正乃未嘗開卷卒業,可為慚惕,可為寒心。」

然而畢竟早年的為學訓練,藩籬已成,根深蒂固,因之無論是儒臣朱筠的督導,還是名流戴震的高論,皆不能使章學誠改弦易轍。實齋「自少性與史近」,一本「讀書當得大意」的為學路徑以進。信中,他對考證、辭章、義理的關係加以考論,指出:

> 學問之途,有流有別。尚考證者薄詞章,索義理者略徵實。隨其性之所近,而各標獨得,則服、鄭訓詁,韓、歐文章,程、朱語錄,固已角犄鼎峙而不能相下。必欲各分門戶,交相譏議,則義理入於虛無,考證徒為糟粕,文章只為玩物。漢唐以來,楚失齊得,至今囂囂,有未易臨決者。

章學誠在這方面的結論是:「考證即以實此義理,而文章乃所以達之之具。事非有異,何為紛然,自同鷸蚌,而使異端俗學得以坐享漁人之利哉!」

以學求義理之宗旨為依據,章學誠進而闡發了一己的為學追求。他說:

> 僕則以為,學者祈向,貴有專屬。博詳反約,原非截然分界,及乎氾濫渟蓄,由其所取愈精,故其所至愈遠。古人復起,未知以斯語為何如也。要之談何容易,十年閉關,出門合轍,卓然自立,以不愧古人。正須不羨輕雋之浮名,不揣世俗之毀譽,循循勉勉,即數十年中人以下所不屑為者而為之,乃有一旦庶幾之日。[3]

---

3 章學誠:〈與族孫汝楠論學書〉,《文集》7,《章氏遺書》,卷22。

這就是說，縱然有戴震、朱筠為學的影響，但是章學誠並不為一時京華學風所裹挾，依然決意以義理之學為依歸，毀譽由人，矢志以往。

## （二）致諸子家書七首

章學誠有五子，長子貽選，其它諸子依次為華紱、華綬、華練、華紀。據胡適之先生考，實齋致其諸子家書七首，皆寫於乾隆五十五年。[4]此時的章學誠，已年逾半百。早在乾隆四十二、四十三兩年，即連捷鄉會試，以進士歸班候選。只是欲求一知縣職不得，始終寄人籬下，作幕四方。其間，繼朱筠、戴震之後，章學誠又先後得交一時儒林諸賢，如任大椿、汪輝祖、錢大昕、邵晉涵、周永年、黃景仁、王念孫、段玉裁、劉台拱、程晉芳、汪中、淩廷堪、洪亮吉、孫星衍、阮元等。唯因論學不合，除邵晉涵、汪輝祖等二三友人外，每多齟齬，難與共席。尤以戴震、汪中二人，最稱牴牾，以致成為他攻駁的對象。乾隆五十五年春，章學誠離開亳州（今安徽亳縣）幕府，前往武昌，投奔湖廣總督畢沅。他的家書七首，即寫於抵武昌畢沅幕府之後。

〈家書一〉專論讀書為學方法。據實齋稱，其父每日有記，他則逐日有草，因之亦督責諸子：「或仿祖父日記，而去其人事閒文。或仿我之日草，而不必責成篇章。俱無不可。」通篇大旨一如先前，依然在講求義理。所以章氏又叮囑諸子：「爾輩於學問文章，未有領略，當使平日此心，時體究於義理，則觸境會心，自有妙緒來會。即泛濫觀書，亦自得神解超悟矣。朱子所謂常使義理澆洗其心，即此意也。」[5]

---

4　胡適著、姚名達訂補：《章實齋先生年譜》，「乾隆五十五年、五十三歲」條。

5　章學誠：〈家書一〉，《文史通義》外篇3，《章氏遺書》，卷9。

〈家書二〉昌言:「吾於史學,蓋有天授,自信發凡起例,多為後世開山。」他希望子承父業,以史學傳家。此書之最可注意者,是實齋以大段文字,集中講到了他同一時主流學派及其為學風尚的格格不入。他說:

> 至論學問文章,與一時通人全不相合。蓋時人以補苴襞績見長,考訂名物為務,小學音畫為名。吾於數者皆非所長,而甚知愛重,諮於善者而取法之,不強其所不能,必欲自為著述,以趨時尚。此吾善自度也。時人不知其意而強為者,以謂捨此無以自立,故無論真偽是非,途徑皆出於一。吾之所為,則舉世所不為者也。如古文辭,近雖為之者鮮,前人尚有為者。至於史學義例,校讎心法,則皆前人從未言及,亦未有可以標著之名。愛我如劉端臨,見翁學士詢吾學業究何門路,劉則答以不知。蓋端臨深知此中甘苦,難為他人言也。故吾最為一時通人所棄置而弗道。[6]

〈家書三〉則是一篇彰明為學根柢和追求的重要文字。關於為學根柢,章學誠由其父而直溯鄉邦先哲邵廷采,他說:「吾於古文辭,全不似爾祖父。然祖父生平極重邵思覆文,吾實景仰邵氏,而愧未能及者也。蓋馬、班之史,韓、歐之文,程、朱之理,陸、王之學,萃合以成一子之書。自有宋歐、曾以還,未有若是之立言者也。而其名不出於鄉黨,祖父獨深愛之,吾由是定所趨向。其討論修飾,得之於朱先生,則後起之功也。而根底則出邵氏,亦庭訓也。」至於一生為學追求,實齋則云:「吾於史學,貴其著述成家,不取方圓求備,有

---

6 章學誠:〈家書二〉,《文史通義》外篇3,《章氏遺書》,卷9。

同類纂。」又說：「吾讀古人文字，高明有餘，沉潛不足。故於訓詁考質，多所忽略，而神解精識，乃能窺及前人所未到處。」他甚至自負地宣稱：「吾於是力究紀傳之史，而辨析體例，遂若天授神詣，竟成絕業。」[7]

〈家書四〉至〈家書七〉，假論學養而彰明為學旨趣，批評一時學風，皆是知人論世的重要文字。其中，尤以五、六兩首最可注意。《家書五》專論宋儒學風，實齋指出：

> 宋儒之學，自是三代以後講求誠正治平正路。第其流弊，則於學問文章、經濟事功之外，別見有所謂道耳。以道名學，而外輕經濟事功，內輕學問文章，則守陋自是，枵腹空談性天，無怪通儒恥言宋學矣。

這就是說，宋儒之學本為儒學正統，不可否定。然而行之既久，流弊漸生，侈言道學，輕視學問文章和經濟事功，終致釀成「枵腹空談性天」的積弊。因此，一時通儒之恥言宋學，自有其道理。

在章實齋看來，批評宋學可，而否定宋學則不可。針對一時學風病痛，他以一個學術史家的識見而大聲疾呼：「君子學以持世，不宜以風氣為重輕。宋學流弊，誠如前人所譏。今日之患，又坐宋學太不講也。」因此，實齋於信中，回顧同邵晉涵議論重修《宋史》的舊事。他說：

> 往在京師，與邵先生言及此事，邵深謂然。廿一史中，《宋史》最為蕪爛，邵欲別作《宋史》。吾謂別作《宋史》，成一家

---

7　章學誠：〈家書三〉，《文史通義》外篇3，《章氏遺書》，卷9。

言，必有命意所在。邵言即以維持宋學為志。吾謂維持宋學，
最忌鑿空立說，誠以班、馬之業，而明程、朱之道，君家念魯
志也，宜善成之。

由此出發，所以實齋告誡諸子道：「爾輩此時講求文辭，亦不宜
略去宋學，但不可墮入理障，蹈前人之流弊耳。」[8]

〈家書六〉形似討論「人之才質，萬變不同」，實則可注意處恐
不在於此。章實齋公開揚起批評戴東原學術之幡，或許方是其間透露
之重要消息。因為正是在這同一年，實齋於武昌將上年所撰《文史通
義》諸文整理抄存，並特地補寫了〈書朱陸篇後〉、〈記與戴東原論修
志〉二文，對東原學術指名批評。〈家書六〉當寫於補撰之二文同
時，惟其如此，所以批評戴東原學術亦成書中之重要內容。實齋於此
有云：

> 觀前輩自述生平得力，其自矜者多故為高深。如戴東原，一夕
> 而悟古文之道，明日信筆而書，便出《左》、《國》、《史》、
> 《漢》之上。此猶戴君近古，使人一望知其荒謬，不足患也。
> 使彼真能古文，而措語稍近情理，豈不為所惑歟！

玩其文意，實齋之所言，乃是要說明戴東原並不曉古文之道，大言欺
世，荒謬不實。章實齋撰成此文，戴東原謝世已是整整十三年，何以
實齋要選擇此一時機來批評戴氏學術，筆者不學，難得其解，倘幸蒙
各位賜教，當感激不盡。

---

8　章學誠：〈家書五〉，《文史通義》外篇3，《章氏遺書》，卷9。

## （三）致同族戚屬及子侄劄

　　章學誠致同族戚屬及子侄書劄，除前述八首之外，見於今本《章氏遺書》者尚有八首。據原文題注及胡、姚二位先生《章實齋先生年譜》所考，可以大致判定其撰文時間者，依次為乾隆三十三年之〈與家守一書〉，三十八年之〈與琥脂姪〉，五十三年之〈與宗族論撰節愍公家傳書〉，五十四年之〈與家正甫論文〉、〈論文示貽選〉，五十六年之〈與族孫守一論史表〉等六首。而〈答大兒貽選問〉，成文時間不詳，或在〈家書〉七首前。〈又與正甫論文〉則成於〈與家正甫論文〉後，或為乾隆五十五、五十六年間文字。

　　此八篇文字中，最可注意者為〈又與正甫論文〉。文中所論，皆同一時學風相關。實齋之所論，大要有二：一是談學問與功力的關係；二是批評戴東原之學術。關於第一點，章學誠明確主張將學問與功力相區別，切不可以功力取代學問。他就此指出：

> 學問文章，古人本一事，後乃分為二途。近人則不解文章，但言學問，而所謂學問者，乃是功力，非學問也。功力之與學問，實相似而不同。記誦名數，搜剔遺逸，排纂門類，考訂異同，途轍多端，實皆學者求知所用之功力爾。即於數者之中，能得其所以然，因而上闚古人精微，下啟後人津逮，其中隱微可獨喻，而難為他人言者，乃學問也。今人誤執古人功力以為學問，毋怪學問之紛紛矣。

　　既然如此，實齋進而抨擊一時學風道：「今之誤執功力為學問者，但趨風氣，本無心得。直謂舍彼區區掇拾，即無所謂學，亦夏蟲之見矣。」

一如〈家書六〉，此書亦以戴震學術為攻駁對象。實齋就此有云：

> 近日言學問者，戴東原氏實為之最。以其實有見於古人大體，
> 非徒矜考訂而求博雅也。然戴氏之言又有過者。戴氏言曰：
> 「誦〈堯典〉，至『乃命羲和』，不知恆星七政，則不卒業；誦
> 〈周南〉、〈召南〉，不知古音則失讀；誦古《禮經》，先士冠
> 禮，不知古者宮室、衣服等制，則迷其方。」戴氏深通訓詁，
> 長於制數，又得古人之所以然，故因考索而成學問，其言是
> 也。然以此概人，謂必如其所舉，始許誦經，則是數端皆出專
> 門絕業，古今寥寥不數人耳，猶復此糾彼訟，未能一定。將遂
> 古今無誦五經之人，豈不誣乎！

　　依章實齋之所見，戴東原為學固確有所長，但亦有故為高深，大
言欺世之失。

　　為了證成戴震論學的誣枉，章學誠以古先賢哲為例，進而指出：

> 孟子言井田、封建，但云大略；孟獻子之友五人，忘者過半；
> 諸侯之禮，則云未學；爵祿之詳，則云不可得聞。使孟子生後
> 世，戴氏必謂未能誦五經矣。馬、班之史，韓、柳之文，其與
> 於道，猶馬、鄭之訓詁，賈、孔之疏義也。戴氏則謂，彼皆藝
> 而非道。此猶資舟楫以入都，而謂陸程非京路也。曾子之於聖
> 門，蓋篤實致功者也，然其言禮，則重在容貌、顏色、辭氣，
> 而籩豆器數，非君子之所貴。

　　既有如此多的事例以說明戴東原經學方法論的武斷，於是章學誠
遂以其所擅長的文史之學相頡頏，指出：「由是言之，文章之用，較

之區區掇拾之功，豈可同日語哉！」他甚至直斥考據學為「偽學」，宣稱：「雖然，矯枉者戒其過甚。文章嗜好，本易入人，今以偽學風偏，置而不議，故不得不講求耳。」實齋的結論是：「由道德而發為文章，乃可謂之立言，乃可不為戴氏所譏。」[9]

　　足見，〈又與正甫論文〉的自始至終，皆以一時考據學風及其代表戴震學術為攻駁矢的。顯然，章學誠是決意要與之作不妥協的抗爭了。惟其如此，他稍後所寫〈與族孫守一論史表〉，依然有攻駁一時學風的內容。書中有云：「近人之患，好名為甚，風氣所趨，競為考訂，學識未充，亦強為之。讀書之功少，而著作之事多，恥其言之不自己出也，而不知其說之不可恃也。」[10]

## （四）結語及餘論

　　自乾隆三十一年寫〈與族孫汝楠論學書〉始，至五十六年撰〈與族孫守一論史表〉止，章學誠留下的十六首家書，從一個側面反映了他同一時考據學風的關係。其間，既有作者一己學術追求的闡發，也有對一時學術界為學病痛的針砭，無論於研究章氏學行、思想，還是探討乾隆間學術演進，皆是頗有價值的資料。

　　乾隆二十五年，章學誠初入京城。時值漢學大師惠棟辭世未久，戴震沿波而起，名噪朝野，經學考據方興未艾。此時的京中學風，迴異於學誠所僻居的湖北應城，與其早年的為學趨向尤顯格格不入。青少年時代的章學誠，既不工舉子業，又於經術素未究心，用他自己的話來說，就叫做：「而史部之書，乍接於目，便似夙所攻習。」[11]由於為學路數的不合時尚，因而不惟屢困科場，而且在國子監中頗遭冷

---

9　章學誠：〈又與正甫論文〉，《外集》2，《章氏遺書》，卷29。

10　章學誠：〈與族孫守一論史表〉，《文史通義》外篇3，《章氏遺書》，卷9。

11　章學誠：〈家書六〉，《文史通義》外篇3，《章氏遺書》，卷9。

遇，被「視為怪物，詫為異類」。[12]

　　乾隆三十一年，章學誠在京中與戴震初識。戴東原的一席高論，使實齋至為震動，一度反省。然而章學誠並沒有就此改變為學方向，相反，隨著文史素養的與時俱進，他對考據學風的病痛展開了不妥協的批評，決意以自己的史學主張去關除榛蕪，開創新路。

　　面對風靡朝野的考據學，章學誠以轉移風氣為己任，他認為：「天下事，凡風氣所趨，雖善必有其弊。君子經世之學，但當相弊而救其偏。」又說：「君子之學，貴闢風氣，而不貴趨風氣。」[13]因此為了救正一時風氣，在從事《文史通義》撰述之始，他即堅定地表示，即使「逆於時趨」，「乖時人好惡」，也在所不惜。乾隆三十七年，在給當時著名學者錢大昕的信中，他就此寫道：「惟世俗風尚必有所偏，達人顯貴之所主持，聰明才雋之所奔赴，其中流弊必不在小。載筆之士不思挽救，無為貴著述矣。」[14]在章學誠看來，當時學風之弊，癥結就在於沉溺考據訓詁，買櫝還珠，不識大義。他說：「近日考訂之學，正患不求其義，而執形跡之末，銖黍較量，小有同異，即囂然紛爭，而不知古人之真不在是也。」[15]由此出發，他雖然並不抹殺考據學的基本作用，但是只是視之為治學的功力而已，不承認那是學問。對於那些不識大義的考據學家，章學誠則譏之為「有如桑蠶食葉而不能抽絲」[16]，甚至將考據學詆為「竹頭木屑之偽學」。[17]

　　針對漢學考據的積弊，章學誠以一個學術史家的卓識而進行積極修正。他的修正表現為學術主張，便是兩條救正之道的提出，一是古

---

12　章學誠：〈與族孫汝楠論學書〉，《文集》7，《章氏遺書》，卷22。

13　章學誠：〈淮南子洪保辨〉，《文史通義》外篇1，《章氏遺書》，卷7。

14　章學誠：〈上錢辛楣宮詹書〉，《外集》2，《章氏遺書》，卷29。

15　章學誠：〈說文字原課本書後〉，《文史通義》外篇2，《章氏遺書》，卷8。

16　章學誠：〈與汪龍莊書〉，《文史通義》外篇3，《章氏遺書》，卷9。

17　章學誠：〈與邵二雲書〉，《文史通義》外篇3，《章氏遺書》，卷9。

文辭，一是史學，而歸根結蒂還是史學。章學誠說：「近日頗勸同志諸君多作古文辭，而古文辭必由紀傳史學起步，方能有得。」[18]又說：「辭章記誦，非古人所專重，而才識之士，必以史學為歸。為古文辭而不深於史，即無由溯源六藝而得其宗。」[19]

　　章學誠所精心結撰的《文史通義》，就是貫徹這一學術主張的具體實踐。該書自乾隆三十七年始撰，迄於著者嘉慶六年逝世，三十年如一日，辛勤耕耘，死而後已。而救正風氣，開闢新路，則始終不渝，首尾一貫。正如他晚年就此致書友人汪輝祖所述：「拙撰《文史通義》，中間議論開闢，實有不得已而發揮，為千古史學闢其榛蕪。」[20]

　　章學誠一經選定以史學為救正風氣之道，便義無反顧，矢志以往，傾注全身心於《文史通義》的撰寫。從乾隆五十三年致函孫星衍，首次提出「盈天地間，凡涉著作之林，皆是史學」[21]；中經五十四年至五十七年間所寫〈經解〉、〈原道〉、〈史釋〉、〈易教〉及〈方志立三書議〉諸篇的系統闡釋而深化；到嘉慶五年撰成《浙東學術》，彰明「史學所以經世」的為學宗旨，[22]他完成了以「六經皆史」為核心的史學思想的建設。[23]

　　在中國古代學術史上，「六經皆史」的思想萌芽甚早。據已故錢鍾書教授著《談藝錄》考證，其遠源可追溯至《莊子》的〈天道〉、〈天運〉諸篇，其近源則為王守仁《傳習錄》、顧炎武《日知錄》等明清間人著述。[24]當然，章學誠的「六經皆史」說是否源自老、莊思

---

18 章學誠：〈與汪龍莊書〉，《文史通義》外篇3，《章氏遺書》，卷9。

19 章學誠：〈報黃大俞先生〉，《文史通義》外篇3，《章氏遺書》，卷9。

20 章學誠：〈與汪龍莊書〉，《文史通義》外篇3，《章氏遺書》，卷9。

21 章學誠：〈報孫淵如書〉，《文史通義》外篇3，《章氏遺書》，卷9。

22 章學誠：〈浙東學術〉，《文史通義》內篇2，《章氏遺書》，卷2。

23 章學誠：〈方志立三書議〉，《文史通義》內篇1〈易教上〉，卷14，《章氏遺書》，卷1。

24 錢鍾書：〈章實齋與隨園〉，《談藝錄》（補訂本）86。

想，證據不足，尚難定論，但王守仁、顧炎武思想於他的影響，則屢見於《文史通義》，確然無疑。還應當指出，唐代史家劉知幾所撰《史通》，也是章學誠史學思想的重要來源。

據章學誠自述，他二十八歲始讀《史通》[25]，且聲稱：「劉言史法，吾言史意；劉議館局纂修，吾議一家著述。截然兩途，不相入也。」[26]言下之意，其史學「蓋有天授」，非受《史通》啟發。然而《史通》於他思想的影響，則隨處可見，欲加掩飾而不能。諸如把史籍區分為撰述與記注二家，強調史才、史學、史識與史德的統一，反對文人修史，主張詳近略遠、據事直書、學以經世等，皆與《史通》一脈相承。關於這一點，傅振倫老先生早年撰〈章學誠在史學上的貢獻〉一文，早經揭示。[27]至於「六經皆史」，作為《史通》總綱的〈六家〉篇，即把儒家經典《尚書》、《春秋》視為史籍編纂的兩家，與《左傳》、《國語》、《史記》、《漢書》並稱「六家」。這無疑應是章學誠史學思想的遠源。其實，《文史通義》的以《史通》為重要來源，早在其撰述之初，章學誠就曾直認不諱。在致友人嚴長明的信中，他說：「思斂精神為校讎之學，上探班、劉，溯源《官》、《禮》，下該《雕龍》、《史通》。甄別名實，品藻流別，為《文史通義》一書。」[28]這封信後來雖未錄入《文史通義》，但歷史事實畢竟是不能抹殺的。

章學誠的「六經皆史」說，就其主要方面而言，恐怕還不是尚存爭議的尊經、抑經問題，貫穿於其間的一個中心思想，實為復原中國儒學的經世傳統，宣導以史學去經世致用。所以他在闡明六經即史的同時，就再三強調六經作為「先王政典」的基本特質。他說：「六經

---

25 章學誠：〈家書六〉，《文史通義》外篇3，《章氏遺書》，卷9。

26 章學誠：〈家書二〉，《文史通義》外篇3，《章氏遺書》，卷9。

27 傅振倫：《傅振倫方志論著選》（杭州市：浙江人民出版社，1992年），頁238-254。

28 章學誠：〈與嚴冬友侍讀〉，《外集》2，《章氏遺書》，卷29。

皆史也。古人不著書,古人未嘗離事而言理,六經皆先王之政典也。」章學誠就此還說:「若夫六經,皆先王得位行道,經緯世宙之跡,而非託於空言。」[29]作為一個史家,章學誠從學術史的角度論證古代學術初無經史之別,六經乃後起之稱。他指出:「古之所謂經,乃三代盛時,典章法度見於政教行事之實,而非聖人有意作為文字以傳後世。」[30]因此,學誠反對「舍器而求道,舍今而求古,舍人倫日用而求學問精微」的傾向,主張把立足點轉移到現實社會中來。他說:「君子苟有志於學,則必求當代典章,以切於人倫日用;必求官司掌故,而通於經術精微。則學為實事,而文非空言,所謂有體必有用也。」[31]這種厚今薄古,學以經世的史學思想,在他晚年所寫〈浙東學術〉篇中,得到了集中闡發。實齋於此有云:

> 史學所以經世,固非空言著述也。且如六經,同出於孔子,先儒以為,其功莫大於《春秋》,正以切合當時人事耳。後之言著述者,舍今而求古,舍人事而言性天,則吾不得而知之矣。學者不知斯義,不足言史學也。[32]

乾嘉之際,倡「六經皆史」而學以經世,實非章學誠的一家之言,乃是一時傑出之士的共識。諸如錢大昕、李保泰、袁枚等人,皆與章學誠不謀而合,唱為同調。嘉慶五年(1800年),錢大昕為趙翼著《廿二史札記》撰序,就不僅反駁了理學家視讀史為「玩物喪志」的偏見,否定了宋明以來,「經精而史粗」、「經正而史雜」的成說,

---

29 章學誠:〈易教上〉,《文史通義》內篇1,《章氏遺書》,卷1。

30 章學誠:〈經解上〉,《文史通義》內篇1,《章氏遺書》,卷1。

31 章學誠:〈史釋〉,《文史通義》內篇5,《章氏遺書》,卷1。

32 章學誠:〈浙東學術〉,《文史通義》內篇2,《章氏遺書》,卷2。

而且斷言：「經與史豈有二學哉！」[33]李保泰則大聲疾呼：「自士大夫沉湎於舉業，局促於簿書，依違於格令，遇國家有大措置，民生有大興建，茫然不識其沿革之由，利病之故，與夫維持補救之方。雖使能辨黃初之偽年，收蘭臺之墜簡，於以稱博雅、備故實足矣，烏足以當經世之大業哉！」[34]袁枚雖以詩文名家，史學並非當行，但他同樣也認為「古有史而無經」。[35]然而，陶鑄群言，彰明史學的經世傳統，總其成者則當推章學誠。[36]稍後的學者龔自珍等，正是假其說以治經，遂演為《公羊》改制之論。錢賓四先生早年著《中國近三百年學術史》，於此有過重要揭示。錢先生指出：「《公羊》今文之說，其實與六經皆史之意相通流，則實齋論學，影響於當時者不為不深宏矣。」[37]

## 二　章實齋集外佚劄二通考證

近者，承楊豔秋博士示以章實齋集外佚劄二通影印件。此件原載《大公報》一九四六年十一月六日文史版，係由已故明清史專家黃雲眉先生過錄，一九八〇年四月，刊佈於齊魯書社出版之黃先生遺著《史學雜稿續存》。[38]實齋集外佚劄二通，一為致曹慕堂學閔之〈上慕堂光祿書〉，一為致錢曉徵大昕之〈上曉徵學士書〉。讀此二劄，關於實齋與錢曉徵往還之一重要故實，朗然澄清，為之一快。謹將個中緣由略述如後，以請諸位指教。

---

33 錢大昕：〈廿二史札記序〉，見趙翼：《廿二史札記》，卷首。

34 李保泰：〈廿二史札記序〉，見趙翼：《廿二史札記》，卷首。

35 袁枚：〈史學例議序〉，《隨園文集》，卷10。

36 焦循：〈讀書三十二贊〉，《雕菰樓集》，卷6。

37 錢穆：《中國近三百年學術史》（上海市：復旦大學出版社，1985年），上冊，頁392。

38 黃雲眉：〈章氏遺書未收之實齋手劄二通〉，《史學雜稿續存》（濟南市：齊魯書社，1980年）之〈雜考〉附錄2，頁347-351。

　　第一，章實齋與錢曉徵，同為乾嘉間著名史家，唯立身旨趣、為學路數皆存在較大距離，故而二人間縱有往還，卻罕見有關文字留存。傳世之曉徵《潛研堂文集》，幾無實齋蹤影。而實齋之《章氏遺書》中，除代其幕主畢沅撰《為畢制軍與錢辛楣宮詹論續鑒書》外[39]，只有〈上辛楣宮詹書〉一通。[40]然而此一僅存之書劄撰於何時，迄今依然是尚無定說的問題。

　　胡適之先生早年為章實齋做年譜，係〈上辛楣宮詹書〉於嘉慶三年戊午，譜主時年六十一。之所以如此處理，乃因實齋是年有《戊午鈔存》一卷，〈上辛楣宮詹書〉即在其中。一九二八年，適之先生請姚達人先生增訂六年前所著《章實齋先生年譜》，則放棄舊說，將〈上辛楣宮詹書〉改繫於乾隆三十七年，譜主時年三十五。胡、姚二位先生於章實齋學行的此一判定，其根據乃在章氏致朱春浦棻元之〈侯國子司業朱春浦先生書〉。因為該書篇末有云：「是以出都以來，頗事著述，斟酌藝林，作為《文史通義》。書雖未成，大指已見辛楣先生候牘，所錄內篇三首，並以附呈。」[41]正是以此為依據，胡、姚二位先生遂做出判斷：「所謂辛楣先生候牘，即〈上辛楣宮詹書〉，辛楣即錢大昕。」於是《章實齋先生年譜》增訂本在大段摘引章氏之〈上辛楣宮詹書〉後，特地加以按語云：「此書在浙本題注為《戊午鈔存》之一，故本年譜初版列在戊午年下。今據〈候朱春浦書〉，知是此年之作。」[42]

　　胡適之、姚達人兩先生的上述判斷確實否？如果仔細檢核章實齋之〈上辛楣宮詹書〉，則可發現其間難以彌合之疑竇。《章實齋先生年

---

39　章學誠：〈為畢制軍與錢辛楣宮詹論續鑒書〉，《章氏遺書》，卷9。

40　章學誠：〈上辛楣宮詹書〉，《章氏遺書》，卷29。

41　章學誠：〈候國子司業朱春浦先生書〉，《章氏遺書》，卷22。

42　胡適著、姚名達訂補：《章實齋先生年譜》（上海市：上海商務印書館，1931年），　「乾隆三十七年、三十五歲」條，頁25-26。

譜》增訂本在摘引〈上辛楣宮詹書〉時，未審是否為避免文字冗長的緣故，以刪節符號略去了該書的一段重要文字。即「戴東原嘗於筵間偶議秀水朱氏，籜石宗伯至於終身切齒，可為寒心。」[43]其實，這是一段判定〈上辛楣宮詹書〉寫作時間的重要文字，萬萬不可忽略不引。倘若當年胡、姚二位先生於實齋此書不做刪節，而在此段略去的文字上多下些工夫，抑或就不會改變年譜初印本的繫年了。

第二，〈上辛楣宮詹書〉所云戴東原震與錢籜石載因論學失和，以致錢氏「終身切齒」事，乃乾隆中葉以後一學術公案。章實齋於此雖語焉不詳，但翁復初方綱則有專文議及。翁復初乃錢、戴二人發生爭議時的見證人之一，事後曾就此有專書致程魚門晉芳，以平停二家爭議。據翁氏《復初齋文集》所載〈與程魚門平錢戴二君議論舊草〉記：

> 昨籜石與東原議論相詆，皆未免於過激。戴東原新入詞館，斥詈前輩，亦籜石有以激成之，皆空言無實據耳。籜石謂東原破碎大道，籜石蓋不知考訂之學，此不能折服東原也。詁訓名物，豈可目為破碎？學者正宜細究考訂訓詁，然後能講義理也。……今日錢、戴二君之爭辨，雖詞皆過激，究必以東原說為正也。然二君皆為時所稱，我輩當出一言持其平，使學者無歧惑焉。[44]

據考，翁氏此劄原無年月，而劄中有「戴東原新入詞館」一語，

---

43 章學誠：〈上辛楣宮詹書〉，《章氏遺書》（北京市：文物出版社，1985年），卷29，頁332。

44 翁方綱：〈理說駁戴震作〉附〈與程魚門平錢戴二君議論舊草〉，《復初齋文集》，卷7。

則時間可以大致推知。據段玉裁輯《戴東原先生年譜》記，東原於乾隆二十七年舉鄉試，後屢經會試不第，直至三十八年春《四庫全書》開館，始以舉人特召，「奉召充纂修官，仲秋至京師」。[45]至於入翰林院為詞臣，則是進京一年多後的乾隆四十年五月。段譜云：「是年會試不第，奉命與乙未貢士一體殿試，賜同進士出身，授翰林院庶起士。」[46]而《清高宗實錄》於是年五月亦有明確記錄：「庚申，……內閣翰林院帶領新進士引見。得旨：……戴震……著改為翰林院庶起士。」[47]

戴東原於乾隆四十年五月始入翰林院為庶起士，翁復初所云「新入詞館」當即指此而言。而翌年五月，錢籜石便以內閣學士出任山東學政。[48]因此，戴、錢二人因論學不合而發生爭議，只可能是乾隆四十年五月至四十一年五月間的事情。同樣的道理，翁復初致書程魚門，試圖彌合錢、戴二家爭議，也當在此一期間。

既然如此，〈上辛楣宮詹書〉所議有乾隆四十、四十一年間事，自然就不可能寫於事發之前的乾隆三十七年。此外，章實齋素以能文自負，書中既云錢籜石「終身切齒」，據「終身」二字，則當在錢氏故世之後。至於籜石之卒年，據《清史列傳》、《清史稿》及錢氏其它碑傳文所記，皆為乾隆五十八年癸丑。[49]因此，章實齋之〈上辛楣宮詹書〉，只能寫於錢籜石故世之後，而不會是籜石尚健在，且無從與戴東原發生爭議的乾隆三十七年。

---

45　段玉裁：《戴東原先生年譜》，「乾隆三十八年、五十一歲」條。

46　段玉裁：《戴東原先生年譜》，「乾隆四十年、五十三歲」條。

47　《清高宗實錄》，卷982，「乾隆四十年五月庚申」條。

48　《清高宗實錄》，卷1009，「乾隆四十一年五月壬辰」條。

49　《清史列傳》，卷25、《清史稿》，卷305之錢載本傳及朱休度〈禮部侍郎秀水錢公載傳〉，記錢籜石卒年皆為乾隆五十八年癸丑。錢氏任禮部侍郎，乃乾隆四十五年三月事，至此始可稱「宗伯」。

　　惟其如此，所以二十世紀三〇年代中，錢賓四先生著《中國近三百年學術史》，雖然採納了胡、姚二位先生的研究成果，將章實齋〈上辛楣宮詹書〉繫於乾隆三十七年，但同時也提出了疑問。賓四先生認為：「上辛楣一書，似經晚年點定，非盡當日筆致也。」[50]

　　第三，祖武早年讀胡適之、姚達人、錢賓四諸位先生大著，結合翻檢《章氏遺書》、《復初齋文集》等多種文獻，於章實齋〈上辛楣宮詹書〉真相，積疑久蓄，耿耿不釋。兩年前，曾向友人梁君勇述及此一蓄疑。梁君雖多方努力，唯苦無直接證據而擱置。今春，楊君豔秋博士知難而進，勤於耙梳，終在倉修良、葉建華二位教授著《章學誠評傳》中找到線索，按圖索驥遂覓得黃雲眉先生過錄之章實齋集外佚劄二通。獲此寶貴佚劄，合《章氏遺書》所存〈侯國子司業朱春浦先生書〉比照並觀，則蓄疑可釋，故實了然。

　　〈上慕堂光祿書〉開篇云：「秋氣轉清，南州木葉漸索，夜堂聞蟋蟀聲，似有風土之異，始覺浪跡江湖又一年矣。夏間迂道返浙，十里故土，便如隔世。值均弼先生觀察寧紹，渡江相見，為道先生近履，及受之、申之兩兄頗悉。」均弼姓馮，名廷丞，一字子弼，乾隆三十七年任浙江寧紹臺兵備道，駐節寧波。後官至湖北按察使，於四十九年卒於任所。章實齋為其撰《湖北按察使馮君家傳》，有云：「余於壬辰之夏，訪君寧波道署。」[51]即〈上慕堂光祿書〉所云「夏間迂道返浙」事。誠如胡、姚二位先生《章實齋先生年譜》「乾隆三十七年、三十五歲」條所記：「夏，先生訪寧紹臺兵備道馮廷丞於寧波道署。」[52]實齋於上年十月出都，隨其師朱笥河筠赴安徽學政任，至是

---

50 錢穆：《中國近三百年學術史》（上海市：復旦大學出版社，1985年），上冊，頁418。

51 章學誠：〈湖北按察使馮君家傳〉，《章氏遺書》，卷17。

52 胡適著、姚名達訂補：《章實齋先生年譜》（上海市：上海商務印書館，1931年），「乾隆三十七年、三十五歲」條，頁24。

年秋，時已一年，故而有「浪跡江湖又一年」之歎。章氏此書又云：
「在紹伏厮兩月，頗懼得過日多。哀集所著《文史通義》，其已定
者，得內篇五，外篇二十有二。文多不可致，謹錄三首，求是正訖，
轉致辛楣先生、朱春浦師。兩處書俱未緘，亦乞閱後封致。」書末再
云：「外文三篇，並呈朱春浦師及辛楣先生，以繕錄手不暇給也。」[53]
可見，實齋是時始撰《文史通義》，已成「內篇五，外篇二十有二」，
此其一。其二，呈文三篇並致錢、朱二位先生劄，皆請曹慕堂轉交。
其三，章氏致曹、錢、朱三先生劄，寫於同時同地。

　　〈侯國子司業朱春浦先生書〉篇首云：「不侍函丈，才匝歲耳。」
又云：「學誠二十年不見江南秋矣。」揆之實齋生平，則為乾隆三十
七年事無疑。該書篇末云：「出都以來，頗事著述，斟酌藝林，作為
《文史通義》。書雖未成，大指已見辛楣先生候牘，所錄內篇三首，
並以附呈。先生試察其言，必將有以得其所自。」[54]章氏於此，依然
述及始撰《文史通義》事，不惟告以「大指已見辛楣先生候牘」，而
且錄呈內篇三首亦與致錢竹汀書同。由此可見，候朱先生書與致錢先
生書確係同時所寫，二書即托曹慕堂轉致者。

　　根據上引二書，章實齋同時所致錢竹汀書，至少應該具備兩個特
徵，第一是時間上的特徵，即乾隆三十七年秋天所寫，第二是內容上
的特徵，書中當有大段文字闡述《文史通義》之撰述宗旨。就現存
《章氏遺書》中所錄〈上辛楣宮詹書〉而言，這兩方面的特徵皆不具
備。倒是《大公報》一九四六年十一月刊佈之實齋佚劄〈上曉徵學士
書〉，則與這些特徵若合符契。

　　一如前引二書，章實齋之〈上曉徵學士書〉，不惟於書首云：「自

---

53　章學誠：〈上慕堂光祿書〉，見黃雲眉《史學雜稿續存》之〈雜考〉附錄2〈章氏遺
　　書未收入之實齋手劄二通〉，頁347-348。
54　章學誠：〈侯國子司業朱春浦先生書〉，《章氏遺書》，卷22。

出都門，終日逐逐。江南秋高，風日清洌，候蟲木葉，颯颯有南北風氣之殊。因憶京華舊遊，念久不獲聞長者緒論，以為耿耿。敬想入秋來，起居定佳，伏維萬福。」而且更於篇末明確道出撰書時間、地點，即「八月二十二日二鼓，太平府署中」。這就是說，〈上曉徵學士書〉係乾隆三十七年八月二十二日所寫，撰文地點在安徽太平府（治所在今當塗縣）衙署。尤可注意者，是該書闡發《文史通義》撰述宗旨的大段文字。實齋書於此云：

> 學誠自幼讀書，無他長，惟於古今著述淵源，文章流別，殫心者蓋有日矣。嘗謂古人之學，各有師法，法具於官，官守其書，因以世傳其業。……秦火而後，書失傳而師法亦絕，今所存者，特其綱目。〈司空篇〉亡，六卿聯事之義，又不可以強通，條貫散失，學術無所統計，（計字疑誤，似當為紀，或係排字失誤——引者。）所賴存什一於千百者，向、歆父子之術業耳。蓋向、歆所為〈七略〉、〈別錄〉者，其敘六藝百家，悉惟本於古人官守，不盡為藝林述文墨也。其書雖軼，而《班史》〈藝文〉獨存。《藝文》又非班固之舊，特其敘例猶可推尋。故今之學士，有志究三代之盛，而溯源官禮，綱維古今大學術者，獨〈漢藝文志〉一篇而已。夫〈藝文〉於賈誼《左傳訓故》，董仲舒說《春秋》事，尹更始《左傳章句》，張霸《尚書百兩篇》，及叔孫《朝儀》，韓信《軍法》，蕭何《律令》之類，皆灼然昭著者，未登於錄。秦官《奏事》，《太史公書》，隸於《春秋》，而詩賦五種，不隸《詩經》。要非完善無可擬議者。然賴其書，而官師學術之源流，猶可得其彷彿。故比者校讎其書，申明微旨，又取古今載籍，自六藝以降，訖於近代作者之林，為之商榷利病，討論得失。擬為《文史通義》一書，

分內、外、雜篇，成一家言。雖草創未及什一，然文多不能悉
致，謹錄三首呈覽，閣下試平心察之，當復以為何如也。

　　章實齋於他人不輕許可，何以獨引錢竹汀為《文史通義》知音？
從〈上曉徵學士書〉所云可見，其緣由主要有二。一是錢竹汀博學多
識，尤以史學最稱專精，且長實齋整整十歲，故而一如前引，章氏尊
之為「長者」。二是錢竹汀結撰《元史》〈藝文志〉，章實齋見過初
稿，佩服竹汀「精於校讎」，因之而引為同志。用實齋自己的話來
說，就是：「閣下精於校讎，而益以聞見之富，又專力整齊一代之
書，凡所搜羅撰述，皆足追古作者而集其成。即今紹二劉之業而廣班
氏之例者，非閣下其誰托！」[55]
　　綜上所考，章實齋乾隆三十七年所致錢竹汀書，應為《大公報》
一九四六年十一月六日刊佈之〈上曉徵學士書〉，而非今本《章氏遺
書》所錄〈上辛楣宮詹書〉。[56]因此，胡適之先生初纂《章實齋先生年
譜》，係〈上辛楣宮詹書〉於嘉慶三年，最是允當，而增訂本改繫於
乾隆三十七年，則偶然疏失矣。

---

55 章學誠：〈上曉徵學士書〉，見黃雲眉《史學雜稿續存》之〈雜考〉附錄2〈章氏遺
　　書未收入之實齋手劄二通〉，頁348-351。
56 據錢大昕《竹汀居士年譜》記，竹汀於乾隆三十七年春，補翰林院侍讀學上，而任
　　詹事府少詹事，乃乾隆三十八年十一月。

# 第十六章
# 讀《中國近三百年學術史》札記

　　最近十餘年來，經過海內外學術界的共同努力，乾嘉學派與乾嘉學術研究，愈益引起四方學者關注，喜呈方興未艾之勢。為了使此一研究健實地向縱深推進，謹就平日讀錢賓四先生《中國近三百年學術史》大著所得之一二，謬陳管見，敬祈指教。

## 一　乾嘉經學一趨考據之緣由

　　清代乾隆、嘉慶年間，經學中人何以一趨訓詁考索，而有乾嘉學派之謂？錢賓四先生著《中國近三百年學術史》，雖不像梁任公先生同名論著之闢為專題討論，但真知灼見，則每在字裏行間。關於這個問題，錢先生之所論，在如下幾個方面，尤稱創獲。

　　第一，清代學術與宋明學術是一個後先相承的整體。錢先生之《中國近三百年學術史》，開宗明義即指出：「竊謂近代學者每分漢宋疆域，不知宋學，則亦不能知漢學，更無以評漢宋之是非。」[1] 循此以進，賓四先生將論學的重點擺在揭示學術發展的內在邏輯上，先生說：

> 治近代學術者當自何始？曰必始於宋。何以當始於宋？曰近世揭櫫漢學之名，以與宋學敵，不知宋學，則無以評漢宋之是非。

---

[1] 錢穆：〈自序〉，《中國近三百年學術史》（上海市：復旦大學出版社，1985年），上冊，頁1。

且言漢學淵源者，必溯諸晚明諸遺老。然其時如夏峰、梨洲、
二曲、船山、桴亭、亭林、篤庵、習齋，一世魁儒耆碩，靡不
寢饋於宋學。繼此而降，如恕谷、望溪、穆堂、謝山，乃至慎
修諸人，皆於宋學有甚深契詣。而於時已及乾隆，漢學之名始
稍稍起。而漢學諸家之高下淺深，亦往往視其所得於宋學之高
下淺深以為判。道咸以下，則漢宋兼採之說漸盛，抑且多尊宋
貶漢，對乾嘉為平反者。故不識宋學，即無以識近代也。[2]

錢先生高屋建瓴，在上引大段論述中，準確地揭示了從宋學到清學間
必然的內在聯繫。

　　第二，清代的考證學，淵源乃在明中葉以降諸儒。在討論清代考
證學淵源時，錢賓四先生不贊成簡單地用王朝更迭來斷限。一方面，
錢先生既肯定清初諸儒顧亭林、閻百詩等對乾嘉學術的深刻影響，指
出：「治音韻為通經之鑰，而通經為明道之資，明道即所以救世。亭
林之意見如是。乾嘉考證學即本此推衍，以考文知音之工夫治經，即
以治經工夫為明道，誠可謂得亭林宗傳。」另一方面，賓四先生又否
定了以顧亭林為漢學開山的主張。他說：

　　亭林論學本懸二的，一曰明道，一曰救世。其為《日知錄》，
又分三部，曰經術、治道、博聞。後儒乃打歸一路，專守其經
學即理學之議，以經術為明道，餘力所匯，則及博聞。至於研
治道，講救世，則時異世易，繼響無人，而終於消沉焉。若論
亭林本意，則顯然以講治道救世為主。之後之學亭林者，忘其
行己之教，而師其博文之訓，已為得半而失半。又於其所以為

---

2 錢穆：第1章〈引論〉上，《中國近三百年學術史》（上海市：復旦大學出版社，1985
　年），上冊，頁1。

> 博文者，棄其研治道、論救世，而專趨於講經術、務博聞，則
> 半之中又失其半焉。且所失者胥其所重，所取胥其所輕。取捨
> 之間，亦有運會，非盡人力。而近人率推亭林為漢學開山，其
> 語要非亭林所樂聞也。[3]

惟其如此，所以錢賓四先生認為：「清儒言考證推本顧、閻者，乃以
本朝自為限斷，亦不謂其事由兩人特造，更無來歷也。」至於這個
「來歷」，錢先生則以《四庫總目》和乾嘉通儒焦循之所論為據，直
溯明中葉以降諸儒楊慎、焦竑、陳第、方以智等。他說：「清廷館閣
詞臣序清儒考證之學，亦謂沿明中葉楊慎諸人而來，不自謂由清世開
闢也。」又說：「理堂在野，親值漢學極盛，推溯來歷，亦謂起明
季，與四庫館臣之言相應。」錢先生的結論是：「此自清儒正論，謂
考證由顧、閻開山，其說起晚近，按實固無據也。」[4]

　　第三，把握學術消息不可脫離社會歷史環境變遷。錢賓四先生就
此指出：

> 自乾嘉上溯康雍，以及於明末諸遺老。自諸遺老上溯東林，以
> 及於陽明。更自陽明上溯朱陸，以及北宋之諸儒。求其學術之
> 遷變，而考合之於世事，則承先啟後，如繩秩然，自有條貫。[5]

將學術變遷與社會歷史的演進作為一個整體來進行考察，從而發現其
間秩然有序的條貫，或者說是規律，這便是錢賓四先生所揭示的一個
基本為學方法論。

---

3　錢穆：《中國近三百年學術史》（上海市：復旦大學出版社，1985年），上冊，頁145。
4　錢穆：《中國近三百年學術史》（上海市：復旦大學出版社，1985年），上冊，頁136。
5　錢穆：《中國近三百年學術史》（上海市：復旦大學出版社，1985年），上冊，頁20。

　　就乾嘉考據學的形成而言，在《中國近三百年學術史》中，錢賓四先生從學術史與社會史相結合的角度，具體作了三個方面的梳理。

　　首先，是對經學考古之風與八股時文關係的論究。在這個問題上，錢先生以宋學中人姚鼐、李兆洛之所論為據，指出：「是皆以清代漢學為激起於八股也。」繼之又引王昶為惠棟所撰墓誌銘而闡發云：「此亦以乾嘉經學發軔，針對當之時文應舉言也。」最後則據江藩《漢學師承記》所述而得出結論：「謂乾嘉經學考古之風為有激於舉業，固清儒之公言矣。」[6]

　　其次，是對理學不振緣由的探討。在《中國近三百年學術史》中，錢賓四先生闢出專章，通過李紱學術的論究，以覘一時理學盛衰之根源。對於李紱學術之歷史地位，錢先生評價甚高，認為：「以有清一代陸王學者第一重鎮推之，當無愧矣。」在回顧李氏一生浮沉宦海，幾度瀕於斬首的遭遇之後，錢先生指出：

> 穆堂之在聖朝，得保首領已萬幸，尚何高言踐履功業！謝山深悲之，曰：「公平生以行道濟時為急，用世之心最殷，故三黜而其志未嘗少衰，浩然之氣亦未嘗少減。然而霜雪侵尋，日以剝落，菁華亦漸耗。」又曰：「公有萬夫之稟，及中年百鍊，芒彩愈出。豈知血肉之軀，終非金石，竟以是蕉萃殆盡。」嗟乎！是可謂深識穆堂之志氣遭遇者矣。（原注：湯潛庵、全謝山，遭遇皆至酷）如是而言義理經濟，幾乎其不折入於訓詁考據之業者。

正是以李穆堂學行的梳理為典型事例，錢賓四先生遂得出一明確之認

6　錢穆：《中國近三百年學術史》（上海市：復旦大學出版社，1985年），上冊，頁141。

識，「清學自義理折入於考據」，實為歷史之必然。[7]

最後，是論證清廷的政治高壓對學術發展的嚴重桎梏。《中國近三百年學術史》之首章，錢賓四先生即提出「學術流變，與時消息」的主張。對於明清更迭之後，清廷政治高壓予學術的惡劣影響，錢先生尤為關注。他就此指出：「康雍以來，清廷益以高壓鋤反側，文字之獄屢興。學者乃以論政為大戒，鉗口不敢吐一辭。重足疊跡，群趨於鄉愿之一途。」[8]該書第十一章，在討論龔自珍及晚清政論之復興時，錢先生再度指出：「嘉道以還，清勢日陵替。堅冰乍解，根蘖重萌，士大夫乃稍稍發抒為政論焉。而定庵則為開風氣之一人。」

由嘉道而反觀前此近二百年之清代歷史，錢賓四先生將學術史與社會史相結合，遂得出「乾嘉經學所由一趨於訓詁考索」的答案。錢先生說：「清儒自有明遺老外，即少談政治。何者？朝廷以雷霆萬鈞之力，嚴壓橫攦於上，出口差分寸，即得奇禍。習於積威，遂莫敢談。不徒莫之談，蓋亦莫之思，精神意氣，一注於古經籍。本非得已，而習焉忘之，即亦不悟其所以然。此乾嘉經學之所由一趨於訓詁考索也。」[9]

## 二　乾嘉思想界之三巨擘

乾隆、嘉慶兩朝八十餘年，樸學之風盛行，經史考據，聲音訓詁，成為一時朝野學術主流。相形之下，此一時期的思想界則甚為沉寂。錢賓四先生著《中國近三百年學術史》，隻眼別具，於一時眾多

---

7　錢穆：《中國近三百年學術史》（上海市：復旦大學出版社，1985年），上冊，頁285。

8　錢穆：《中國近三百年學術史》（上海市：復旦大學出版社，1985年），上冊，頁18-19。

9　錢穆：《中國近三百年學術史》（上海市：復旦大學出版社，1985年），上冊，頁533。

學者之中，獨取戴震、章學誠、焦循三家予以表彰。錢先生說：「東
原、實齋乃乾嘉最高兩大師，裏堂繼起，能綜匯兩家之長，自樹一
幟，信可敬矣。」[10]

　　錢賓四先生之論戴東原，由考證而入義理，創獲甚多。其中，尤
以對惠棟、戴震二家關係的考證，並據以將戴學區分為前後二期，卓
然睿識，可據可依，最稱發前人之所未發。

　　惠棟生於康熙三十六年（1697年），戴震生於雍正元年（1723
年），就年輩而論，兩人相去已二十七歲，惠棟自屬前輩。就為學
言，乾隆九年，惠棟著《易漢學》，以復原漢《易》而開一時風氣。
此時的戴震，尚在字義、音聲、算數的求索之中，迄於乾隆十六年，
始得補為休寧縣學生。因而較之惠棟，戴震無疑應為後學。乾隆二十
二年，戴震北遊南旋，途經揚州，適逢惠棟作幕於兩淮鹽運使盧見
曾，二人遂得結為忘年之交。此後四年，戴震皆客居揚州。錢賓四先
生通過惠、戴間這段關係的考證，認為「東原論學之尊漢抑宋，則實
有聞於蘇州惠氏之風而起也。」錢先生說：「東原於乾隆丁丑（原
注：二十二年，東原年三十五。）南遊揚州，識松崖於鹽運使盧雅雨
見曾署，自是客揚州者四年。東原論學宗旨，其時蓋始變。」[11]

　　關於戴震學風的轉變，錢賓四先生提出的依據主要是三條。第一
條是乾隆三十年，戴震為紀念惠棟而撰寫的〈題惠定宇先生授經
圖〉。在大段引述戴文之後，錢先生指出：「東原是文作於乾隆乙酉，
（原注：三十年，東原年四十三，見《年譜》）而議論與前舉已大
異。其先以康成、程、朱分說，謂於義理、制數互有得失者，今則並
歸一途，所得盡在漢，所失盡在宋，義理統次故訓典制，不啻曰即故
訓即典制而義理矣。是東原論學一轉而近於吳學惠派之證也。」

10 錢穆：《中國近三百年學術史》（上海市：復旦大學出版社，1985年），上冊，頁475。
11 錢穆：《中國近三百年學術史》（上海市：復旦大學出版社，1985年），上冊，頁322。

　　第二條是在前文四年之後，戴震為惠棟弟子余蕭客著《古經解鉤沉》所撰序。錢先生稱引此序而闡發道：「據是觀之，東原此數年論學，其深契乎惠氏故訓之說無疑矣。東原卒後，淩廷堪為作〈事略狀〉，謂東原於揚州見元和惠棟，論學有合，決非虛語。（原注：王昶為東原墓誌銘，亦謂『惠戴見於揚，交相推重』）王鳴盛亦言，方今學者，斷推惠、戴兩先生。惠君之治經求其古，戴君求其是，究之舍古亦無以為是。（原注：見洪榜〈東原行狀〉）謂舍古無以為是者，上之即亭林舍經學無理學之說，後之即東原求義理不得鑿空於古經外之論也。然則惠、戴論學，求其歸極，均之於《六經》，要非異趨矣。」[12]

　　第三條是戴震著《原善》，係接受惠棟學術影響而成。戴東原所著《原善》，有一個從三篇到三卷的演進過程。三篇的成文時間，當年段玉裁為戴震做年譜，亦未明確，只是大致定在乾隆十八年到二十八年之間。錢賓四先生通過《原善》三篇同惠棟撰《易微言》的比較，認為：「東原《原善》三篇，則其文頗似受松崖《易微言》之影響。」因此，錢先生說：「以今考之，《原善》三篇，大約在丁丑遊揚州識松崖以後。以東原論學，至是始變也。」[13]至於《原善》三卷，錢四先生則取段玉裁記，定為乾隆三十一年丙戌。錢先生就此指出：

　　　　今定《原善》三卷本成於丙戌東原四十四歲之年，則上推《原
　　　　善》三篇，其初成亦決距此不甚遠，至遲在癸未，（原注：因
　　　　是年懋堂已抄謄及之。）至早在丁丑，（原注：遇松崖之

---

12　錢穆：《中國近三百年學術史》（上海市：復旦大學出版社，1985年），上冊，頁323-324。

13　錢穆：《中國近三百年學術史》（上海市：復旦大學出版社，1985年），上冊，頁325。

年。）先後不出十年也。乙酉東原過蘇州，題《松崖授經圖》。《原善》擴大成書，即在其翌年。東原深推松崖，謂舍故訓無以明理義，《原善》三卷，即本此精神而成書。故曰：「天人之道，經之大訓萃焉。」則東原論學著書，其受松崖之影響，居可見矣。[14]

戴震逝世前，完成了他一生最為愜意之作《孟子字義疏證》。該書以天理、人欲之辨為突破口，對宋明理學進行了不妥協的批判。錢賓四通過對該書成書過程以及遭遇的考證，指出：

> 惟時人所以推重東原者，則並不在此。東原自癸巳（原注：乾隆三十八年，東原年五十一。）被召入都，充《四庫》纂修官，所校官書，（原注：如《水經注》、《九章算術》、《五經算術》、《海島算經》、《周髀算經》、《孫子算經》、《張丘建算經》、《夏侯陽算經》、《五曹算經》、《儀禮識誤》、《儀禮釋宮》、《儀禮集釋》、《大戴禮》、《方言》諸書。）皆天文算法、地理水經、小學方言一類，即東原初入京時所由見知於時賢者，至是而時賢仍以此推東原。所謂漢儒得其度數，宋儒得其義理，並世自以度數推東原，不以義理也。故洪初堂（原注：榜。）撰〈東原行狀〉，載〈與彭尺木書〉，朱笥河見之，曰：「可不必載。性與天道不可得聞，何圖更於程、朱之外復有論說！戴氏可傳者不在此。」（原注：《漢學師承記》〈洪傳〉）可見當時學者見解矣。[15]

---

14 錢穆：《中國近三百年學術史》（上海市：復旦大學出版社，1985年），上冊，頁327。
15 錢穆：《中國近三百年學術史》（上海市：復旦大學出版社，1985年），上冊，頁332。

　　章學誠年少戴震十五歲。乾隆四十二年戴震辭世，學誠正當四十盛年。在乾隆中葉以後的學術界，如果說戴震以究心經學理義而睥睨一世，那麼章學誠則是倡言「六經皆史」，以講求「史學義例、校讎心法」而獨步一時。錢賓四先生之論章學誠，則是從比較戴震、章學誠為學之異同入手，通過剖析《文史通義》精要，表彰章學誠「箴砭經學」救正風氣的特立獨行之見。錢先生就此指出：「實齋著述最大者，為《文史》、《校讎》兩通義，近代治實齋之學者，亦率以文史家目之。然實齋著《通義》，實為箴砭當時經學而發，此意則知者甚少。」[16]

　　乾隆三十七年，章學誠曾有一書致當時著名學者錢大昕，書中云：

> 學誠從事於文史校讎，蓋將有所發明。然辯論之間，頗乖時人好惡，故不欲多為人知。所上敝帚，乞勿為外人道也。夫著書大戒有二，是非謬於聖人，忌諱或於君父。此天理所不容也。然人苟粗明大義，稍通文理，何至犯斯大戒。惟世俗風尚，必有所偏，達人顯貴之所主持，聰明才雋之所奔赴，其中流弊，必不在小，載筆之士，不思救挽，無為貴著述矣。苟欲有所救挽，則必逆於時趨，時趨可畏，甚於刑營之法令也。[17]

　　錢賓四先生的討論，即從此信開始，先生指出：「此絕非泛泛牢騷語，所謂世俗風尚，即指經學。《通義》、《校讎》兩書，則為救挽經學流弊而作，其意甚顯白。」[18]

---

16　錢穆：《中國近三百年學術史》（上海市：復旦大學出版社，1985年），上冊，頁380-381。

17　章學誠：〈上錢辛楣宮詹書〉，《章氏遺書》，卷29。

18　錢穆：《中國近三百年學術史》（上海市：復旦大學出版社，1985年），上冊，頁381。

　　針對一時經學流弊，章學誠提出了兩條積極的救挽之道，一是古文辭，一是史學，而歸根結蒂還是史學。學誠說：「近日頗勸同志諸君多作古文辭，而古文辭必由紀傳史學進步，方能有得。」[19]又說：「辭章記誦，非古人所專重，而才識之士，必以史學為歸。為古文辭而不深於史，即無由溯源六藝而得其宗。」[20]

　　章學誠竭畢生心力所結撰的《文史通義》，就是貫徹這一學術主張的具體實踐。該書自乾隆三十七年始撰，迄於著者嘉慶六年逝世，三十年如一日，辛勤耕耘，死而後已。而救正風氣，開闢新路，則始終不渝，首尾一貫。正如學誠晚年致書友人汪輝祖所述：「拙撰《文史通義》，中間議論開闢，實有不得已而發揮，為千古史學闢其榛蕪。」[21]

　　然而一如戴東原義理學之不為一時學術界中人所認同，章實齋為之執著追求的「史學義例、校讎心法」，亦成曲高和寡，孤家絕唱。錢賓四先生於此有云：「實齋以講學反時趨，並世學者至不知其學業是何門路。實齋亦自言，最為一時通人所棄置而弗道。故錢林（原注：字東生，生乾隆二十七年，卒道光八年，1762-1828年）〈文獻徵存錄〉為邵晉涵作傳，至稱為張學誠，以明經終。是實齋沒世未久，即其鄉人（原注：錢東生亦浙人）已不甚知之。（原注：唯《徵存錄》稱，實齋少從山陰劉文蔚豹君、童鈺二樹遊，習聞戢山、南雷之說，言明季黨禍緣起、閹寺亂政及唐魯二王本末，往往出於正史之外。此語應有受。又嘉慶十一年，唐仲冕刻《紀年經緯考》，亦誤題實齋姓為張）蓋實齋生時，既無灼灼之名，其《文史》、《校讎》兩通義，至道光壬辰（原注：十二年）始得刊行。（原注：據其子華紱

19 章學誠：〈與汪龍莊書〉，《文史通義》（遺書本），外篇3。
20 章學誠：〈報黃大俞先生〉，《文史通義》（遺書本），外篇3。
21 章學誠：〈與汪龍莊書〉，《文史通義》（遺書本），外篇3。

跋）生前文字流傳，頗自謹重，其過背時趨者，未必輕出，故外人亦不深知也。唯焦理堂《讀書三十二贊》，《通義》列於十九，所贊大率皆當時樸學，獨實齋一書非其類，而題注作章石齋，較之錢東生之誤章為張，亦相勝一肩而已。是可徵實齋當時聲名之暗晦矣。」[22]

　　同戴震、章學誠相比，焦循是名副其實的晚輩。當戴震謝世之時，焦循尚在童稚之年，而章學誠亦要長他二十五歲。焦循的時代，經學考據如日中天的盛景業已成為過去，乾嘉學術揭開了批判和總結的篇章。焦循以「證之以實而運之於虛」的經學方法論，會通漢宋，學求其是，成為乾嘉經學的傑出總結者之一。

　　錢賓四先生之論焦循思想，即從焦氏提出的經學方法論入手。嘉慶元年，焦循致書友人劉台拱，針對彌漫朝野的經學考據，闡發己見云：

> 經學之道，亦因乎時。漢初，值秦廢書，儒者各持其師之學。守之既久，必會而通，故鄭氏注經，多違舊說。有明三百年，率以八股為業，漢儒舊說，束諸高閣。國初，經學萌芽，以漸而大備。近時數十年來，江南千餘里中，雖幼學鄙儒，無不知有許、鄭者，所患習為虛聲，不能深造而有得。蓋古學未興，道在存其學；古學大興，道在求其通。前之弊患乎不學，後之弊患乎不思。證之以實而運之於虛，庶幾學經之道也。乃近來為學之士，忽設一考據之名目，循去年在山東時，曾作劄與孫淵如觀察，反覆辨此名目之非。[23]

---

22 錢穆：《中國近三百年學術史》（上海市：復旦大學出版社，1985年），上冊，頁416-417。

23 焦循：〈與劉端臨教諭書〉，《雕菰樓集》，卷13。

在引述焦循此信後，錢先生說：「此與東原以義理、考據、辭章分學術為三途者，深淺有殊，而與實齋《文史通義》議論，頗相桴鼓也。裏堂之所以深惡於考據者，正為其不能用思以求通。」[24]

嘉慶一朝，中國古代社會與古代思想皆已達窮而生變之時代。一方面新的因素在萌芽，另一方面則是舊的習慣頑固地制約著歷史的前進。在焦循的思想中，這種沉重的歷史局限，也在牢牢地羈絆著他。因此，錢賓四先生著《中國近三百年學術史》，專設一題，以批評「裏堂論學缺點」。錢先生說：「裏堂雖力言變通，而裏堂成學格局，實仍不脫據守範圍。凡其自所創通之見解，必一一納之《語》、《孟》、《周易》。裏堂雖自居於善述，然自今觀之，與當時漢學據守諸家，想仍不免五十步之與百步耳。」[25]

至於焦循思想與為學之「不脫據守範圍」，錢賓四先生提出三條理由為佐證。第一，「裏堂既為《論語通釋》，又為《孟子正義》，集中論義理諸篇，亦必以《語》、《孟》話頭為標題。言義理決不能出孔、孟，此非仍據守而何？」第二，「其治孔、孟，仍守六籍為經典，雖於《詩》、《禮》諸端，未多發揮，而奇思奧旨，往往寄之治《易》諸書。不知《易》之為書，未必即是孔門之教典也。」第三，「裏堂既務為通核，乃不願為考據著述分途。《論語通釋》專言義理，乃早成之書，未刻入《雕菰樓全書》，而別為《論語補疏》，與《易通釋》、《孟子正義》諸書，均以發抒義理之言與考據名物訓詁者相錯雜出，遂使甚深妙義，鬱而不揚，掩而未宣。以體例言，顯不如東原《原善》、《疏證》別自成書，不與考據文字夾雜之為得矣。」以此三條佐證為根據，錢先生對焦循思想及一時學風作出判斷云：「故

---

24 錢穆：《中國近三百年學術史》（上海市：復旦大學出版社，1985年），下冊，頁469。
25 錢穆：《中國近三百年學術史》（上海市：復旦大學出版社，1985年），下冊，頁475-476。

其先謂經學即理學，舍經學安所得有理學者，至是乃感義理之與訓詁
考據，仍不得不分途以兩全。（原注：《雕菰樓集》卷七〈申戴篇〉，
述東原臨終之言曰，生平讀書，絕不復記，到此方知義理之學可以養
心。裏堂極辨東原所謂義理，乃其自得之義理，非講學家《西銘》、
《太極》之義理。然要知考據與義理，在東原自身，顯屬兩事，未能
並歸一體矣）此則經學權威必以此降落，而學風將變之候也。」[26]

　　錢賓四先生論乾嘉思想，以戴震、章學誠和焦循為鼎足而立之三
大師。錢先生說：「裏堂論學，極多精卓之見。彼蓋富具思想文藝之
天才，而溺於時代考據潮流，遂未能盡展其長者。然即其思想上之成
就言之，亦至深湛，可與東原、實齋鼎足矣。」[27]從戴震經章學誠到
焦循，三位學術大師留下的歷史足跡，為我們認識乾嘉時代的思想演
進，進而把握一時之學術主流，提供了具有典型意義的依據。誠如錢
賓四先生梳理和比較三家之學以後所云：「合觀東原、實齋、裏堂三
人之學，正可以見斯間之消息矣。」[28]

## 三　莊氏學淵源之探討

　　在迄今的乾嘉學術研究中，對常州莊氏學術的研究，尚是一個薄
弱環節。清中葉的常州莊氏學，起於莊存與，中經其姪述祖傳衍，至
存與外孫劉逢祿、宋翔鳳而始顯。晚近學者論常州莊氏學之淵源，往
往著眼於社會危機或權臣和珅之亂政，較少從學理上去進行梳理。其
實這是一個很可深入論究的問題。所謂社會危機或權臣亂政云云，如
果用以去觀察莊述祖以降之常州今文學，抑或恰當，而據以解釋莊存

26 錢穆：《中國近三百年學術史》（上海市：復旦大學出版社，1985年），下冊，頁476。
27 錢穆：《中國近三百年學術史》（上海市：復旦大學出版社，1985年），下冊，頁455。
28 錢穆：《中國近三百年學術史》（上海市：復旦大學出版社，1985年），下冊，頁476。

與之《春秋》公羊學，恐怕難以聯繫得上。

關於這個問題，章太炎先生早年著《訄書》，從歷史環境和學風遞嬗著眼，有過概略的討論。太炎先生說：

初，太湖之濱，蘇、常、松江、太倉諸邑，其民佚麗。自晚明以來，喜為文辭比興，飲食會同，以博依相問難，故好流覽而無紀綱。其流風遍江之南北，惠棟興，猶尚該洽百氏，樂文采者相與依違之。及戴震起休寧，休寧於江南為高原，其民勤苦，善治生，故求學深邃，言直覈而無溫借，不便文士。震始入四庫館，諸儒皆震竦之，願斂衽為弟子。天下視文士漸輕，文士與經儒始交惡。而江淮間治文辭者，故有方苞、姚範、劉大櫆，皆產桐城，以效法曾鞏、歸有光相高，亦願師程朱為後世，謂之桐城義法。震為《孟子字義疏證》，以明材性，學者至是薄程、朱。桐城諸家，本未得程、朱要領，徒援引膚末，大言自壯，（原注：案方苞出自寒素，雖未識程、朱深旨，其孝友嚴整，躬行足多矣。諸姚生於紈袴綺襦之間，特稍恬淡自持，席富厚者自易為之，其它躬行，未有聞者。既非誠求宋學，委蛇寧靖，亦不足稱實踐，斯愈庫也）故尤被輕蔑。范從子姚鼐，欲從震學，震謝之，猶亟以微言匡飭。鼐不平，數持論詆樸學殘碎。其後方東樹為《漢學商兌》，徽章益分。陽湖惲敬、陸繼輅，亦陰自桐城受義法。其餘為儷辭者眾，或陽奉戴氏，實不與其學相容。（原注：儷辭諸家，獨汪中稱頌戴氏，學已不類。其它率多辭人，或略近惠氏，戴則絕遠）夫經說尚樸質，而文辭貴優衍，其分塗自然也。文士既已熙蕩自喜，又恥不習經典，於是有常州今文之學，務為瑰意眇辭，以便文士。今文者，《春秋》公羊、《詩》齊、《尚書》伏生，而

排斥《周官》、《左氏春秋》、《毛詩》、馬鄭《尚書》。然皆以公羊為宗。始武進莊存與，與戴震同時，獨喜治公羊氏，作《春秋正辭》，猶稱說《周官》。其徒陽湖劉逢祿，始專主董生、李育，為《公羊釋例》，屬辭比事，類列彰較，亦不欲苟為恢詭。然其辭義溫厚，能使覽者說繹。及長洲宋翔鳳，最善傅會，牽引飾說，或采翼奉諸家，而雜以讖緯神秘之辭。翔鳳嘗語人曰，《說文》始一而終亥，即古之《歸藏》也。其義瑰瑋，而文特華妙，與治樸學者異術，故文士尤利之。[29]

繼太炎先生之後，梁任公先生自今文經學營壘中而出，梁先生著《清代學術概論》和《中國近三百年學術史》，亦於此有所論列。《清代學術概論》云：「乾嘉以來，家家許、鄭，人人賈、馬，東漢學爛然如日中天矣。懸崖轉石，非達於地不止。則西漢今古文舊案，終必須翻騰一度，勢則然矣。」又云：「清儒既遍治古經，戴震弟子孔廣森始著《公羊通義》，然不明家法，治今文學者不宗之。今文學啟蒙大師，則武進莊存與也。存與著《春秋正辭》，刊落訓詁名物之末，專求所謂微言大義者，與戴、段一派所取途徑，全然不同。其同縣後進劉逢祿繼之，著《春秋公羊經傳何氏釋例》，凡何氏所謂非常異義可怪之論，如『張三世』、『通三統』、『絀周王魯』、『受命改制』諸義，次第發明。其書亦用科學的歸納研究法，有條貫，有斷制，在清人著述中，實最有價值之創作。」[30]

稍後於《清代學術概論》，梁先生著《中國近三百年學術史》則云：「常州派有兩個源頭，一是經學，二是文學，後來漸合為一。他

---

29 章炳麟：〈清儒〉，《訄書》第13，頁31-32。文中「讖緯」誤作「纖緯」，依上下文意徑改。

30 梁啟超：《清代學術概論》（北京市：中華書局，1954年），頁53、頁54。

們的經學是公羊家經說——用特別眼光去研究孔子的《春秋》，由莊
方耕（存與）、劉申受（逢祿）開派。他們的文學是陽湖派古文，從
桐城派轉手而加以解放，由張皋文（惠言）、李申耆（兆洛）開派。
兩派合一來產出一種新精神，就是想在乾、嘉間考證學的基礎之上，
建設順、康間『經世致用』之學。代表這種精神的人，是龔定庵（自
珍）和魏默深（源）。這兩個人的著述，給後來光緒初期思想界很大
的影響。這種新精神為什麼會發生呢？頭一件，考證古典的工作，大
部分被前輩做完了，後起的人想開闢新田地，只好走別的路。第二
件，當時政治現象，令人感覺不安，一面政府鉗制的威權也陵替了，
所以思想漸漸解放，對於政治及社會的批評也漸漸起來了。」[31]

　　對於章、梁二位先生之所論，錢賓四先生恐怕並不甚滿意。所以
錢先生著《中國近三百年學術史》，只是吸取二家論究之合理部分，
轉而別闢蹊徑，提出了十分重要的意見。

　　錢賓四先生探討常州莊學之淵源，注意力集中於蘇州惠學的巨大
影響上。蘇州惠氏一門，從康熙間惠有聲肇始，經惠周惕、惠士奇奠
立藩籬，至乾隆初惠棟崛起，四世傳經，自成一派。關於惠氏一門學
風，錢賓四先生歸納為「推尊漢儒，尚家法而信古訓」。錢先生作出
此一判斷的依據主要是兩條，其一為惠士奇之論《周禮》，其二為惠
棟之著《九經古義》。錢先生說：

　　　　天牧之論《周禮》，謂禮經出於屋壁，多古字古音，經之義存
　　　乎訓，識字審音乃知其義，故古訓不可改。康成注經，皆從古
　　　讀，蓋字有音義相近而訛者，故讀從之。後世不學，遂謂康成

---

31 朱維錚校注：〈梁啟超論清學史二種〉，《中國近三百年學術史》（上海市：復旦大學
　　出版社，1985年），頁119。

好改字，豈其然乎？康成《三禮》，何休《公羊》，多引漢法，
以其去古未遠，故藉以為說。

錢先生又說：

> 及松崖守父意益堅，遂著《九經古義》，謂漢人通經有家法，
> 故有五經師。訓詁之學，皆師所口授，其後乃著竹帛。所以漢
> 經師之說，立於學官，與經並行。古字古言，非經師不能辨。
> 是故古訓不可改也，經師不可廢也。餘家四世傳經，咸通古
> 義，因述家學，作《九經古義》一書。（原注：《九經古義述
> 首》。又朱鶴齡書，尚有《易廣義略》、《春秋集說》、《左傳日
> 鈔》。《日鈔》著錄《四庫》，其書多采亭林《杜解補正》。定宇
> 《左傳補注》，即承是書而起，為《九經古義》之一部）

以此二條為依據，錢先生遂作出上述歸納，並進而指出：「此所謂守
古訓，尊師傳，守家法，而漢學之壁壘遂定。其弟子同縣余蕭客、江
聲諸人先後羽翼之，流風所被，海內人士無不重通經，通經無不知信
古，其端自惠氏發之。」（原注：王昶《惠定宇墓誌銘》）[32]

　　正是從對蘇州惠氏學風及其影響的準確把握出發，錢賓四先生創
立新說，提出了「常州之學原本惠氏」的主張。錢先生的論證，依次
圍繞如下幾個方面展開。

　　第一，表彰漢儒固是惠學之長，而唯漢是信亦實為惠學弊病。莊
存與牽綴古經籍以為說，則係承襲惠學流弊而來。錢賓四先生於此有
云：「莊氏為學，既不屑於考據，故不能如乾嘉之篤實，又不能效宋

---

32 錢穆：《中國近三百年學術史》（上海市：復旦大學出版社，1985年），上冊，頁320。

明先儒，尋求義理於語言文字之表，而徒牽綴古經籍以為說。又往往
比附以漢儒之迂怪，故其學乃有蘇州惠氏好誕之風而益肆。（原注：
汪中與畢沅書，自謂為考古之學，實事求是，不尚墨守。以此不合於
元和惠氏。王引之與焦理堂書，亦謂惠定宇先生考古雖勤，而識不
高，見異於今者則從之，大都不論是非。王念孫〈拜經日記序〉，亦
謂世之言漢學者，但見其異於今者則寶貴之，而於古人之傳授，文字
之變遷，多不暇致辨，或以細而忽之。惠學流弊，當時已多能言之
者）」

第二，莊存與姪莊述祖之為學，其究心明堂陰陽，亦在蘇州惠學
範圍之中。錢先生說：「方耕有姪曰述祖，字葆琛，（原注：生乾隆十
五年十二月，卒嘉慶二十一年六月，年六十七。）所著曰《珍藝宧叢
書》，頗究明堂陰陽，亦蘇州惠學也。」

第三，莊存與外孫劉逢祿之主張恪守「漢師家法」，更是惠氏遺
風。錢先生說：「申受論學主家法，此蘇州惠氏之風也。（原注：戴望
〈劉先生行狀〉，記嘉慶五年，劉舉拔貢生入都，父執故舊遍京師，
不往干謁，惟就張惠言問虞氏《易》、鄭氏《三禮》。張氏為學，亦由
惠氏家法入也。劉氏有《虞氏易言補》，即補張氏書。又有《易虞氏
五述》。此劉氏之以家法治《易》者。）主條例，則徽州戴氏之說。
又主微言大義、撥亂反正，則承其外家之傳緒。值時運世風之變，而
治經之業乃折而萃於《春秋》，（原注：因其備人事。）治《春秋》又
折而趨於《公羊》焉。（原注：因其具師傳、詳條例。惠士奇論《春
秋》，曰：『《春秋》無《左傳》，則二百四十年，盲焉如坐暗室中。左
氏最有功於《春秋》，公、穀有功兼有過。』此與申受專尊公羊、深
抑左氏者大異，然無害謂常州之學原本惠氏。）」

第四，劉逢祿著〈春秋論〉，闡發何休「三科九旨」，指為聖人微
言大義所在，尤為蘇州惠氏家法論之影響。錢先生說：「前乎申受

者，有曲阜孔廣森巽軒，（原注：生乾隆十七年，卒乾隆五十一年，年三十五。）為方耕門人，而亦從學戴氏，為《公羊通義》，已不遵南宋以來謂《春秋》直書其事，不煩褒貶之義，然於何休所定三科九旨，亦未盡守。至申受，乃舉何氏三科九旨為聖人微言大義所在，特著〈春秋論〉上下篇，極論《春秋》之有書法，（原注：上篇，針對錢竹汀《潛研堂集》〈春秋論〉而加駁難。錢氏文例證堅明，而劉氏非之。此如莊方耕不斥《古文尚書》，實同為考證學之反動。近人乃認晚清今文學為清代經學考證最後最精之結果，則尤誤也）與條例之必遵何氏。（原注：下篇，針對孔巽軒《公羊通義》而發。何氏三科九旨不見傳文，而劉氏信之。則以家法、師說之論為辨，此焦理堂所譏為據守之學也。常州公羊學之淵源於蘇州惠氏家法之論，此等處最顯。」〈春秋論〉上下二篇，載道光十年刊本《劉禮部集》卷三，無疑係劉逢祿著。今本《魏源集》所載〈春秋論〉上下二篇，一字不易，全文過錄，視為魏源文，顯然誤植。

第五，莊存與外孫宋翔鳳之論學，牽附明堂陰陽，亦係惠氏遺風。錢先生說：「宋翔鳳字於庭，長洲人，亦述祖甥。（原注：生乾隆四十四年，卒咸豐十年，年八十二）著《論語發微》，大意謂《論語》微言通於《春秋》，蓋亦申受《述何》之旨。（原注：今《續經解》有宋氏《論語說義》十卷，乃《論語發微》之前稿）又為《大學古義說》，以明堂陰陽相牽附。（原注：此吳學惠氏遺風也）」

以上述五條為依據，錢賓四先生遂得出關於常州莊氏學淵源之結論：「要之，常州公羊學與蘇州惠氏學，實以家法之觀念一脈相承，則彰然可見也。」[33]

章、梁、錢三位先生之所論，尤其是錢賓四先生的解釋，從宏觀

---

33 錢穆：《中國近三百年學術史》（上海市：復旦大學出版社，1985年），下冊，頁529。

學風的把握上，為我們研究常州莊氏學的淵源，提出了十分寶貴的意
見。至於深入進行具體研究，解決諸如莊存與何以要撰寫《春秋正
辭》一類的問題，則是三位先生留給後學的功課。以下，擬接武錢賓
四先生的思路，就此試做一些努力。

　　同惠棟相比，莊存與是晚輩，他生於康熙五十八年，要較惠棟年
少二十二歲。乾隆九年，惠棟撰《易漢學》成，率先揭出復彰漢學之
大旗。翌年，莊存與始以一甲二名成進士，時年二十七歲。惠棟〈易
漢學自序〉云：

> 六經定於孔子，毀於秦，傳於漢。漢學之亡久矣，獨《詩》、
> 《禮》、《公羊》，猶存毛、鄭、何三家。《春秋》為杜氏所亂，
> 《尚書》為偽孔氏所亂，《易經》為王氏所亂。杜氏雖有更
> 定，大校同於賈、服，偽孔氏則雜采馬、王之說，漢學雖亡而
> 未盡亡也。惟王輔嗣以假象說《易》，根本黃老，而漢經師之
> 義，蕩然無復有存者矣。[34]

常州毗鄰蘇州，惠棟興復漢學的宣導，莊存與隨父宦遊南北，當能知
其梗概。

　　乾隆十四年，清高宗詔舉潛心經學之士。惠棟為兩江總督黃廷
桂、陝甘總督尹繼善保舉，列名薦牘。十六年，因試期在即，惠棟深
以不能如期入京為憂，就此致書尹繼善，書中有云：

> 棟少承家學，九經注疏，粗涉大要。自先曾王父樸庵公，以古
> 義訓子弟，至棟四世，咸通漢學。以漢猶近古，去聖未遠故

---

34　惠棟：〈易漢學自序〉，《松崖文鈔》，卷1。

也。《詩》、《禮》毛、鄭，《公羊》何休，傳注具存。《尚書》、《左傳》，偽孔氏全采馬、王，杜元凱根本賈、服。唯《周易》一經，漢學全非。十五年前，曾取資州李氏《易解》，反覆研求，恍然悟潔靜精微之旨，子游《禮運》，子思《中庸》，純是《易》理。乃知師法家傳，淵源有自。此則棟獨知之契，用敢獻之左右者也。[35]

此時莊存與正在翰林院為庶起士，置身儒林清要，於惠棟之表彰漢儒經說，當有更深體悟。乾隆二十三年三月，莊存與以直隸學政條奏科場事宜，「奏請取士經旨，悉遵先儒傳注」[36]，或可視為對惠棟主張的回應。就當時學術界的情況言，惠棟所述之漢儒諸經說，表彰漢《易》有惠棟，《禮》有江永及徽州諸儒，《詩》則有戴震，唯獨《春秋》公羊說尚無人表彰。莊存與因之起而回應，亦是情理中事。

莊存與之發願結撰《春秋正辭》，一方面固然是惠棟諸儒興復漢學的影響，另一方面也與此時的清廷好尚和存與自身的地位分不開。

高宗初政，秉其父祖遺訓，以「首重經學」為家法。乾隆十年四月，高宗策試天下貢士於太和殿，昭示天下士子：「將欲為良臣，舍窮經無他術。」[37]莊存與即是經此次殿試而進入翰林院庶起士館。乾隆十三年五月，庶起士散館，存與考列漢書二等之末，本當重罰，高宗念其「平時尚留心經學」[38]，責令留館再學三年。經十六年再試，存與遂官翰林院編修。而此時正值清高宗詔舉經學，且首次南巡歸來，濡染江南窮經考古、漢學復彰之風，因之而高唱「經術昌明，無

---

35　惠棟：〈上制軍尹元長先生書〉，《松崖文鈔》，卷1。

36　《清高宗實錄》，卷558，「乾隆二十三年三月丙申」條。

37　《清高宗實錄》，卷239，「乾隆十年四月戊辰」條。

38　《清高宗實錄》，卷315，「乾隆十三年五月庚子」條。

過今日」。[39]十七年，莊存與升侍講，入直南書房，成為清高宗的文學侍從。

　　繼聖祖、世宗之後，清高宗亦視《春秋》為帝王之學，命儒臣編纂《春秋直解》。乾隆二十三年八月，書成，高宗撰序刊行，序中有云：「中古之書，莫大於《春秋》。推其教，不越乎屬辭比事，而原夫成書之始，即游、夏不能贊一辭。」該序指斥宋儒胡安國《春秋傳》「傅會臆斷」，宣稱《直解》本清聖祖所定《春秋傳說彙纂》為指南，「意在息諸說之紛歧以翼傳，融諸傳之同異以尊經」。[40]

　　正是在令儒臣纂修《春秋直解》的前後，清高宗屢屢表彰漢儒董仲舒之學。乾隆十九年四月，高宗策試天下貢士於太和殿，闡發「天人合一」說，指出：「董仲舒以為，善言天者，必有驗於人。又謂道之大，原出於天，天不變，道亦不變。」[41]三十七年四月，同樣是策試天下貢士，高宗又稱：「漢仲舒董氏，經術最醇。」[42]三十九年二月，高宗在經筵講《論語》「克己復禮」，則以董仲舒、朱子之說相比較，認為：「董仲舒正誼明道之論，略為近之。」在古代專制時代，「朕即國家」，帝王一己之好尚，對一時儒臣的為學，其影響力之大是不言而喻的。

　　乾隆三十三年，莊存與為清高宗識拔，入直上書房，教授皇十一子永瑆，迄於五十一年告老還鄉，存與任是職十餘年。他的《春秋正辭》，大概就始撰於入直上書房之後。我們之所以如此說，其根據主要是如下三個方面。

　　第一，《春秋正辭》秉高宗旨意，遵孟子之教，以《春秋》為天

---

39　《清高宗實錄》，卷388，「乾隆十六年五月丙午」條。

40　《清高宗實錄》，卷569，「乾隆二十三年八月丁卯」條。

41　《清高宗實錄》，卷461「乾隆十九年四月乙巳」條。

42　《清高宗實錄》，卷907「乾隆三十七年四月丙戌」條。

子之事。莊存與於此有云：「舊典禮經，左邱多聞。淵乎公羊，溫故知新。穀梁繩愆，子夏所傳。拾遺補闕，歷世多賢。《春秋》應天，受命作制。孟子輿有言，天子之事。以托王法，魯無惕焉。以治萬世，漢曷覬焉。」[43]書中，存與屢引董仲舒說，以明為君之道，力言維護「大一統」。所以道光初阮元輯《皇清經解》，著錄《春秋正辭》，評存與是書云：「主公羊、董子，雖略採左氏、穀梁氏及宋元諸儒之說，而非如何劭公所譏倍經任意、反傳違戾也。」[44]

　　第二，乾隆三十六年三月，莊存與任會試副考官，翌年六月，在翰林院教習庶起士。該科進士孔廣森後撰《春秋公羊通義》，於書中大段徵引莊存與說《春秋》語云：

> 座主莊侍郎為廣森說此經曰，屈貉之役，左氏以為陳侯、鄭伯在焉，而又有宋公後至，麇子逃歸。《春秋》一切不書主，書蔡侯者，甚惡蔡也。蔡同姓之長，而世役於楚，自絕諸夏。……若蔡莊侯者，所謂用夷變夏者也。廣森服膺師說，認為：「三復斯言，誠《春秋》之微旨。」[45]

　　第三，《春秋正辭》凡九類，依次為奉天辭、天子辭、內辭、二霸辭、諸夏辭，外辭、禁暴辭、誅亂辭、傳疑辭。大體類各一卷，唯內辭作上中下三卷，故全書作十一卷，末附〈春秋要指〉、〈春秋舉例〉各一卷。各類之下，再分子目，所列多寡不等，共計一百七十五目。今本所載，雖有目無書者甚多，因之光緒所修《武陽志餘》，認

---

43　莊存與：〈奉天辭第一〉，《春秋正辭》，卷1。
44　阮元：〈莊方耕宗伯經說序〉，見莊存與：《味經齋遺書》，卷首。《揅經室集》不載。
45　孔廣森：〈文公十年〉，《春秋公羊通義》，卷5。

為：「此書先生或未能畢業，故各類中多有錄無書乎？」[46]但就體例
言，則頗類講章。關於這一點，可以魏源文為證。道光間，莊氏後人
輯存與經說為《味經齋遺書》，魏源於卷首撰序云：「武進莊方耕少宗
伯，乾隆中，以經術傅成親王於上書房十有餘載，講幄宣敷，茹吐道
誼，子孫輯錄成書，為《八卦觀象上下篇》、《尚書既見》、《毛詩
說》、《春秋正辭》、《周官記》如干卷。崒乎董膠西之對天人，醇乎匡
丞相之述道德，肵乎劉中壘之陳今古，未嘗淩雜釽析，如韓、董、
班、徐數子所譏，故世之語漢學者鮮稱道之。」[47]

　　根據以上諸條，筆者認為，《春秋正辭》當撰於乾隆三十至四十
年代間。莊存與著書，正值乾隆盛世，存與身在宮禁，周旋天子帝
冑，講幄論學，豈敢去妄議社會危機！至於和珅之登上政治舞臺，據
《清高宗實錄》和《清史稿》之和珅本傳記，則在乾隆四十年，而其
亂政肆虐，則已是乾隆四十五年以後。因此，莊存與之晚年，雖恨和
珅之禍國殃民，但若以此為其結撰《春秋正辭》之初衷，則似可再作
商量。

---

46 莊毓鋐等：《經籍》〈春秋正辭〉，《武陽志餘》，卷7。
47 魏源：〈武進莊少宗伯遺書序〉，《魏源集》北京市：中華書局，1976年），上冊，頁
　 237-238。

# 第十七章
# 乾嘉學派研究與乾嘉學術文獻整理

　　最近十餘年間，乾嘉學派和乾嘉學術研究，一直為治清代學術的學者所關注。由於四方學者的共同努力，這一研究業已取得甚多成果，喜呈方興未艾之勢。往後，各位同仁的研究如何向縱深推進，一致百慮，殊途同歸，大家盡可按照各自的計劃去進行。以下，僅提出一點建議，奉請各位斟酌。芻蕘之見，就是主張進一步做好文獻的整理和研究工作。

## 一　《清人別集總目》的編纂

　　有清一代學術，乾隆、嘉慶兩朝，迄於道光初葉的近百年間，是一個發皇的時期。其間傑出的學者最多，學術成就最大，傳世的學術文獻亦最為豐富。古往今來，學術前輩們的實踐一再告訴我們，學術文獻乃治學術史之依據，唯有把學術文獻的整理和研究工作做好，學術史的研究才能夠建立在可靠的基礎之上。

　　將乾嘉時期的重要學術文獻精心校勘，施以新式標點出版，這是整理乾嘉學術文獻的一項重要工作，嘉惠學林，功在千秋。在這方面，最近一二十年間，學術界的各方面專家已經作了大量貢獻。譬如自二十世紀八〇年代以後，相繼問世的《潛研堂文集》、《方苞集》、《章學誠遺書》、《抱經堂文集》、《戴震全集》、《校禮堂文集》、《錢大

昕全集》、《全祖望集匯校集注》、《儀禮正義》、《禮記集解》、《禮記訓
纂》、《尚書今古文注疏》等，無一不提供了可貴的研究資料，從而推
動相關研究的前進。

　　循此以往，辨章學術，考鏡源流，與乾嘉學術文獻的整理和研究
相關的目錄學著述，亦接踵而出。林慶彰教授主編的《乾嘉經學論著
目錄》、《日本研究經學論著目錄》，王紹曾教授主編的《清史稿藝文
志拾遺》，李靈年、楊忠二位教授主編的《清人別集總目》，柯愈春先
生著《清人詩文集總目提要》等，皆為學術界做了功德無量的事情。
藉此機會，請允許本人就《清人別集總目》稍事介紹。

　　清代文獻，浩若煙海，實為此前歷代之所不及。究其原因，大要
當或有二：一則中國古代社會經歷數千年發展，至清代已然極度成
熟，經濟、政治、軍事、文化皆臻於一集大成之格局；再則博大精深
之中華學術，在此二百數十年間，亦進入一全面整理和總結之歷史時
期。惟其如此，有清一代才人輩出，著述如林，其詩文別集之繁富，
幾與歷代傳世之總和埒。這是中華民族一份極為寶貴的歷史文化遺
產，也是發展中華民族新文化的必然依據。故而董理清人別集，自二
十世紀中王重民先生之〈清代文集篇目分類索引〉肇始，爾後數十年
間，前輩賢哲接武而進。鄧之誠先生之《清詩紀事初編》，錢仲聯先
生之《清詩紀事》，張舜徽先生之《清人文集別錄》，袁行雲先生之
《清人詩集敘錄》等，嘔心瀝血，成就斐然。

　　學如積薪，後來居上。正是憑藉前哲時賢之深厚積纍，李靈年、
楊忠二位教授集合同志，付以十年艱苦勞作，遂成《清人別集總目》
三巨冊。該書匯海內外現存清人別集書目、版本、館藏及作者碑傳資
料於一堂，以嶄新體例而超邁前賢，洵稱迄今最為完整系統之清人別
集綜錄。在《清人別集總目》的〈前言〉中，主編先生紹介全書編纂
宗旨云：「《清人別集總目》立足於為進一步的研究服務，本著挖掘清

代文獻資料的指導思想，一切從有利於研究出發，以使用方便為準則，不受傳統書目體例的限制，因而在編纂體例上有所突破。」[1]至於本書之編纂特點，李、楊二位教授則歸納為五個方面：一是著錄廣泛，二是多列版本，三是詳注館藏，四是書傳結合，五是便於使用。本人完全贊成主編先生的紹介和歸納，謹舉書中一例，試作管中之窺。

凌廷堪為乾嘉間著名學者，該書著錄其詩文集及碑傳資料云：

校禮堂初稿文不分卷梅邊吹笛譜兩卷
　　稿本（上圖）
　　按：有清□巢南跋

校禮堂詩集十四卷
　　道光六年張其錦刻本（北圖、日本人文、大阪）
　　按：北圖藏本有清李慈銘批並跋

校禮堂文集三十六卷
　　嘉慶十八年張其錦刻本（北圖、粵圖、人大、山大）
　　按：北圖藏本有清李慈銘批並跋

校禮堂文集三十六卷詩集十四卷
　　校禮堂全集本，嘉慶十八年刻文集、道光六年刻詩集（叢書綜錄、旅大、臺灣史語、日本人文、京文、東文、廣島）

民國二十四年安徽叢書第四期·凌次仲先生遺書影印校禮堂全

---

1 李靈年、楊忠：〈前言〉，卷首，《清人別集總目》（合肥市：安徽教育出版社，2000年），卷1，頁8。

集本（叢書綜錄、安徽師大、安慶、日本人文）

〔附〕凌廷堪（1757-1809），字仲子，號次仲，歙縣人，
乾隆五十八年進士，官寧國府教授

事略狀戴大昌撰校禮堂文集附

傳阮元撰揅經室二集4

清史稿481

清史列傳68

碑傳集135

國朝耆獻類徵初編258

國朝先正事略36

漢學師承記7

清儒學案小傳12

文獻徵存錄8

清代樸學大師列傳6

國史文苑傳稿2

清代疇人傳

清代七百名人傳

新世說4

凌次仲先生年譜張其錦撰校禮堂全集本

凌廷堪年譜陳萬鼐撰臺北刊行中山學術文化集
刊12輯

全身畫像清代學者像傳1集

半身木刻像　凌次仲先生年譜卷首[2]

　　如上所引，該書確實做到了多列版本、詳注館藏、書傳結合。集此數長，自然也就實現了「便於使用」的初衷。至於「著錄廣泛」，更非虛語。全書所錄一代詩文，作者近兩萬家，別集約四萬種，碑傳資料凡一萬六千餘通，「廣泛」二字，名副其實。尤可稱道者，則是服務於深入研究的編纂宗旨。李靈年、楊忠二位先生於此說得很好：「此書的問世，尤可為清代文學、文獻學、歷史學等多種學科的研究提供一部必備的工具書，為《全清詩》、《全清文》的編纂打下一定的基礎。使用者一書在手，既可以從量上大致把握清代詩文別集的概貌，同時也掌握了一把深入研究的鑰匙。」[3]

　　《校禮堂初稿》為淩氏早年文稿之初次結集，時當乾隆六十年，一時前輩碩學盧文弨曾為之撰序。《梅邊吹笛譜》為廷堪早年詞作，結集於嘉慶五年。二書結集最早，且為稿本，彌足珍貴，自當列於最前。而上圖庋藏本之題跋者，或為陳去病先生，研究者有興趣，當可依文風、書法等作一番考證。想是本書定稿時間的限制，編纂淩廷堪一目的先生，尚未見到王文錦先生整理刊行之《校禮堂文集》，他日再版，補為完璧可矣。該目所附之淩廷堪小傳，雖不過寥寥數十言，然皆確有據依，殊非易事。唯其間所涉兩處記年，似可作進一步研究。一是淩廷堪生年，究竟當依張其錦輯年譜及廷堪自述定為乾隆二十二年（1757年），還是據阮元撰傳定為乾隆二十年（1755年）；二是淩氏成進士之年，《明清進士題名碑錄》記為乾隆五十八年，而廷堪自述及諸多官私載籍皆作乾隆五十五年，當以何者為準？凡此，有本書所提供的鑰匙，深入研究，門徑豁然。

---

3　李靈年、楊忠：〈前言〉，卷首，《清人別集總目》（合肥市：安徽教育出版社，2000年），卷1。

## 二　別集佚文的輯存

　　輯錄乾嘉時期著名學者集外題跋、序記、書劄等佚文，區分類聚，整理刊佈，是一樁既見功力，又有禆學術研究的事情。晚清以降，諸多文獻學家後先而起，輯錄顧廣圻、黃丕烈二先生群書題跋，已開風氣之先路。二十世紀五〇年代初，陳垣先生據尹炎武先生所獲錢大昕集外家書十五函，逐函加以精審考訂，更為一時儒林推尊，贊為「勵耘書屋外無二手」。[4]爾後，雖間有學者承先輩遺風，辛勤耙梳，唯因茲事難度甚大，成功非易，久而久之遂成絕響。九〇年代中，陳文和教授主持整理編訂《錢大昕全集》，專意搜求潛研堂集外散佚詩文，纂為《潛研堂文集補編》一部，輯得詩文凡八十首。古樸之風再現，不啻鳳鳴朝陽。

　　二〇〇一年春，承陳鴻森教授不棄，遠頒大著《錢大昕潛研堂遺文輯存》。拜讀之後，祖武方知早在二十世紀八〇年代中，鴻森教授已然致力錢竹汀先生集外佚文之訪求，且於一九九〇年五月十八日輯錄成編。陳先生於此記云：

> 余不自揆，向嘗纂《竹汀學記》一編，稿草粗就，自慚所見未深，卒未敢寫定。而披覽所及，見有竹汀遺文，輒手錄之，積久漸富。諸文雖非盡精詣之所在，然可援據以資考證者不少。昔錢慶曾於《竹汀年譜》每年條下，注記其文撰年之可考者，中有集外遺文若干題。惜年湮世遠，舊籍日稀，當日檢索易易者，今率多難以蹤跡。因念異時有搜討竹汀佚文者，其難或將

---

4　劉乃和、周少川：《陳垣年譜配圖長編》（瀋陽市：遼海出版社，2000年），「一九五二年五月二十四日」條，頁612。

遠過今日。養屙長日，爰就向所錄存者略加排比，移寫成篇。
然載籍極博，眼目難周，其搜採未備者，甚望世之博雅君子補
其闕焉。一九九〇年五月十八日。[5]

《錢大昕潛研堂遺文輯存》凡三卷，所輯竹汀先生集外佚文計一
百五十六篇。卷上為序跋、題記，六十五篇；卷中為《長興縣志》辯
證，三十二篇；卷下為書劄、傳志，五十九篇。其用力之勤，四海
無匹。

陳鴻森教授著《錢大昕潛研堂遺文輯存》成，原擬送請《大陸雜
誌》發表，惜因故延宕有年，直到一九九九年三月，始在《經學研究
論叢》第六輯載出。鴻森教授之力作喜獲發表，正值陳文和教授主編
之《錢大昕全集》刊行。鴻森教授取二書比對，欣然補撰〈後記〉云：

> 此文付印校稿時，楊晉龍君見告，渠新購得江蘇古籍出版社所
> 印《嘉定錢大昕全集》，冊十有主編陳文和氏所輯《潛研堂文
> 集補編》，與余所輯互有同異。余假其書，略檢一過，《補編》
> 所收〈端硯銘〉、〈演易〉、〈小知錄序〉、〈溪南唱和集序〉、〈跋
> 黃文獻公集〉、〈跋宋拓顏魯公書多寶塔感應碑〉、〈跋張爾岐
> 書〉等七首，為余所未見者。……昔者陳乃乾搜輯顧千里群書
> 題跋，為〈思適齋書跋〉兩卷，同時有蔣谷孫亦有〈思適齋集
> 外書跋輯存〉，而王欣夫氏復輯〈思適齋書跋〉、〈思適齋集補
> 遺〉。蓋各據所得而存之，不相妨也。常歎諸家輯顧、黃遺
> 文，至於再三。而竹汀之精博淵深，迥非顧、黃所可比及，其

---

5　陳鴻森：〈自序〉，《錢大昕潛研堂遺文輯存》，卷首，見《經學研究論叢》（臺北市：臺灣學生書局，1999年），第6輯，頁189。

遺文題識散見群書，乃二百年來無有收拾之者，詎非藝林之闕
事與！今得陳君《補編》，同此用心，不啻空谷跫音。覽者合
二文而觀之，庶乎竹汀遺文稍得其全云。[6]

　　尤為令人敬重者，陳鴻森教授近一二十年間，不唯勤於輯錄錢竹
汀先生集外佚文，而且其朝夕精力，幾乎皆奉獻於乾嘉學術文獻的整
理與研究。據鴻森教授所饋近年大著知，經陳先生精心輯錄成編者，
尚有《潛研堂遺詩拾補》、《簡莊遺文輯存》、《陳鱣簡莊遺文續輯》、
《段玉裁經韻樓遺文輯存》、《王鳴盛西莊遺文輯存》和《阮元揅經室
遺文輯存》等六種。其中，除《潛研堂遺詩拾補》、《簡莊遺文輯
存》、《王鳴盛西莊遺文輯存》3種業已刊行，他種力作皆以稿本在同
好間流傳。

　　一九九九年八月二十三日，《王鳴盛西莊遺文輯存》著就，陳鴻
森教授於卷首撰為〈自序〉一篇。文中，陳先生述輯錄西莊先生集外
佚文緣起有云：

《西莊始存稿》刻於乾隆三十年，凡詩十四卷，文十六卷。顧
傳本絕少，鄭振鐸氏，當代藏書名家，猶懸金以待，其罕遇可
知。余求之十數年，未得一見。去年十一月，林慶彰教授始為
余影印一帙，良友之賜，奚啻百朋。其書目錄後自識云「自服
闋後所作，別為《晚拙稿》」，然其稿迄未付梓。阮元《揅經室
二集》卷七有〈王西莊先生集序〉，稱「西莊先生編定詩文全
集四十卷，既成，屬元為之序」云云，今亦不見刻本。五世孫
元增搜其遺佚，為《耕養齋遺文》，僅得六篇（原注：此書余

<hr>

6　陳鴻森：〈後記〉，《錢大聽潛研堂遺文輯存》，卷末，見《經學研究論叢》（臺北
　市：臺灣學生書局，1999年），第6輯，頁266。

未之見，今據楊向奎氏《清儒學案新編》冊八王樹民氏撰《西
莊學案》，頁一一○）。錢竹汀撰西莊墓誌，稱其文「纖徐醇
厚，用歐、曾之法，闡許、鄭之學，一時推為巨手」。乃身後
遺稿蔑爾無聞，後之人亦無為之收拾者，一代碩學，文字零落
如此，可勝浩歎。

至於輯存西莊先生遺文與治乾嘉學術不可分割之關係，鴻森教授
於〈自序〉中尤加闡發云：

> 曩輯潛研堂遺文，流覽群籍，西莊詩文不少概見。顧以未見
> 《始存稿》，不識其已入集否，是以均未鈔存。去冬得其書，
> 乃就記憶所及，與易於尋檢者稍加集錄，共得五十三篇，其待
> 訪者尚若干篇。度西莊服闋後，迄嘉慶二年卒，三十年間所
> 作，當倍蓰於此。雖然，即此遺存者，其平生論學、論文大旨
> 可見。蓋西莊中歲治經，專主鄭康成，《尚書後案》既成，復理
> 十七史，汲古之功既深，故所為文，遂雄視一切，獨抒自見，
> 不為苟同。然則此雖掇拾殘遺，固治乾嘉學術者所不可廢與。[7]

陳鴻森教授抄存乾嘉著名學者集外佚文，所輯諸種已刊及未刊稿
本，皆係多年潛心耙梳文獻之所得。讀者不唯可據以感受鴻森教授嚴
謹篤實之為學風尚，而且陳先生精研乾嘉學術文獻之深厚功力，亦不
啻為治乾嘉學術者樹立了一個楷模。業已刊行之錢竹汀、王西莊、陳
簡莊諸家若此，未刊行多種亦然。其中，尚未刊佈之《阮元揅經室遺
文輯存》三卷，鈔存芸臺先生集外佚文多達一百三十三篇。其業績不

---

唯可與《錢大昕潛研堂遺文輯存》並肩比美，而且所費勞作之艱辛，
成果學術價值之厚重，絲毫不讓當年《揅經室集》之結撰。關於這一
點，《阮元揅經室遺文輯存》卷首之〈自序〉。或可窺知一二。鴻森教
授於此有云：

> 阮氏所撰文集，每數年輒結集付刊。凡《揅經室》一集四十
> 卷、二集八卷、三集五卷、四集十三卷（其中詩十一卷）；另
> 續集十兩卷（含詩七卷）、再續集六卷（含詩二卷）。顧其遺
> 文、序跋未入集者尚多，余披覽群籍，時或遇之。史謂芸臺
> 「身歷乾嘉文物鼎盛之時，主持風會數十年，海內學者奉為山
> 斗焉」（《清史稿‧本傳》）。所撰諸家序文甚夥，多隨本書以
> 行。余於此尤有深嗜焉。蓋阮氏淹貫群籍，復長於考證，故其
> 序跋，或博涉多通，或窮源竟委，精鑒卓識，最可玩繹。其與
> 諸家信函，則多關藝文故實，足資考證者不少。[8]

　　一九九三年五月，中華書局整理刊行阮元《揅經室集》，不知是
何緣故，未將再續集詩文錄入。他日若能再版，補其所闕，輔以陳鴻
森教授撰《阮元揅經室遺文輯存》，則珠聯璧合，盡善盡美矣。

## 三　諸家年譜的董理

　　年譜為編年體史籍之別支，乃知人論世的重要文獻。在現存的八
百餘種清人年譜中，乾嘉時期學者的年譜，約占四分之一。[9]董理乾

---

8　陳鴻森：〈自序〉，《阮元揅經室遺文輯存》（未刊稿），卷首。
9　來新夏：〈清人年譜的初步研究〉，《近三百年人物年譜知見錄》（上海市：上海人民
　　出版社，1983年），卷首，頁1-11。

嘉時期學者的年譜，於研究乾嘉學派與乾嘉學術，同樣具有不可忽視的意義。近一二十年間，於此用力最勤，業績最富者，亦當推陳鴻森教授。

陳鴻森教授之董理乾嘉學者年譜，所用力主要在於兩個方面，一是對現存年譜的訂補，二是編纂、重纂名家年譜。前者之代表作為《段玉裁年譜訂補》，後者之代表作為《錢大昕年譜別記》、《清儒陳鱣年譜》。由於乾嘉學派與乾嘉學術之全域在胸，因而陳教授的年譜結撰，尤著意於學風遞嬗、學術變遷，從而昭示年譜知人論世之學術價值。以下，謹自鴻森先生所訂補、重纂之三家年譜中各舉一例，試做管窺蠡測。

陳鱣為乾嘉間名儒，博學好古，精於校勘輯佚，尤以表彰鄭玄學說，篳路藍縷，功不可沒。鴻森教授撰《清儒陳鱣年譜》，於此殫思竭慮，可謂三致意焉。

輯《孝經》鄭玄注，是陳簡莊先生表彰鄭玄學說的一次成功實踐。繼盧見曾輯刊《鄭司農集》之後，實為承先啟後的創辟之舉。治乾嘉學術，乃至有清一代學術，皆是不可忽略之節目。《清儒陳鱣年譜》「乾隆四十七年、三十歲條」，於此記云：

> 冬……輯《孝經鄭注》成。十二月一日，自為之敘，略云：「鄭康成注《孝經》，見於范書本傳，《鄭志》目錄無之，《中經簿》但稱『鄭氏解，而不書其名，或曰是其孫小同所作。……自玄宗取諸說以為己注，而後之學鄭氏者日少。五季之衰，中原久佚。宋雍熙初，日本僧奝然以是書來獻，議藏秘府，尋復失傳。近吾友鮑君以文屬汪君翼滄從估舶至彼國購訪其書，亦不可得矣。幸陸氏《釋文》尚存其略，群籍中間有引之，因仿王伯厚《鄭氏周易》例，集成一編，庶以存一家之學」云。（本書）

　　為表彰陳簡莊先生的首倡之功，鴻森教授於上述引文後，詳加按語，以伸後海先河之義。陳教授寫道：

> 按：清代輯佚之學最盛，其輯《孝經鄭注》者，除先生此書外，另有王謨、臧庸、洪頤煊、袁鈞、嚴可均、孔廣林、黃奭、孫季咸、潘仕、曾元弼、王仁俊等諸家輯本。皮錫瑞〈孝經鄭注疏序〉云：「自明皇注出，鄭注遂散佚不完。近儒臧拜經、陳仲魚始裒輯之，嚴鐵橋四錄堂本最為完善。」實則先生是書輯成時，臧庸年方十六，而諸家輯本皆刊於嘉慶以後，故輯《孝經鄭注》實以先生書為嚆矢。特其時日本岡田挺之輯本及《群書治要》尚未傳入中國，故其書不能如嚴君所輯之富備耳。若先河後海之義，則不可誣也。[10]

　　輯鄭玄《六藝論》，纂《鄭康成年紀》，皆為陳簡莊先生之創舉。鴻森教授於陳氏年譜中，各有如實紀錄，且詳加按語以明首創之功。於仲魚輯《六藝論》，鴻森教授考證云：

> 按：鄭玄《六藝論》，王謨、臧庸、洪頤煊、袁鈞、嚴可均、孔廣林、馬國翰、黃奭諸家亦各有輯本。臧本雖托云其高祖臧琳輯、臧庸補，然其書嘉慶六年冬始付刻，固遠在先生書出之後矣。袁氏輯本其〈序〉雖以先生所輯未能盡善，「一書兩引者未能歸一，又多攔入引書者語，總論與六經之論往往雜出，失於比次，蓋創始者難為功也」。袁本即據先生書重為校定，後出轉精，理固宜然也。[11]

---

10 陳鴻森：《清儒陳鱣年譜》，「乾隆四十七年、三十歲」條。
11 陳鴻森：《清儒陳鱣年譜》，「乾隆四十九年、三十二歲」條。

於陳仲魚纂《鄭康成紀年》，鴻森教授則更有大段考證文字：

按：此書或稱「鄭君年譜」。清代之纂鄭玄年譜者，別有王鳴
盛（見《蛾術編》卷五十八）、孫星衍（《高密遺書》本）、沈
可培（《昭代叢書》本）、丁晏（《頤志齋叢書》本）、鄭珍（見
《鄭學錄》卷二）諸家。另洪頤煊有《鄭玄別傳注》、胡培翬
撰《鄭君傳考證》、胡元儀有《鄭君事績考》。而先生此編導其
先路者。錢大昕〈序〉云：「經術莫盛於漢，北海鄭君，兼通
六藝，集諸家之大成，刪裁繁蕪，刊改漏失，俾百世窮經之士
有所折中，厥功偉矣。而後人未有譜其年者，庸非缺事乎。海
寧陳君仲魚始據本傳，參以群書，排次事實，係以年月，粲然
有條，咸可徵信，洵有功於先哲者矣。」（《潛研堂文集》卷二
十六〈鄭康成年譜序〉）袁鈞纂《鄭氏遺書》，即取先生是編以
附諸後（羊復禮《簡莊文鈔跋》謂此書已佚亡，誤）；阮元亦採
先生所考者，以補孫譜刊行之。蓋其創始之功終不可沒也。[12]

錢大昕為乾嘉間學術大家，博贍通貫，舉世無雙，尤以精研史學
而共推一代大師。乾隆末、嘉慶初，竹汀先生以古稀之年而為畢秋帆
審訂《續資治通鑒》。此舉既係錢先生晚年之一重要學術活動，亦因
茲事牽涉一時學術公案，故而纂輯竹汀先生年譜，於此尤當著意。

關於審訂《續資治通鑒》事，竹汀先生曾孫慶曾續編《竹汀居士
年譜》，繫於「嘉慶二年、七十歲」條。據云：

是年，為兩湖制軍畢公沅校刊《續資治通鑒》。自溫公編輯

---

12 陳鴻森：《清儒陳鱣年譜》，「乾隆五十年、三十三歲」條。

《通鑑》後，宋元兩朝，雖有薛氏、王氏之續，而記載疏漏，月日顛倒，又略於遼金之事。近世徐氏重修，雖優於兩家，所引書籍，猶病漏略。自四庫館開，海內進獻之書，與天府儲藏奇秘圖籍，《永樂大典》所載事涉宋元者，前人都未寓目，畢公悉鈔得之，以為此書參考之助。先經邵學士晉涵、嚴侍讀長明、孫觀察星衍、洪編修亮吉及族祖十蘭先生佐畢公分纂成書。閱數年，又屬公覆勘，增補考異。未蕆事而畢公卒，以其本歸公子。[13]

竹汀先生為畢秋帆審訂《續資治通鑑》，事情脈絡並不複雜。然而身為重要當事人的章學誠，既於最初代沅致書錢大昕，囑為審訂，稱「邵與桐校訂頗勤」[14]；邵晉涵去世，章氏撰〈邵與桐別傳〉，又指畢書初刻非晉涵校，「乃賓客初訂之本」。[15]枝節橫生，真相紊亂，遂演為一學術公案。陳鴻森教授撰《錢大昕年譜別記》，別具隻眼，於此作了精心考證。

於該譜「乾隆五十六年、六十七歲」條，鴻森教授記云：

是年，畢秋帆《宋元編年》二百卷纂成初稿，章實齋代筆與先生書，討論書名及商榷義例，並錄全書副本屬為審訂。（原注：《章氏遺書》卷九〈為畢制軍與錢辛楣宮詹論續鑒書〉。）

之後，陳先生加有兩條按語。其一云：

---

13 錢慶曾：《竹汀居士年譜續編》，「嘉慶二年、七十歲」條。
14 章學誠：〈為畢制軍與錢辛楣宮詹論續鑒書〉，《章氏遺書》，卷9。
15 章學誠：〈邵與桐別傳〉，《章氏遺書》，卷18。

森按：《宋元編年》即《續資治通鑑》原名。章氏致先生書，力主標名《宋元事鑑》。今題《續通鑑》者，蓋先生不以章氏之標新立異為然，仍定今名，以繼涑水之書。

其二云：

又按：章氏此信不記撰年，胡適之先生《章實齋年譜》繫於五十七年壬子，並無明據。余考此信既言全書「計字二百三十五萬五千有奇，為書凡二百卷」、「邵與桐校訂頗勤」。是全書大體已經寫定。又言「大約明歲秋冬擬授刻矣」，今據《瞿木夫自訂年譜》乾隆六十年條，載先生為畢氏閱定考正，即於吳門開雕（原注：詳本文明年條下），則章氏此書宜繫於本年，庶幾近之。[16]

正是以《瞿木夫自訂年譜》為確證，於是陳鴻森教授記錢大昕乾隆六十年、六十八歲學行云：

是年，為畢秋帆校訂《續資治通鑑》，即於吳門開雕。[17]

隨後，鴻森教授又於該譜「嘉慶六年、七十四歲」條，全文引竹汀先生致馮鷺庭書，記錄錢大昕婉言謝絕為刻竣之《續資治通鑑》撰序事。陳先生指出：「余意此殆先生藉詞耳。先生似不以其書為盡善，先前因畢氏之托屬為審定，故勉應之耳。秋帆既卒，先生即將此稿還

---

16 陳鴻森：《錢大昕年譜別記》，「乾隆五十九年、六十七歲」條。
17 陳鴻森：《錢大昕年譜別記》，「乾隆六十年、六十八歲」條。

諸其家，而未刻之百七十卷，則不復為之校訂矣。」[18]至此，有關錢
大昕校訂《續資治通鑒》事，得陳鴻森教授梳理，遂告始末朗然。

　　段玉裁亦為乾嘉大儒，尤以注《說文解字》而推巨擘。段先生晚
年，學隨世變，乾嘉學派與乾嘉學術業已進入總結階段。漢宋會通之
風初起，雖其勢尚微，然唱先聲者亦有懋堂先生。討論乾嘉學派與乾
嘉學術，此實一甚可注意之現象。陳鴻森教授卓然睿識，在所撰《段
玉裁年譜訂補》中，於此特為強調。該譜「嘉慶十九年、八十歲」
條，鴻森教授自陳壽祺《左海文集》卷四輯出譜主書劄一通，予以全
文徵引：

　　　恭甫大兄先生執事：伏惟侍奉萬安，興居多吉。今歲三奉手
　　書，見賜《五經異議疏證》、《尚書》、《儀禮》諸經說，一一盥
　　手洛誦，既博且精，無語不確。如執事者，弟當鑄金事之。以
　　近日言學者，淺嘗剿說，騁騖獵名而已，不求自得於中也。善
　　乎執事之言曰：「文藻日興而經術日淺，才華益茂而氣節益
　　衰，固倡率者稀，亦由所處日疲，無以安其身，此人心世道之
　　憂也。」愚謂今日大病，在棄洛、閩、關申之學不講，謂之庸
　　腐。而立身苟簡，氣節敗，政事蕪，天下皆君子，而無真君
　　子，未必非表率之過也。故專言漢學，不治宋學，乃真人心世
　　道之憂，而況所謂漢學者，如同畫餅乎？貴鄉如雷翠庭先生，
　　今尚有嗣音否？萬舍人乞為致候。江子蘭劄云，邵武有高澍然
　　亦良，執事主講，宜與諸生講求正學氣節，以培真才，以翼氣
　　運。大著尚當細讀，以求請益。弟今年八秩，終日飽食而已，
　　記一忘十，甚可笑也，安足以當執事之推許。玉裁再拜。

18 陳鴻森：《錢大昕年譜別記》，「嘉慶六年、七十四歲」條。

　　鴻森教授於引述此劄後，以一語揭出其間所透露之重要學術消息云：「據此書，略可見段氏晚年之思想及其對當時學風之批評。乃近世論乾嘉學術者，頗多忽之不視，今亟宜表出之。」[19]

　　綜上所述，整理和研究乾嘉學術文獻，在推進乾嘉學派和乾嘉學術的研究中，其重要意義略可窺見。鑒於近一二十年間的乾嘉學派研究，起步甚速，文獻準備似嫌不夠充分。因此，未來一段時間，在這方面切實下一番工夫，或許是有必要的。謹以此向各位請教，如蒙賜教，不勝感謝。

---

19 陳鴻森：《段玉裁年譜訂補》，「嘉慶十九年、八十歲」條。

# 下編
## 晚清學術及一代學術之總結

# 第十八章
# 漢宋學術之爭與《國朝學案小識》

　　嘉慶、道光間，中國古代學術即將翻過乾嘉漢學的一頁，步入近代學術門檻。於是相關史籍應運而生，以對自明清更迭以來，近二百年間的學術進行批判總結。江藩的《國朝漢學師承記》，阮元的《皇清經解》、《國史儒林傳稿》，方東樹的《漢學商兌》等，後先而起，各抒己見。至道光二十五年（1845年）唐鑒《國朝學案小識》出，承興復理學之呼聲，理漢宋學術之糾葛，既總結一代學術盛衰，亦寄寓著者學術好尚，且可覘一時學術趨向。

## 一　漢宋學術之爭的由來及其發展

　　清代的漢宋學術之爭，是一代學術史上的重要公案。它自清朝初葉肇始，經乾嘉時代的漢學鼎盛，至嘉慶、道光間爭議加劇，形同水火。

　　就為學蹊徑而論，乾嘉漢學與宋明理學風格各異。宋學旨在闡發儒家經典所蘊涵的義理，而漢學則講求對經籍章句的考據訓詁。在中國古代學術史上，初無所謂漢、宋學術之分，有之則自清人始。正如近代學者劉師培所論：「古無漢學之名，漢學之名始於近代。或以篤信好古該漢學之範圍，然治漢學者未必盡用漢儒之說，即用漢儒之說，亦未必用以治漢儒所治之書。是則所謂漢學者，不過用漢儒之訓

詁以說經，及用漢儒注書之條例以治群書耳。」[1]康熙間，毛奇齡治經力闢宋人舊說，表彰漢儒經說，始揭「漢學」、「宋學」[2]之稱。其後全祖望繼起，尊漢儒「修經之功」，贊劉向「集諸經之大成」[3]，所著《經史問答》，為乾嘉漢學家評作「繼古賢，啟後學，與顧亭林《日知錄》相埒」。[4]乾隆初，惠棟潛心經術，承其父祖未竟之志，以窮究漢《易》為家學，先後撰為《易漢學》、《周易述》、《九經古義》諸書。他倡言：「漢經師之說，立於學官，與經並行。五經出於屋壁，多古字古音，非經師不能辨。經之義存乎訓，識字審音，乃知其意。是故古訓不可改也，經師不可廢也。」[5]雖然惠氏梳理漢代經學源流未盡實錄，混淆了今古文學之分野，但他的唯漢是尊，唯古是信，則在當時的學術舞臺上率先揚起漢學之旗幟，開了興復「古學」的先河。稍後的考據學大師錢大昕評價惠棟學風的影響時，認為：「漢學之絕者千有五百餘年，至是而粲然復章矣。」[6]

惠棟故世，戴震崛起。他承其鄉先輩江永之教，於三吳惠學兼收並蓄，主張「由聲音文字以求訓詁，由訓詁以尋義理」[7]，遊學南北，名噪京城。後應聘入四庫全書館，與邵晉涵、周永年、紀昀等館中眾多名儒肆力經史，輯佚鉤沉，校理群籍。經史考據因之而蔚成風氣，書館亦不啻「漢學家大本營」。[8]漢學得清廷優容，大張其軍，如日中天。就連朝中顯貴亦附庸風雅，「皆以博考為事，無復有潛心理

1 劉師培：〈近代漢學變遷論〉，《左庵外集》，卷9。
2 毛奇齡：《推易始末》，卷1。
3 全祖望：〈前漢經師從祀議〉，《鮚埼亭集外編》，卷39。
4 阮元：〈全謝山先生經史問答序〉，《揅經室二集》，卷7。
5 惠棟：〈九經古義述首〉，《松崖文鈔》，卷1。
6 錢大昕：〈惠先生棟傳〉，《潛研堂文集》，卷39。
7 錢大昕：〈戴先生震傳〉，《潛研堂文集》，卷39。
8 朱維錚校注：〈梁啟超論清學史二種〉，《中國近三百年學術史》（上海市：復旦大學出版社，1985年），頁115。

學者。至有稱頌宋、元、明以來儒者，則相與誹笑」[9]。於是朝野官紳，「競尊漢儒之學，排擊宋儒，幾乎南北皆是矣」。[10]

　　漢學大行，宋學幾不成軍。雖當漢學初起，江南詩人袁枚即唱為別調，致書惠棟加以商榷，指出：「足下與吳門諸士厭宋儒空虛，故倡漢學以矯之，意良是也。第不知宋學有弊，漢學更有弊。宋偏於形而上者，故心性之說近玄虛；漢偏於形而下者，故箋注之說多附會。」[11]然而勢單力薄，漢學方興未艾之勢實非個人意志所能轉移。爾後，面對漢學風靡，一味復古，宋學營壘中人目擊其弊，亦不乏起而頡頏者。程晉芳、姚鼐、翁方綱，皆為四庫館臣，而指斥一時學風之弊，則異口同聲。程晉芳認為：「古之學者日以智，今之學者日以愚。古之學者由音釋訓詁之微，漸臻於詩書禮樂廣大高明之域；今之學者瑣瑣章句，至老死不休。」因此他喟歎：「海內儒家，昌言漢學者幾四十年矣。其大旨謂，唐以前書皆尺珠寸璧，無一不可貴。由唐以推之漢，由漢以溯之周秦，而《九經》、《史》、《漢》，注疏為之根本，宋以後可置勿論也。嗚呼！為宋學者未嘗棄漢唐也，為漢學者獨可棄宋元以降乎！」[12]姚鼐、翁方綱皆主張分學問為義理、考訂、辭章三途，力倡以義理為依歸，反對專走考據一路。翁方綱指出：「墨守宋儒，一步不敢他馳，而竟致有束漢唐注疏於高閣，叩以名物器數而不能究者，其弊也陋。若其知考證矣，而騁異聞，侈異說，漸致自外於程朱而恬然不覺者，其弊又將不可究極矣。」[13]姚鼐則更詆漢學為「異道」，他說：「近時陽明之焰熄，而異道又興。學者稍有志於勤

9　姚瑩：〈復黃又園書〉，《東溟文外集》，卷1。

10　袁枚：《隨園詩話》，卷2。

11　袁枚：〈答惠定宇書〉，《小倉山房文集》，卷18。

12　程晉芳：〈正學論四〉，《勉行堂文集》，卷1。

13　翁方綱：〈與曹中堂論儒林傳目書〉，《復初齋文集》，卷11。

學法古之美，則相率而競於考證訓詁之途，自名漢學，穿鑿瑣屑，駁
難猥雜。其行曾不能望見象山、陽明之倫，其識解更卑於永嘉，而輒
敢上詆程朱，豈非今日之患哉？」[14]

　　乾隆末、嘉慶初，漢學日過中天，盛極將衰，不惟宋學中人詆斥
其病痛無異詞，而且漢學中人於自家學派積弊亦多所反省。淩廷堪、
焦循、王引之諸儒，不謀而合，此呼彼應，皆有高瞻遠矚之論。

　　淩廷堪為徽州戴門後學，早在乾隆五十八年夏，他即予一時學風
痛下針砭，指出：「讀《易》未終，即謂王、韓可廢。論《詩》未
竟，即以毛、鄭為宗。《左氏》之句讀未分，已言服虔勝杜預。《尚
書》之篇次未悉，已云梅賾偽《古文》。甚至挾許慎一編，置九經而
不習。憶《說文》數字，改六籍而不疑。不明千古學術之源流，而但
以譏彈宋儒為能事，所謂天下不見學術之異，其弊將有不可勝言
者。」[15]焦循隨之而起，力辯考據名學之非，他說：「近之學者，無端
而立一考據之名，群起而趨之。所據者漢儒，而漢儒中所據者，又唯
鄭康成、許叔重。執一害道，莫此為甚。」[16]焦循尤其不贊成以考據
補苴來代替經學研究，一如淩廷堪之所為，他亦假梳理一代經學源
流，以鞭撻一時學風病痛。焦循就此寫道：

　　　　本朝經學盛興，在前如顧亭林、萬充宗、胡朏明、閻潛丘。近
　　　世以來，在吳有惠氏之學，在徽有江氏之學、戴氏之學。精之
　　　又精，則程易疇名於歙，段若膺名於金壇，王懷祖父子名於高
　　　郵，錢竹汀叔侄名於嘉定。其自名一學，著書授受者，不下數
　　　十家，均異乎補苴掇拾者之所為。是直當以經學名之，烏得以

<hr>

14　姚鼐：〈安慶府重修儒學記〉，《惜抱軒文後集》，卷10。
15　淩廷堪：〈與胡敬仲書〉，《校禮堂文集》，卷23。
16　焦循：〈先府君事略〉，見《焦氏遺書》附錄。

不典之稱之所謂考據者，混目於其間乎！[17]

王引之致書焦循，唱為同調，有云：「惠定宇先生考古雖勤，而識不高，心不細，見異於今者則從之，大都不論是非。說《周禮》丘封之度，顛倒甚矣，他人無此謬也。來書言之，足使株守漢學而不求是者爽然自失。」[18]

繼惠、戴之後，淩、焦、王皆一時經學大儒。以漢學俊彥而群起批評一己學派之弊短，說明一個學術轉變的新時期已經來臨。當此風氣轉換之際，惠棟的再傳弟子江藩，獨堅守漢學壁壘，鼎力撐持，且以他為一方，演為空前激烈的漢宋學術之爭。

## 二　江藩與《國朝漢學師承記》

江藩，字子屏，號鄭堂，晚號節甫，江蘇甘泉（今揚州）人。生於乾隆二十六年（1761年），卒於道光十年（1830年）[19]，終年七十歲。他早年隨父客居蘇州，自十二歲起，相繼師從於薛起鳳、汪縉。薛、汪皆好佛學，會通儒佛，自闢蹊徑。藩父亦學佛有年，唯不取「儒佛一本」之說，主張則與薛、汪有異。江藩爾後的為學，雖不入佛學窠臼，但謹守庭訓，終身不忘，既不闢佛，亦不佞佛。十五歲以後，得蘇州名儒余蕭客、江聲導引，從此步入經史考據門檻。

余、江二人皆惠棟弟子。余蕭客字仲林，別字古農，以所著《古經解鉤沉》而名噪南北。乾隆四十三年，余氏病歿。逝世前，以改訂

---

17 焦循：〈與孫淵如觀察論考據著作書〉，《雕菰樓集》，卷13。
18 王引之：〈致焦里堂書〉，見《焦氏遺書》，卷首。
19 江藩卒年，自閔爾昌《江子屏先生年譜》以降，均作道光十一年。據漆永祥教授《江藩與漢學師承記研究》考證，當為道光十年，可信可據。

《古經解鉤沉》寄厚望於江藩，叮囑道：「《鉤沉》一書，漢、晉、唐三代經注之亡者，本欲盡採，因乾隆壬午四月得虛損症，危若朝露，急欲成書，乃取舊稿錄成付梓，至今歉然。吾精力衰矣，汝能足成之，亦經籍之幸也。」[20]余蕭客故世，江藩一度氾濫諸子百家，如涉大海，茫無涯涘。後幸遇江聲，教其讀七經三史及許氏《說文解字》，進而究心惠棟所傳漢儒《易》學。秉江聲之教，江藩於十八歲時，即著《爾雅正字》。後經改訂，題為《爾雅小箋》，成為他的代表作品之一。乾隆四十九年，江藩承惠棟未竟之志，撰為《周易述補》五卷，將惠書所闕一一補足，引證精博，羽翼師說，同樣是他生平代表之作。

青年時代的江藩，返歸揚州故里，先後受知於廷臣朱筠、王昶，廣交南北俊彥如汪中、李惇、阮元、焦循等，經史之學，與日俱進。乾隆五十年父卒，家道中落，迫於生計，作幕四方。

嘉慶、道光間，老師宿儒，凋謝殆盡。江藩以布衣而為一時掌故之宗，與揚州學者焦循齊名，鄭堂、裏堂比美學壇，一時有「二堂」之目。江藩晚年所撰《國朝漢學師承記》，成為他一生最重要的代表作品。

關於《漢學師承記》的始撰年月，已不得詳考，唯據書中自述及汪喜孫跋語等所記，則成書時間可以大致確定。該書卷二〈余古農先生傳〉，在引述傳主囑訂《古經解鉤沉》語後，江藩有云：「藩自心喪之後，遭家多故，奔走四方，雨雪載途，飢寒切體，不能專志一心，從事編輯。今年已五十，忽忽老矣，歎治生之難，蹈不習之罪，有負師訓，能不悲哉！」[21]著者五十歲，時當嘉慶十五年三月。汪中子喜孫跋《漢學師承記》稱：「吾鄉江先生，博覽群籍，通知作者之意，

---

20 江藩：〈余古農先生〉，《國朝漢學師承記》，卷2。
21 江藩：〈余古農先生〉，《國朝漢學師承記》，卷2。

聞見日廣，義據斯嚴，匯論經生授受之旨，輯為《漢學師承記》一書。異時採之柱下，傳之其人，先生名山之業固當附此不朽。或如司馬子長《史記》、班孟堅《漢書》之例，撰次〈敘傳〉一篇，列於卷後，亦足屏後儒擬議窺測之見，尤可與顧寧人、錢曉徵及先君子後先輝映者也。喜孫奉手受教，服膺有年，被命跋尾，不獲固辭，謹以所聞質諸坐右，未識先生以為知言不也。」汪跋所署時間，為嘉慶十七年五月七日。[22]而著者嗣子江茂鈞跋《國朝經師經義目錄》亦云：「家大人既為《漢學師承記》，之後，復以傳中所載諸家撰述，有不盡關經傳者，有雖關經術而不醇者，乃取其專論經術而一本漢學之書，仿唐陸元朗《經典釋文》傳注姓氏之例，作〈經師經義目錄〉一卷，附於記後。」語末則署嘉慶十六年十月。[23]可見，《漢學師承記》之成書，至遲應在嘉慶十六年十月至翌年五月之間。二十三年夏，江藩應兩廣總督阮元聘，作幕羊城。同年除夕，阮元為《漢學師承記》撰序，將該書在嶺南刊行。

　　《漢學師承記》以紀傳體史籍之〈儒林傳〉為圭臬，上起清初黃宗羲、顧炎武、閻若璩、胡渭，下迄嘉慶間尚健在的阮元、焦循、劉逢祿，一代經師皆著錄其中。全書八卷，大致以傳主世次為序，取閻若璩、胡渭、張爾岐、馬驌冠諸卷首，以示述清代漢學，當溯源於清初諸儒。繼以惠周惕、惠士奇、惠棟祖孫及余蕭客、江聲諸家，意在說明著者學術宗主之所在。卷三以下，依次著錄王鳴盛、錢大昕、王昶、朱筠、江永、戴震、汪中、凌廷堪等乾嘉時代諸經學大師。一代經學源流，即據諸家傳記彙編而得其脈絡，唯清初學術大師黃宗羲、顧炎武及算學家陳厚耀，則屬例外。陳厚耀為康熙間人，記中則置於

---

22　汪喜孫：〈漢學師承記跋〉，見《漢學師承記》，卷末。
23　江茂鈞：〈國朝經師經義目錄跋〉，見《目錄》，卷末。

卷七，與乾嘉諸經師同編。而開一代學術風氣的黃宗羲、顧炎武，更
在卷八而為全書殿後。

　　江藩何以要結撰《漢學師承記》？該書卷首自序，言之甚明。序
中，表彰漢儒傳經之功，於宋明諸儒，則概斥為「亂經非聖」。江藩
寫道：「宋初，承唐之弊，而邪說詭言，亂經非聖，殆有甚焉。如歐
陽修之《詩》，孫明復之《春秋》，王安石之《新義》是已。至於濂、
洛、關、閩之學，不究禮樂之源，獨標性命之旨，義疏諸書，束置高
閣，視如糟粕，棄等弁髦。蓋率履則有餘，考鏡則不足也。元明之
際，以制義取士，古學幾絕。而有明三百年，四方秀艾困於帖括，以
講章為經學，以類書為博聞，長夜悠悠，視天夢夢，可悲也夫！」在
歷數清代帝王的文治盛業之後，江序又云：「藩綰發讀書，授經於吳
郡通儒余古農、同宗艮庭二先生，明象數制度之原，聲音訓詁之學，
乃知經術一壞於東、西晉之清談，再壞於南、北宋之道學。元明以
來，此道益晦。至本朝，三惠之學盛於吳中，江永、戴震諸君繼起於
歙，從此漢學昌明，千載沉霾，一朝復旦。暇日詮次本朝諸儒為漢學
者，成《漢學師承記》一編，以備國史之採擇。」[24] 這就是說，《漢學
師承記》的結撰，是為了表彰漢學，拔宋幟而立漢幟，以供纂修《國
史儒林傳》的參考。由此可見，江藩此書，乃是同嘉慶十四、十五年
間，陳壽祺、阮元在國史館創編〈儒林傳〉的努力相呼應的。

　　繼《漢學師承記》之後，江藩又於嘉慶十六年撰《國朝經師經義
目錄》一書，附於《師承記》後。《目錄》以《易》、《書》、《詩》、
《禮》、《春秋》、《論語》、《爾雅》、《樂》為序，將一代經師主要著述
匯為一編。著錄標準甚嚴，一以漢學為依歸，凡「言不關乎經義小

---

24　江藩：〈序〉，《國朝漢學師承記》，卷首。

學，意不純乎漢儒古訓者，固不著錄」。[25] 譬如《易》一類，黃宗羲、宗炎兄弟的《易學象數論》、《圖書辨惑》，皆以「不宗漢學」而剔除。《書》一類，胡渭的《洪範正論》亦因「闢漢學五行災異之說」而不錄。《詩》一類，朱鶴齡的《毛詩通義》、陳啟源的《毛詩稽古編》、顧棟高的《毛詩類釋》等，或以「好博而不純」，或以「怪誕不經」，或以「多鑿空之言」，同樣予以斥黜。至於宋學中人的經學著作，則一概不予著錄。雍正、乾隆間，方苞以治《禮》學名世，江藩則以「更不足道」四字為總評而不屑一顧。

　　上述二書藏事，江藩復撰《國朝宋學淵源記》兩卷，於道光二年刊行。《淵源記》編纂體例，與《師承記》相同，皆為人物傳記彙編。全書以地域為類，卷上著錄孫奇逢、刁包以下諸北方宋學中人，卷下則專記劉汋、張履祥等。卷末附以沈國模、史孝咸及著者早年業師薛起鳳、汪縉等，意欲據以明儒釋之分。一如《漢學師承記》之揚漢抑宋，《宋學淵源記》雖本惠士奇「六經尊服、鄭，百行法程、朱」之教，但終難脫門戶成見。

　　由於江藩門戶之見甚深，所以《漢學師承記》初出，龔自珍即致書商榷，歷數以「漢學」題名的諸多不妥，主張改題《國朝經學師承記》。而方東樹則宗主程、朱，固守宋學，於江書並漢學痛加駁詰，以致釀成熾烈的漢宋學術之爭。

## 三　方東樹與《漢學商兌》

　　方東樹，字植之，晚號儀衛老人，安徽桐城人。生於乾隆三十七年（1772年），卒於咸豐元年（1851年），終年八十歲。東樹幼承家

---

25　江茂鈞：〈國朝經師經義目錄跋〉，見《目錄》，卷末。

範，受一方風氣習染，學從古文詞入。年二十二，師從同里姚鼐，與梅曾亮、管同、劉開並稱姚門四傑。此後，潛心義理，講求心性之學，一以朱子為依歸。秉其師教，於一時漢學考證之風，深不以為然。

嘉慶二十四年，兩廣總督阮元擬修《廣東通志》，方氏應聘作幕羊城。當時，江藩亦以佐阮元輯《皇清經解》而同在幕署，且江氏《國朝漢學師承記》又刊行伊始。《師承記》的揚漢抑宋，激起方東樹強烈不滿，於是他改變不與論辯的故態，起而痛加駁詰，於道光四年撰為《漢學商兌》三卷。稿成，方氏試圖謀求幕主的支持，謄為清本，呈書阮元。在《上阮芸臺宮保書》中，方氏取阮元與唐代賢哲韓愈相比，讚美道：「閣下道佐蒼生，功橫海望，歲路未強，學優而仕，歸壚不捨，仕優復學。三十年間，中外咸孚，雖使退之復生，且將窮於言句，又豈晚進小生所能揚榷其大全者哉！」接著，又以之與漢唐經學大師馬融、鄭玄、孔穎達、賈公彥並論，指出：「惟閣下早負天下之望，宜為百世之師，齊肩馬、鄭，抗席孔、賈，固已卓然有大功於六經而無愧色矣。」經此一番溢美推崇，始道出以《漢學商兌》「質疑」、「請業」之想。他說：「今日之漢學，亦稍過中矣。私心以為，於今之時，必得一非常之大儒，以正其極，扶其傾，庶乎有以挽太過之運於未敝之先，使不致傾而過其極，俾來者有以考其功焉。以此求之當今之世，能正八柱而掃糠粃者，舍閣下其誰與歸！」[26]然而求非其人，阮元本無意宋儒義理，實為一時漢學主盟，所以《漢學商兌》並未能如同《漢學師承記》那樣，得到阮元的資助而刊行。

道光六年，阮元調任雲貴總督，方東樹亦分道揚鑣，返鄉投靠安徽巡撫鄧廷楨。同年四月，〈漢學商兌序〉成。序中，方氏於漢學昌言排擊，指出：「近世有為漢學考證者，著書以鬭宋儒，攻朱子為

---

26 方東樹：〈上阮芸臺宮保書〉，《儀衛軒文集》，卷7。

本，首以言心、言性、言理為厲禁。海內名卿巨公，高才碩學，數十
家遞相祖述。……名為治經，實足亂經；名為衛道，實則畔道。」[27]
爾後，復經改訂，《漢學商兌》終在道光十一年得以刊行。

　　《漢學商兌》凡三卷，卷上追溯漢學家立說淵源，卷中辨析漢學
中人主要學術主張，卷下集矢《國朝經師經義目錄》，總論漢學流
弊。全書仿照朱熹《雜學辨》體例，摘選漢學家語，逐條加以駁難。
矛頭所向，黃宗羲、顧炎武以下，迄於惠棟、戴震、錢大昕、江藩，
漢學中人幾乎無一幸免。南宋大儒黃震，不知是何緣由，竟為方氏訾
議。早先為方東樹所推崇的阮元，轉眼之間已成譏彈對象。方氏說：
「顧、黃諸君雖崇尚實學，尚未專標漢幟。專標漢幟，則自惠氏始。
惠氏雖標漢幟，尚未厲禁言理。厲禁言理，則自戴氏始。自是宗旨祖
述，邪波大肆，遂舉唐宋諸儒已定不易之案，至精不易之論，必欲一
一盡翻之，以張其門戶。江氏作《漢學師承記》，阮氏集《經解》，於
諸家著述，凡不關小學，不純用漢儒古訓者，概不著錄。……欲掃滅
宋儒，毒罪朱子，鼓怒浪於平流，振驚飆於靜樹，可已而不已。斯風
一煽，將害及人心學術。」[28]阮元有云：「朱子中年講理，晚年講禮，
誠有見於理必出於禮也。如殷尚白，周尚赤，禮也。使居周而有尚白
者，以非禮析之，則人不能爭；非理析之，則不能無爭矣。故理必附
於禮以行，空言理，則可彼可此之邪說起矣。然則《三禮》注疏，學
者何可不讀！」方東樹不顧先前以阮元與漢唐經學大師並稱之論，獨
拈此條痛加批駁，認為：「此之宗旨，蓋欲紬宋學，興漢學，破宋儒
窮理之學，變《大學》之教為考證之學。非復唐、虞、周、孔以禮垂
教經世之本，並非鄭、賈抱守遺經之意。」甚至將阮說與王陽明《朱

27　方東樹：〈序例〉，《漢學商兌》，卷首。

28　方東樹：《漢學商兌》，卷上。

子晚年定論》齊觀，詆為：「邪說害正，其端甚微，其流甚巨。」[29]書末，方東樹引清高宗懲治謝濟世非議朱子學的上論為己張目，宣稱：「煌煌聖訓，誠天下學者所當服膺恭繹，罔敢違失者也。」[30]意欲假手清廷淫威以壓制漢學，用心可謂良苦。

《漢學商兌》於道光初葉的問世，實非偶然。嘉道之際，國家多故，世變日亟，漢學日過中天，盛極而衰，學隨世變，時代使然。如同《漢學師承記》和《皇清經解》一樣，《漢學商兌》亦是對乾嘉漢學進行總結的著作。所不同者，只是前者為肯定式的襃揚，而後者則是否定式的批評罷了。漢學中人，沉溺考證訓詁，遠離世事，如醉如癡，為歷史潮流淘汰勢所必然。《漢學商兌》的批評，確能擊中其病痛之所在，故而該書一經問世，便迅速激起共鳴。稍後，唐鑒《國朝學案小識》的結撰，即為一強烈反應。

## 四　唐鑒生平學行述略

唐鑒，字栗生，號敬楷，又號鏡海。湖南善化（今長沙）人。生於乾隆四十三年（1778年），卒於咸豐十一年（1861年），終年八十四歲。故世之後，清廷賜諡確慎。

唐鑒出身於官宦世家。鑒祖煥，乾隆初，以舉人官至山東平度州知州。父仲勉，乾隆五十八年進士，由知縣官至陝西布政使。嘉慶十年（1805年），唐鑒以廩生入貲為臨湘縣學訓導。十二年，舉鄉試。十四年，成進士，為翰林院庶起士。十六年散館，授翰林院檢討，充國史館協修。二十三年，遷浙江監察道御史，疏劾湖南武陵知縣顧烺圻貪劣，一時稱快。後因疏奏淮鹽事宜失當，以六部員外郎改補。道

---

29　方東樹：《漢學商兌》，卷中之上。
30　方東樹：《漢學商兌》，卷下。

光改元，得諸城劉鐶之薦，出知廣西平樂府。道光四年（1824年）之
後，連遭父母喪，守制廬墓，後應聘主持山東泰安書院講席。九年進
京，仍補廣西舊任。之後十餘年間，歷任安徽徽寧池太廣道、江安糧
道、山西按察使、貴州按察使、浙江布政使、江寧布政使。所至革除
陋規，百度畢張，以清廉著稱一時。道光二十年，奉旨內轉太常寺
卿，入都供職。鴉片戰爭起，疏劾琦善、耆英等，直聲震天下。二十
五年，遇車禍傷肘。翌年，即以老病奏請回籍。晚年，歷主江蘇尊
經、鍾山及江西白鹿洞諸書院講席。後病歿於湖南。

　　唐鑒早年研摩文史，中年勤勞民事，乞假家居，潛心理學，以朱
子為宗，篤信謹守而不移。生平著述有《朱子學案》八十卷、《國朝
學案小識》十五卷、《畿輔水利備覽》八卷、《讀易反身錄》兩卷、
《易牖》兩卷、《讀易識》兩卷、《讀禮小事記》兩卷、《四書拾遺》
四卷、《省身日課》十四卷等。其詩文雜著，後人輯為《唐確慎公
集》十卷刊行。

　　湖湘地區為理學之邦，北宋中葉，周敦頤開風氣於先，兩宋之
際，胡安國、胡宏、胡寅父子傳洛學於衡麓，湖湘學統奠定。南宋
間，張栻、朱熹講學於嶽麓書院，湖湘理學為之大振。歷元明諸朝，
理學在湖湘地區久傳不衰，終於在明清之際孕育出傑出的學術大師王
夫之。乾嘉以還，復以地理環境的制約，理學獨能世代相承。唐鑒承
其家學，步入仕途之後，將理學風氣帶至京中。據其嗣子爾藻所撰
《鏡海府君行述》記，還在初任職翰林院時，公事之餘，唐鑒即與戚
人鏡、賀長齡等以理學相切磋。道光二十年後再次供職京都，他又時
常與倭仁、何桂珍、竇垿等，講求性理體用之學。唐鑒論學，深嫉陸
九淵、王陽明，一以二程、朱子為依歸。他認為：「聖人之學，格致
誠正、修齊治平而已。離此者畔道，不及此者遠於道也。」又說：
「夫學之所以異，道之所以歧，豈有他哉！皆由不識格致誠正而已。

習空談者，索之於昭昭靈靈而障於內；守殘編者，逐之於紛紛借借而蔽於外。斯二者皆過也。」由此出發，他於乾嘉考據學深不以為然，斥之為「以剩餘糟粕，誇為富強」的務外之學。唐鑒就此闡述道：

> 聖人之言典章也，莫大於顏子之問為邦，曰夏時、殷輅、周冕、韶樂；曰放鄭聲，遠佞人。是必有順天應人，長治久安，大經濟，大功業，以運用於兩間。豈惟推天文，考輿服，講求樂律而已哉！其言政事，莫大於哀公之問政，曰達道五，行之者三；曰九經，行之者一。是必有事親知天，明善誠身，真本原，真學問，以彌綸於無際。豈惟考官祿，別等差，講明禮節而已哉！

所以他斷言：「沾沾焉辯論於粗跡者，不知聖人之學也，外之故也。」在唐鑒看來，唯有一秉朱子之教，格致誠正，合內外於一體，始是聖人之道。他說：「《中庸》曰，成己仁也，成物知也。性之德也，合內外之道也，故時措之宜也。治國平天下之事，豈在外哉！不障於內，不蔽於外，惟格致誠正者能之。」[31]以此為準繩，自道光二十三年初開始，唐鑒對前此二百年的清代學術進行總結，宗主程朱，衛道辨學，於道光二十五年夏，完成了《國朝學案小識》的結撰。稿成，經儒臣曾國藩、何桂珍及著者外甥黃倬等校核，於同年冬在京中刊行。

唐鑒平生所結撰的兩部學案體著述，即《朱子學案》與《國朝學案小識》，後者刊行在先，故得以流傳於世。而《朱子學案》雖纂修有年，咸豐初，唐氏應召入京，還曾就此奏報於登極伊始的清文宗。

---

31 唐鑒：〈自序〉，《國朝學案小識》，卷首。

據稱：「臣讀朱子全集，別為義例，擬分格致、誠正、修齊、治平為八大案，而以朱子之文分隸之。則學者縷析條分，了然心目。」文宗亦欣然面諭：「爾書出時，必呈朕覽為要。」[32]但終因卷帙浩繁，未及刊行。著者故世後，遺稿又為後人遺失，僅有〈朱子學案目錄序〉留存於今本《唐確慎公集》中。

## 五　《國朝學案小識》舉要

《國朝學案小識》由五大學案組成，即《傳道學案》、《翼道學案》、《守道學案》、《經學學案》和《心宗學案》。全書凡十五卷。卷一、卷二為《傳道學案》，著錄陸隴其、張履祥、陸世儀、張伯行等四人學行。卷三、卷四、卷五為《翼道學案》，著錄湯斌、顧炎武、張爾岐、王夫之等十九人學行。卷六、卷七、卷八、卷九為《守道學案》，著錄于成龍、魏象樞、李光地等四十四人學行。卷十、卷十一為《守道學案》之〈待訪錄〉，著錄應撝謙、張貞生、刁包等六十八人學行。卷十二、卷十三、卷十四為《經學學案》，著錄黃宗羲、朱鶴齡、梅文鼎等一百〇四人學行。後附《待訪錄》，著錄張惠言、金榜、王鳴盛等八人學行。卷末為《心宗學案》，著錄張沐、潘用微、趙寬夫三人學行。後附〈待訪錄〉，著錄邵廷采、魏一鰲、彭紹升等六人學行。全書著錄兩百年間學者，凡兩百五十六人。卷末一案雖未稱做卷十五，實獨立為一大案，故全書實應為十五卷。

《國朝學案小識》何以要作五大學案的區分？著者於卷首撰有〈提要〉一篇以作解釋。於〈傳道〉一案，唐鑒開宗明義即云：

---

32 唐爾藻：〈鏡海府君行述〉，見《唐確慎公集》，卷首。

傳何由而得其道乎？曰孔、孟、程、朱。道何由而傳得其人？
曰述孔、孟、程、朱。述孔、孟、程、朱何由而遽謂之傳乎？
曰孔、孟、程、朱之道晦，而由斯人以明；孔、孟、程、朱之
道廢，而由斯人以行。孔、孟、程、朱之道何由而遽明、遽行
乎？曰辨之嚴，異說不能亂；行之力，同志服其真。雖未必遽
能大明與行，而後之學者，可由是而進於明、進於行也。則謂
之明可，謂之行可，謂之傳可。

這就是說，所謂傳道者，指的是傳承孔、孟、程、朱之道。換句
話說，也就是陸九淵、王陽明之學，皆不在此道之中。於此，著者接
下去說得很清楚，他說：「明自正、嘉以後，講新建者大肆狂瀾，決
破藩籬，逾越繩檢。人倫以壞，世道日漓，邪說誣民，充塞仁義。逮
及鼎革，詫為老師宿儒者，尚欲以詖淫邪遁，淆亂人心，傷何如
哉！」因而唐鑒認為：「世有欲正人心以熄邪說者，即謂之孟子可
也，即謂之朱子可也。道之傳也，非斯人其誰與歸！」

於《翼道》一案，著者的解釋是：

傳道者少，未嘗不為道憂，翼道者眾，又未嘗不為道喜。非翼
道之重於傳道也，翼之則道不孤矣。道不孤，則亂道者不能奪
其傳矣。不能奪其傳，而後統紀可一，法度可明。學術正而人
心端，教化肅而風俗美，人道與天道、地道並立矣。然則道之
傳也，傳者傳之，翼者亦相與傳之也。

意即因有翼道諸人，傳道者其勢始得不孤。為此，唐鑒取南宋朱熹之
與張栻、呂祖謙為例，指出：「孔子尚矣，曾子、子思、孟子尚矣，
朱子又豈易得耶？」

唐氏認為，道之所以不絕於天下，除傳道、翼道諸儒外，尚有守道而不渝諸儒。於是他於《守道》一案論道：

> 今夫救時者人也，而所以救時者道也。正直可以懾回邪，剛健
> 可以御強梗，莊嚴可以消柔佞，端愨可以折侵侮，和平可以息
> 橫逆，簡易可以綜繁頤，抱仁戴義可以淑心身，周規折矩可以
> 柔血氣，獨立不懼可以振風規，百折不回可以定識力，守顧不
> 重乎哉！

因此，唐鑒於守道諸儒亦至為推崇，表示：「吾每得一人焉，未嘗不正襟而起敬，端坐而緬思也。雖其人已往，而其流風餘韻愈久而愈真，炳炳焉在天壤間也。」

以上三案，為全書主幹，占至三分之二以上篇幅。相形之下，《經學》、《心宗》二案，或軒輊早定，或意存貶抑，實則無足輕重，陪襯而已。所以於《經學》一案，著者借題發揮，對乾嘉考據學痛下針砭，指出：

> 得其一字一句，遠搜而旁獵之，或數十百言，或數千百言，蔓
> 衍而無所底止。⋯⋯乃或以辭意之別於今，度數之合乎古，遂
> 至矜耀，以為得所未得，而反厭薄夫傳聖人之道以存經者。是
> 其所以自處，亦太輕矣。

由此而進，唐鑒引秦人論尊師之道為喻，對崇漢抑宋的學風加以抨擊，認為：「秦人有敬其老師而慢其師者，或問之，曰老師衣紫，師衣褐。或曰然則非敬其老師也，敬紫也。今之尊漢經師而詆朱子者，是亦敬紫之類也，又烏足與校哉！」

唐氏視陸王心學為異己，於《心宗》一案，則上起王陽明，下訖
孫奇逢，皆以唱心學而有異朱子，遂同遭詆斥。他說：「天泉一會，
為陽明之學者，推闡師說，各逞所欲，各便所私。此立一宗旨，彼立
一宗旨，愈講愈誕，愈肆愈狂，愈名高而愈無禮。淪溆流蕩，無所底
極，而人心亡矣。人心亡，世教裂，而明社亦遂墟矣。有徵君孫先生
者，與鹿伯順講學於明者也。入國朝，年已七十，遁影韜形，枯槁以
終其身宜矣，而乃移講席於蘇門山，仍以其舊聞號召天下，是亦不可
以已乎！」[33]

## 六　編纂體例及其評價

《國朝學案小識》是繼《明儒學案》和《宋元學案》之後，在清
中葉問世的一部學案體著述。這部史書雖為門戶之見拘囿，於《明儒
學案》和《宋元學案》蓄意貶抑，詆為「千古學術之統紀由是而亂，
後世人心之害陷由是而益深」。[34]但是，自《明儒學案》以來所確立的
學案體史籍編纂格局，卻是欲超脫其外而不能。該書卷首的《提
要》，實脫胎於《明儒學案》各案之總論，無非變通舊觀，取以為全
書之冠冕而已。與《宋元學案》卷首之〈序錄〉相比，則如出一轍。
各學案案主學行的編纂，則又合《明儒學案》及《宋元學案》之案主
傳略及學術資料選編為一體，而以學術資料介紹為主幹，一分一合，
形異而實同。以下，僅以《傳道學案》為例，略加剖析。

《傳道學案》卷首為〈提要〉一段，其內容已如前所述，茲不復
贅。全案著錄凡四人，卷一為陸隴其、張履祥，卷二為陸世儀、張伯
行。〈平湖陸先生〉一傳，先以二十餘字略述傳主字型大小開篇，隨

---

33 唐鑒：〈提要〉，《國朝學案小識》，卷首。
34 唐鑒：〈餘姚黃先生〉《經學學案》，《國朝學案小識》，卷12。

即大段徵引傳主論學主張，凡足以反映其學術風貌者，諸如〈評定四書大全自序〉、〈太極論〉、〈學術辨〉等，皆詳加引述。接著才是傳主政績介紹。最後則以「門人」為目，附列王前席等四人姓名，以示學術傳衍。一如〈陸隴其傳〉，〈桐鄉張先生〉一傳，亦先是數十字的字型大小一類內容，以下即接以傳主論學語要。由於著者對傳主的傾心推崇，所以這一部分篇幅幾多於陸氏一傳二倍。隨之才是張履祥生平梗概的介紹。傳末，且立論一段，盛讚張履祥為「朱子後之一人」。最後，則分別以「同學」、「從遊諸子」為目，附列顏士鳳等七人姓名。〈太倉陸先生〉亦然。全篇以傳主所著《思辨錄》前後集的引述為中心，比較突出地體現了學案體史籍的基本特徵，即以彙編案主論學資料為主幹，輔以小傳及論斷。篇末，同樣以「同學」、「從遊諸子」為目，附列盛聖傳等二十四人姓名。〈儀封張先生〉一傳，與之前三傳無異，傳主論學語要亦占全傳四分之三以上篇幅。篇末，且有評論云：「自稼書、楊園兩先生倡正學於南，天下之誤入姚江者，稍知所趨向。而獨河洛間，斷斷焉競而不為之屈，則以夏峰之主持故也。先生能不惑溺於鄉先生，而卓然歸於至正，兢兢以程朱為守法，則今日之有志於洛學者，非先生之師而誰師乎。」[35]

　　《傳道學案》中諸人傳記，所引資料一般皆指明出處，而《經學學案》以下，因非著者表彰所在，所以引錄資料皆不標所出。著者於此指出：「經學三卷，有本《四庫書目》者，有採取先輩文集者，有就本人所著書論次者。參互成篇，未便揭明所出。」[36]唐鑒以短短兩年的時間，理董二百年間數以百計的學者著述，加以深陷門戶之中，固執己見，一意表彰程朱一派，故粗疏漏略實亦在情理之中。所以，一部《國朝學案小識》，於《守道》、《經學》、《心宗》三案，皆有

---

35　唐鑒：〈儀封張先生〉，《傳道學案》，《國朝學案小識》，卷2。

36　唐鑒：〈經學學案題注〉，《國朝學案小識》，卷12。

《待訪錄》一目。著者就此解釋說:「一時搜求未得其著述,則於別集之所論及者,隨詳隨略,錄以待訪。」[37]可見,《待訪錄》一目之所闢,在編纂體例上並無新意,無非據以藏拙而已。

就具體編纂次第而言,《國朝學案小識》雖意在表彰道學,但《傳道》、《翼道》、《守道》三案之分,其間根據何在,理由並不充分。而既不顧歷史實際,又不問學術造詣,僅據衛道之勇,即拔陸隴其於全書卷首,亦多可商榷。為官清廉,鯁直不阿,固是陸隴其高風。但陸氏之學,執拗褊狹,拘守門戶,比之於陸世儀為學的博大通達,志存經世,相去簡直不可以道里計。因此,二陸並編,實是不倫。事實上,陸隴其的尊朱黜王,並非一時首倡,張履祥、呂留良的表彰朱熹學說,都要先於他。據私淑於陸隴其的吳光西所輯《陸稼書先生年譜定本》載,直到四十歲前後,陸隴其尚在朱王學術間徘徊。後來在康熙十一、十二年,他四十三四歲時,結識呂留良,受張、呂二人學術影響,始成為朱子學篤信者。對於這一層關係,陸隴其本人也並不諱言。康熙二十二年十月,當他在京中獲悉呂留良逝世的噩耗,曾撰文遙為祭奠。據稱:「隴其不敏,四十以前,以嘗反覆程朱之書,粗知其梗概。繼而縱觀諸家語錄,糠秕雜陳,珷玞並列,反生淆惑。壬子、癸丑(康熙十一、十二年──引者),始遇先生,從容指示,我志始堅,不可復變。」可見呂留良的為學主張對陸氏學術趨向影響之大。文中,陸隴其還對呂氏於陽明學的「破其藩,拔其根」備加推崇,指出:「先生之學,已見大意。闢除榛莽,掃去云霧,一時學者獲睹天日,如遊坦途,功亦巨矣。」[38]頗具諷刺意味的是,同樣為黜王尊朱的學者,陸隴其因為清廷所用,遂於其身後,以理學名

---

37 唐鑒:〈經學學案題注〉,《國朝學案小識》,卷12。
38 陸隴其:〈祭呂晚村先生文〉,《三魚堂文集》,卷12。

臣而獲從祀孔廟的殊榮。呂留良卻因不與清廷合作，而被清世宗斥為：「狎侮聖儒之教，敗壞士人之心，真名教中之罪魁也。」[39]以致故世四十一年之後，還為文字冤獄禍及，慘遭戮屍梟首。唐鑒於此當然十分清楚，正因為對專制淫威心存餘悸，所以《國朝學案小識》不敢有片言隻字涉及呂留良。這一點，我們當然不必苛求於他。但是，陸隴其並非清初大儒，其學本受張履祥、呂留良影響，唐鑒也不會不知道。因而，僅以清廷好惡為轉移，拔陸隴其於全書卷首，顯然是不足取的。

　　清初理學界，在順治及康熙初葉的二三十年間，主持一時學術壇坫風會者，實為王學大儒。這便是以孫奇逢為代表的北學，以李顒為代表的關學和以黃宗羲為代表的南學。而《國朝學案小識》無視歷史實際，既以入清以後首倡「心宗」而黜孫奇逢於不錄，又強學宗陸、王的李顒入程朱「翼道」者之列以張大門牆，於黃宗羲則貶入《經學學案》之中。如此編次史籍，以門戶之見而淆亂歷史真相，其謬誤是顯而易見的。湯斌、耿介、魏一鰲，同為孫奇逢弟子，恪守師教，終身不渝，而《國朝學案小識》則分三人於三案。湯斌以《翼道》首席而居正統之列，耿介次之，得入《守道》一案，而魏一鰲則黜置程朱對立面，編於《心宗學案》。著者如此任意分割，亦不識根據何在。他如顏元、李塨師弟，併入《經學學案》已屬不妥，而弟子李塨則擢至前列，其師顏元反名落乾嘉諸經師後。顛倒錯亂如此，實是令人不解。

　　清代學術，以經學為中堅。經過清初諸儒的宣導，迄於乾嘉之世，遂呈鼎盛之勢。其間，理學雖不絕如縷，但強弩之末，非同往昔，作為一種學術體系，實已失去發展生機。總結既往學術，表彰理

---

39　《清世宗實錄》，卷81，「雍正七年五月乙丑」條。

學可，而歪曲歷史，貶抑經學則不可。《國朝學案小識》先入為主，意存軒輊，每每強人就我。譬如顧炎武、王夫之，雖然皆有引據程朱以排擊陸王的傾向，但是兩家精深的經學造詣以及博大的為學體系，已遠非理氣心性的論究所能拘囿。江藩著《國朝漢學師承記》，強顧炎武入漢學營壘固屬不當，而唐鑒的《國朝學案小識》一反其道，強顧、王二家入程朱「翼道」者之列，同樣並不實事求是。唐鑒學案，既以經學命名，就當介紹清初以來諸經學名家大師，此本情理中事，不言而喻。然而兩卷《經學學案》，則遺漏太多，殊不可解。乾嘉以還，大師輩出，如段玉裁、王念孫、王引之、焦循、莊存與、劉逢祿等，皆影響一代經學甚巨，盡人皆知。而唐書隻字不錄，視若不見，真不知如何取信於人！

綜觀《國朝學案小識》全書，雖力圖變通《明儒學案》編纂格局，但亦未能盡脫舊軌，無非學案體史籍的變異而已。這種變異帶著由學案向紀傳體史籍之儒林傳回歸的色彩，就歷史編纂學而論，應當說並不是一種前進。所以清亡以後，徐世昌主持《清儒學案》的纂修，便否定了《國朝學案小識》的變異，以對《明儒學案》和《宋元學案》的繼承，為中國古代學案史作了一個名副其實的總結。

# 第十九章
# 晚清七十年之思想與學術

　　道光中葉的鴉片戰爭，給中國社會帶來了亙古未有的歷史巨變。以之為肇始，迄於清朝覆亡，七十年間的中國學術界，站在時代的前列，為中國的社會走出困境，進行了不懈的努力。以下，擬就此一歷史時期思想與學術之概況作一扼要梳理，掛一漏萬，疏失多有，尚祈各位不吝賜教。

## 一　經世思潮的崛起

　　乾隆中葉以後，正當清高宗宣揚文治、侈談武功之時，吏治敗壞，官逼民反，清王朝業已盛極而衰。嘉慶一朝，其衰頹不振集中表現為此伏彼起的南北民變。就中尤以湘黔苗民起義、川楚陝白蓮教大起義、東南沿海武裝反清和畿輔天理教起義，予清廷的打擊最為沉重。嘉慶二十五年（1820年）七月，仁宗病卒，宣宗繼位，改明年為道光元年。如果說嘉慶一朝，清廷的衰微以民變迭起為象徵，那麼道光前期的二十年，王朝的危機則突出地反映為鴉片輸入，白銀外流。前者是內憂，後者則是外患，內外夾攻，交相打擊，清王朝已經日薄西山。以空前深刻的經濟、政治和社會危機為根據，自康熙中葉以後沉寂多年的經世思潮再度崛起，在鴉片戰爭前後趨於高漲，從而揭開了中國近代思想與學術的序幕。

## （一）龔自珍的經世思想

龔自珍（1792-1841年），又名鞏祚，字璱人，號定盦，浙江仁和（今杭州）人。嘉慶末，以舉人官內閣中書。道光九年（1829年）成進士，因書法不中規矩而仍歸中書原班。後擢宗人府主事，官至禮部主客司主事，兼祠祭司行走。道光十九年，迫於仕宦艱險，託名避其叔父出任禮部尚書之嫌，拔足南旋。返鄉後，置別業於江蘇崑山徐元文故園，應聘主持杭州紫陽書院講席，兼職江蘇丹陽縣雲陽書院。道光二十一年八月，在丹陽暴病而卒。

自珍出身於浙江望族，父祖簪纓文史，世代為官，其外祖段玉裁更是著稱一時的文字學家。他自幼隨父宦居京城，在家學濡染之下，為學之始即受乾嘉樸學影響。然而置身日趨加劇的社會危機之中，家庭影響畢竟是不能與社會力量相抗衡的。嘉慶十八年（1813年）四月，自珍入京應順天鄉試。九月，天理教義軍攻擊紫禁城，朝野為之震驚。至此，所謂太平盛世已成歷史陳跡，一代王朝衰象畢露。「日之將夕，悲風驟至」。江河日下的國運，志不得申的際遇，終於驅使龔自珍「但開風氣不為師」，走上了一條特立獨行的學以救世的道路。

嘉慶十八年，龔自珍撰成著名的《明良論》四篇，喊出了「更法」的時代呼聲。他說：「待其蔽且變，而急思所以救之，恐異日之破壞條例，將有甚焉者也。」[1]自珍敏銳地感受到一場歷史大動盪的行將來臨，於是在隨後寫成的〈尊隱〉一文中，他再度敲響警世之鍾：「山中之民，有大音聲起，天地為之鐘鼓，神人為之波濤矣。」[2]二十一年前後，自珍再成《乙酉之際著議》二十五篇。文中，他深刻

---

1　龔自珍：〈明良論四〉，《龔自珍全集》，第1輯。
2　龔自珍：〈尊隱〉，《龔自珍全集》，第1輯。

地描繪出一幅「將萎之華，慘於槁木」的「衰世」景象：「衰世者，文類治世，名類治世，聲音笑貌類治世。……左無才相，右無才史，閫無才將，庠序無才士，隴無才民，廛無才工，衢無才商……。當彼其世也，而才士與才民出，則百不才督之、縛之，以致於戮之。戮之非刀、非鋸、非水火，文亦戮之，名亦戮之，聲音笑貌亦戮之。……徒戮其心，戮其能憂心、能憤心、能思慮心、能作為心、能有廉恥心、能無渣滓心。」對於這樣一個是非顛倒，黑白混淆，欲使一世之人皆麻木不仁的衰世，龔自珍痛心疾首，他驚呼：「起視其世，亂亦竟不遠矣！」[3]因此，龔自珍對現存秩序的合理性大膽提出質疑，他說：「居廊廟而不講揖讓，不如臥穹廬；衣文繡而不聞德音，不如服橐鞬；居民上、正顏色而患不尊嚴，不如閉宮廷；有清廬閒館而不進元儒，不如闢牧藪。」[4]一如《明良論》之倡言「更法」，在《乙丙之際著議》中，龔自珍再次提出了「改革」的主張，他指出：「一祖之法無不敝，千夫之議無不靡，與其贈來者以勁改革，孰若自改革。」[5]

## （二）魏源「以經術為治術」的主張

道光時代的思想界，魏源與龔自珍同以「絕世奇才」[6]而齊名。他們不僅以各自學以救世的宣導，成為一時經世思潮的領袖，而且承先啟後，繼往開來，皆是晚清學術的開風氣者。

魏源（1794-1857年），原名遠達，字默深，一字漢士，湖南邵陽金潭（今屬隆回縣）人。他早年隨父宦居京城，相繼從胡承珙問漢儒經學，從劉逢祿問《春秋》公羊學，從姚學塽問宋儒理學。道光二年

---

3　龔自珍：〈乙丙之際著議第九〉，《龔自珍全集》，第1輯。
4　龔自珍：〈乙丙之際著議第二十五〉，《龔自珍全集》，第1輯。
5　龔自珍：〈乙丙之際著議第七〉，《龔自珍全集》，第1輯。
6　李兆洛：〈與鄧生守之〉，《養一齋文集》，卷18。

（1822年），舉順天鄉試，以博學多識，名噪京城，時諺有「記不清，問默深；記不全，問魏源」[7]之語。後屢經會試不第，為地方督輔藩臬聘，作幕四方，於江淮鹽務、河工、漕運諸大政，多所贊畫。道光二十五年成進士，累官至高郵知州。咸豐初，太平軍下揚州，以「貽誤文報」[8]被劾去職。晚年僑居興化，潛心佛學，法名承貫。咸豐六年，南遊西湖。翌年三月，病逝於杭州僧舍。

魏源之學，始自王陽明心學入。及至北上京城，僑寓江南，廣交一時耆儒碩彥，視野大開，故於乾嘉漢宋諸學，皆深知其病痛所在。立足動盪的社會現實，他終由《春秋》公羊學而轉手，走向了「通經致用」的道路。與漢宋學營壘中人異趣，魏源主張「以經術為治術」，倡道「通經致用」。他說：

> 能以《周易》決疑，以〈洪範〉占變，以《春秋》斷事，以禮樂服制興教化，以〈周官〉致太平，以〈禹貢〉行河，以三百五篇當諫書，以出使專對，謂之以經術為治術。曾有以通經致用為詬厲者乎？[9]

同將經術與治術、通經與致用合為一體相一致，魏源立足現實，厚今薄古，主張把古與今、「三代以上之心」與「三代以下之情勢」相結合，進而提出「變古愈盡，便民愈甚」的社會改革論。他就此闡述道：

> 變古愈盡，便民愈甚。……天下事，人情所不便者變可復，人情所群便者變則不可復。江河百源，一趨於海，反江河之水而

---

7　姚永樸：〈魏默深先生〉，《舊聞隨筆》，卷2。

8　《清文宗實錄》，卷88，「咸豐三年三月己未」條。

9　魏源：〈學篇九〉《默觚上》，《魏源集》，上冊。

復歸之山，得乎？履不必同，期於適足；治不必同，期於利
民。是以忠、質、文異尚，子、丑、寅異建，五帝不襲禮，三
王不沿樂，況郡縣之世而談封建，阡陌之世而談井田，笞杖之
世而談肉刑哉！[10]

在魏源的現存經學著作中，《詩古微》和《書古微》自成體系，
是最能體現他「以經術為治術」思想的著述。儘管二書逞臆武斷，牽
強立說，多為後世學者譏彈，但是學以經世的精神，在道咸時代的大
動盪中，則又是可寶貴的財富。如果說《詩古微》、《書古微》是魏源
在假經術以談治術，因而還不得不披上神聖的經學外衣的話，那麼他
的《皇朝經世文編》以及稍後結撰的《聖武記》、《海國圖志》，則是
呼喚經世思潮的旗幟鮮明的吶喊。自《皇朝經世文編》出，同光諸
朝，代有續輯，訖於民國，影響歷久不衰。

## （三）經世思潮的高漲

嘉道之際崛起的經世思潮，自管同的〈永命篇〉倡言改革，經包
世臣著《說儲》主張廢八股、開言路、汰冗言，具體擬議改制方案，
到龔自珍社會批判思想的形成，南北呼應，不謀而合，都是一時學術
界針對日趨深化的社會危機而發出的拯頹救弊吶喊。由於西方殖民者
罪惡的鴉片貿易和愈益加劇的軍事威脅，賦予這一思潮以新的時代內
容。在道光二十年前後，時局使之迅速發生重心的轉化，由拯頹救弊
轉向呼籲挽救民族危亡，成為近代反帝愛國鬥爭的先導。

在這裏，首先應當表彰的是林則徐。林則徐（1785-1850年），字
元撫，號少穆，晚號竢村老人，福建侯官（今福州市）人。嘉慶十六

---

10 魏源：〈治篇五〉《默觚下》，《魏源集》，上冊。

年進士，以翰林院編修官至湖廣總督。道光十八年末，以欽差大臣前
往廣東查禁鴉片，旋任兩廣總督。訖於二十年九月被誣革職，兩年
間，林則徐雷厲風行，禁絕鴉片，加強戰備，抗敵禦侮。同時，又組
織譯員，從事外國書報的翻譯，以知己知彼，抗禦外侮。據陳勝粦教
授研究，林則徐組織翻譯的外國書報，可大致歸為五類：一是《澳門
新聞紙》六冊，並據以選輯《澳門月報》五輯；二是摘譯《華事夷
言》和《對華鴉片貿易罪過論》；三是據一八三六年倫敦出版的《世
界地理大全》，譯為《四洲志》；四是摘譯滑達爾著《各國律例》（又
譯《萬國公法》）；五是翻譯大炮瞄準法等武器製造應用書籍。[11]其
中，《四洲志》及相關中外文獻，後來皆轉交魏源，輯入《海國圖
志》之中。

經歷鴉片戰爭失敗的打擊，尤其是〈南京條約〉等一系列不平等
條約的民族屈辱，魏源率先而起，探討抗敵禦侮的對策。道光二十一
年，他在江蘇鎮江晤林則徐，接過《四洲志》等資料，遵林氏囑，纂
輯《海國圖志》。翌年，五十卷書成，旋即刊行。後續經增補，於咸
豐二年（1852年）以一百卷重刊。全書介紹世界各國歷史、地理、經
濟、政治等諸方面情況，開宗明義即揭出撰述宗旨，乃在：「為以夷
攻夷而作，為以夷款夷而作，為師夷長技以制夷而作。」[12]自此，「師
夷長技以制夷」遂成一時進步知識界的共識。

在介紹西方富國強兵之道的同時，魏源又著手總結清代前期的用
兵經驗，撰為《聖武記》十四卷。該書於道光二十二年秋初成，後迭
經增訂，於二十四年重刊，二十六年再刊。全書與《海國圖志》兩位
一體，激勵民族奮發，成為一時探討抗禦外侮途徑的重要著述。同林
則徐一樣，在鴉片戰爭前後，魏源也是倡道開眼看世界的傑出先驅。

---

11 陳勝粦：《林則徐與鴉片戰爭論稿》（廣州市：中山大學出版社，1985年），頁22。
12 魏源：〈自序〉，《海國圖志》，卷首。

　　鴉片戰爭後，清廷的妥協退讓，導致投降聲浪一度甚囂塵上。林則徐、魏源開眼看世界的經世主張，因之而多遭朝廷士大夫非議。然而當此逆境，與林、魏同調共鳴者，亦不乏其人。其中，尤以姚瑩、徐繼畬二人影響為大。

　　姚瑩（1785-1853年），字石甫，一字明叔，號展和，晚號幸翁，安徽桐城人。嘉慶十三年進士。鴉片戰爭期間，以臺灣兵備道率一方軍民抗擊英國侵略軍，英勇卓傑，名垂史冊。〈南京條約〉簽訂後，竟因之獲咎，貶謫川藏。在顛沛流離之中，他既據親身經歷所得，又就「藏人訪西事」，撰成著名的《康輶紀行》一書。全書十六卷，接武林則徐《四洲志》和魏源《海國圖志》，對世界各國的歷史地理做了較之林、魏更為詳盡的介紹。著者主張通過深入瞭解各國的情況，以從中尋求抗敵禦侮的正確途徑。他說：「若坐井觀天，視四裔如魑魅，暗昧無知，懷柔乏術，坐致其侵淩，曾不知所憂慮，可乎？甚矣，拘迂之見，誤天下國家也！」[13]書中，以大量無可辯駁的事實，揭露英國侵略者對我西藏的覬覦，進而敦促清廷加強邊防守備，尤具遠見卓識。

　　徐繼畬（1795-1873年），字健男，號牧田，一號松龕，山西五臺人。道光六年進士。自十六年起，歷官廣西潯州知府、福建延建邵道、汀漳龍道、兩廣鹽運使、廣東按察使、廣西巡撫。二十六年，調任福建巡撫，兼署閩浙總督。鴉片戰爭後，東南沿海為對外交涉之前沿，徐氏多年供職兩廣、福建，於各國風土人情多所瞭解。其間，入覲京城，宣宗曾以各國風土形勢為問，徐氏奏對甚悉，後即奉命採輯成書。道光二十八年，《瀛寰志略》十卷竣稿刊行。全書據中外多種圖書編纂而成，所涉凡八十餘國之風土人情、史地沿革和社會變遷

---

13　姚瑩：《康輶紀行》，卷12。

等，尤以東南亞各國資料最稱詳備。由於該書編纂嚴謹，構圖精審，足以與魏源輯《海國圖志》並肩媲美，成為鴉片戰爭後介紹世界各國情況的重要著述。因而不惟在國內風行，而且同《海國圖志》一併傳入日本，影響甚巨。

## 二　從「中體西用」到「三民主義」

咸豐間，太平天國民變如火如荼，資本主義列強劍拔弩張，清廷內外交困，國家積弱不振。於是「師夷智以造炮製船」和「中學為體，西學為用」的洋務思潮應運而起。同治、光緒間，此一思潮憑藉時局的短暫穩定而席捲朝野。甲午中日戰爭清廷的慘敗，宣告了洋務運動的破產。三十餘年的「自強新政」，被日本侵略者的炮艦擊得粉碎。帝國主義列強兇相畢露，競相在中國劃分勢力範圍，瓜分風潮驟然加劇，中華民族面臨亡國滅種的深重災難。於是自十九世紀七〇年代開始醞釀的早期改良主義思潮，遂以康有為、梁啟超領導的變法維新運動的高漲，迅速發展成強勁的變法維新思潮。晚清的最後十餘年，是資產階級民主革命思潮洶湧澎湃的時期。以中山先生的「三民主義」為旗幟，這一思潮以前所未有的力度，猛烈地衝擊腐朽的君主專制政治，從而推動辛亥革命的爆發，最終埋葬了清王朝。

### （一）「中學為體，西學為用」的文化觀

「中學為體，西學為用」，是晚清思想界的一個重要文化觀。它以鴉片戰爭前後林則徐、魏源倡道的「師夷長技以制夷」的思想為先導，中經曾國藩、李鴻章等清廷重臣的首肯而張揚，直到由洋務派殿軍張之洞撰〈勸學篇〉而加以總結，在洋務運動中形成和定型，風行於晚清論壇數十年。

　　「中體西用」文化觀在晚清思想界的風行，不是一樁偶然的事情，它有其深刻的社會背景和文化背景。從文化演進的角度而言，此一文化觀的萌生，乃是鴉片戰爭之後，面對西方文化的有力挑戰，朝野士大夫和知識界的積極回應。其主要目的則在於為接受西學，使之為我所用而進行呼籲。

　　道光中葉的鴉片戰爭，西方資本主義列強的文化，以「船堅炮利」向中國文化發出了有力的挑戰。如何對待這樣一個挑戰？林則徐、魏源等有識之士，正視現實，倡言「師夷長技以制夷」。也就是說，為了抵禦西方列強的侵略，必須向他們在軍事上的長處學習。在當時彌漫朝野的保守氛圍中，儘管這一主張未能迅速傳播，但是當第二次鴉片戰爭清廷再敗之後，懾於西方列強的「船堅炮利」，奕訢、曾國藩、李鴻章等內外重臣被迫接受了嚴酷的現實。咸豐十年（1860年），兩江總督曾國藩提出「師夷智以造炮製船」的主張，他說：「目前資夷力以助剿濟運，得紓一時之憂。將來師夷智以造炮製船，尤可期永遠之利。」[14]曾國藩的這一主張，同奕訢、李鴻章等此呼彼應，無異向朝野發出信號，即可以有選擇地向西學學習，具體地說，就是向列強學習「船堅炮利」之術。

　　清廷重臣的思想轉變，在很大程度上則來源於進步知識界的促進。在這方面，最先發出吶喊的便是馮桂芬。馮桂芬（1809-1874年），字林一，號景亭，又號鄧尉山人，江蘇吳縣人。道光二十年進士，歷官翰林院編修、右春坊右中允。後因病居鄉不出，講學著書，儼然為東南耆宿。他學有根柢，經史、小學，多所究心，於天文、曆法、數學，尤多用力。面對列強侵略，他接武林則徐、魏源，於時政多有議論，且對中西文化的比較，更深入一層。咸豐十一年（1861

---

14 曾國藩：〈覆陳洋人助剿及採米運津摺〉，《曾文正公全集》〈奏稿〉，卷12。

年），他的《校邠廬抗議》編成。全書兩卷，凡五十篇。書中，馮桂芬倡言「採西學」、「制洋器」，敢於承認中國「四不如夷」，即「人無棄材不如夷，地無遺利不如夷，君民不隔不如夷，名實必符不如夷」。[15]因而主張在不違背「三代聖人之法」的前提下，向西方學習。他甚至說：「法苟不善，雖古先吾斥之；法苟善，雖蠻貊吾師之。」[16]一言以蔽之，馮桂芬所提出的文化觀，就叫做：「以中國之倫常名教為原本，輔以諸國富強之術。」[17]

馮桂芬的《校邠廬抗議》，為「中體西用」文化觀確立了基本格局。此後之闡發「中體西用」說者，無論是洋務派中人，還是批評洋務派的早期改良主義者，乃至倡變法以圖強的康有為、梁啟超等，皆未能從總體上逾越其藩籬。同治、光緒間的思想界，一如梁啟超所論，「中體西用」之說，確乎大有「舉國以為至言」之勢。正是在這樣一個基礎之上，光緒二十四年（1898年）三月，張之洞推出〈勸學篇〉，對之進行了全面的闡述和總結。

張之洞（1837-1909年），字孝達，號香濤，晚號抱冰，卒諡文襄，直隸南皮（今屬河北）人。同治二年（1863年）進士，由翰林院編修歷官湖北、四川學政，山西巡撫，兩廣、湖廣總督，晚年以體仁閣大學士、軍機大臣病逝。作為封疆大吏和朝廷重臣，張之洞以興辦洋務的諸多業績，而對晚清時局產生了重要影響。與之相輔而行，身為名重朝野的儒臣，他學養深厚，政教並舉，亦對晚清學術留下了深刻影響。何以要結撰〈勸學篇〉？張之洞於此有如下說明：

今日之世變，豈特春秋所未有，抑秦、漢以至元、明所未有

---

15 馮桂芬：〈制洋器議〉，《校邠廬抗議》，下卷。

16 馮桂芬：〈收貧民議〉，《校邠廬抗議》，下卷。

17 馮桂芬：〈採西學議〉，《校邠廬抗議》，下卷。

也。語其禍，則共工之狂、辛有之痛，不足喻也。廟堂盱食，
乾惕震厲，方將改弦以調琴瑟，異等以儲將相，學堂建，特科
設，海內志士發奮扼腕。於是圖救時者言新學，慮害道者守舊
學，莫衷於一。舊者因噎而食廢，新者歧多而羊亡。舊者不知
通，新者不知本。不知通，則無應敵制變之術；不知本，則有
非薄名教之心。夫如是則舊者愈病新，新者愈厭舊，交相為
愈，而恢詭傾危、亂名改作之流遂雜出其說，以蕩眾心。學者
搖搖，中無所主，邪說暴行，橫流天下。敵既至無與戰，敵未
至無與安。吾恐中國之禍，不在四海之外而在九州之內矣。[18]

如何評價「中體西用」的文化觀？在這個問題上，筆者贊成馮天
瑜教授的意見。馮先生認為，洋務運動初起，統治階級中人提出這樣
一種「折中」的文化選擇，自有其進步意義。然而在醞釀維新變法的
關鍵時刻，依然堅持這樣的文化觀，力圖以「中體」去抗拒變法，當
然是不可取的。戊戌變法失敗，政治革命已經提上日程，仍舊鼓吹「中
體西用」，就更是對抗革命輿論，妨礙思想解放，阻撓社會進步。[19]

## （二）梁啟超的變法活動及學術貢獻

梁啟超（1873-1929年），字卓如，一字任甫，號任公，又號飲冰
室主人。廣東新會人。他自幼即接受了良好的家庭教育，少年科第，
才氣橫溢。光緒十六年（1890年）春，入京會試，頹然受挫。南歸途
經上海，從坊間購得徐繼畬所著《瀛寰志略》，始知有五大洲各國，
眼界為之一開。初秋返粵，得以結識學海堂高材生陳千秋。時值康有
為以布衣上書受逐，寓居廣州。千秋服膺康氏學術，啟超遂於是年八

18　張之洞：〈勸學篇序〉，《張之洞全集》，卷270。
19　馮天瑜：〈舊學為體新學為用〉，《張之洞評傳》，第7章。

月通過千秋以弟子禮前往拜謁。這次歷史性的拜謁，成為梁啟超一生學術和事業的里程碑。從此，在中國近代歷史上，揭開了康、梁並稱的一頁。

光緒二十年（1894年）六月，中日甲午戰爭爆發。清廷腐敗無能，喪師敗績。國家民族的危難，把正在萬木草堂求學的梁啟超召喚到荊棘叢生的政治舞臺。翌年春，他北上京城。三月，清廷與日本簽訂喪權辱國和約的消息傳來，啟超與其師康有為挺身而起，組織在京會試的十八省舉人，聯名上書，反對割地賠款，力主拒和、遷都、變法。此後數年，啟超奔走南北，投身變法救亡活動。光緒二十四年（1898年），作為發生在當年的百日維新的領袖之一，他寫下了自己青年時代極為悲壯的一頁。

這年正月，梁啟超抱病北上，二月抵京。面對西方列強的瓜分風潮，他不顧病體羸弱，冒險犯難，憤然奔走呼號。四月二十三日，以光緒皇帝頒發的定國是詔諭為標誌，梁啟超、康有為等志士多年來為之奮鬥的變法維新，一度演成事實。八月初六日，梁啟超正在譚嗣同寓所商議國事，忽然接到宮廷政變發生，光緒皇帝被軟禁，慈禧太后垂簾聽政的報告，而且還得悉康有為住宅已被查抄。譚嗣同決意一死報國，敦促梁啟超潛往日本駐華使館求助。後幸為日本代理公使林權助庇護，始得取道天津，投日輪東渡。從此，訖於清亡，他一直客居日本。

百日維新後的十餘年間，同在政治舞臺上的連年受挫相反，梁啟超的學問則大為增進。當時的日本，經過明治維新之後，銳意求治，無論在經濟、政治、軍事，還是學術文化諸方面，都一躍而成為亞洲一流強國。梁啟超置身於這樣一個相對開放的國度，使他得以廣泛接觸西方的哲學和社會政治學說，深入探討日本強盛的經驗。這不僅給了他以政治主張的理論依據，而且也極大地開闊了他的學術視野，使

之擺脫康有為的改制、保教說，接受了西方的資產階級進化論。梁啟超抱定「讀東西諸碩學之書，務衍其學說，以輸入於中國」的為學宗旨，以「思想界之陳涉」[20]自任，在這十餘年間，寫下了大量的、影響深遠的政論文章，成為向西方尋求救國救民真理的傑出先行者之一。

作為進化論的篤信者，從光緒二十七年（1901年）起，他將此一理論引入史學領域，轉而致力於中國歷史學的建設，發願編著《中國通史》。為此，他連續發表了一系列極有價值的史學著作，其中尤以刊佈於光緒二十七年和二十八年的《中國史敘論》、《新史學》影響最巨。

在中國史學史上，梁啟超第一次引進了「歷史哲學」的概念。他指出：「善為史者，必研究人群進化之現象，而求其公理公例之所在，於是有所謂歷史哲學者出焉。歷史與歷史哲學雖殊科，要之苟無哲學之理想者，必不能為良史，有斷然也。」尤為可貴者，他正是以之為依據，朦朧地觸及了中國數千年歷史發展的軌跡，提出了歷史進程「非為一直線」的思想。他指出：「或尺進而寸退，或大漲而小落，其象如一螺線。明此理者，可以知歷史之真相矣。」[21]梁啟超就是這樣以他所倡道和身體力行的「史界革命」，最早地把西方資產階級史學理論引入中國，而且也使他無可爭議地成為中國資產階級史學理論的奠基人。

光緒二十八年（1902年），梁啟超把「史界革命」的主張訴諸實踐，發表了〈論中國學術思想變遷之大勢〉一文。全文原擬作十六章，惜僅寫至前六章即擱筆。後來，他又於光緒三十年續作八、九章，以《近世學術》為題刊行。梁啟超的這篇學術論著，雖然對章炳麟所著《訄書》多有借鑒，但是他卻以較之章氏略勝一籌的高屋建瓴

---

20　梁啟超：《清代學術概論》（北京市：中華書局，1954年），頁65。

21　梁啟超：《新史學》，《飲冰室合集》專集。

之勢，對中國古代學術演進的歷史做了鳥瞰式的勾勒。他不僅把中國
學術思想的發展史視為一個有公理公例可循的歷史進程，而且就歷史
編纂學而言，則在舊有的學案體史籍基礎之上，醞釀了一個飛躍，開
啟了一條廣闊而堅實的研究途徑。

## （三）中山先生「三民主義」的提出

　　孫中山（1866-1925年），是中國民主革命的偉大先行者，是中華
民國的偉大締造者。在晚清的最後十餘年間，中山先生的民主革命思
想日趨成熟，以「三民主義」學說的提出為標誌，有力地推動民主革
命思潮的高漲，成為辛亥革命的指導思想。

　　中日甲午戰爭爆發，中山先生於當年十月抵達檀香山。在他的宣
導下，革命組織興中會成立。興中會的〈盟書〉、〈章程〉，皆為中山
先生草擬。在〈盟書〉中，中山先生為這一團體規定了「驅除韃虜，
恢復中國，創立合眾政府」[22]的鬥爭目標。而中山先生草擬的〈檀香
山興中會章程〉，則明確指出：「本會之設，專為振興中華、維持國體
起見。蓋我中華受外國欺凌，已非一日。皆由內外隔絕，上下之情罔
通，國體抑損而不知，子民受制而無告。苦厄日深，為害何極！茲特
聯絡中外華人，創興是會，以申民志而扶國宗。」[23]

　　翌年正月，中山先生又在香港成立興中會，並著手準備在廣州發
動武裝起義。後因事機不密受挫，中山先生被迫流亡歐美。光緒二十
二年（1896年），清廷獲悉中山先生倫敦蹤跡，遂由駐英使館將先生
誘捕。幸得英國友人相助，逃出使館。從此，中山先生以中國革命家
而馳名於世。他的革命思想，亦通過海外華僑和留學生向四方傳播。

---

22 孫中山：〈檀香山興中會盟書〉，《孫中山全集》（北京市：中華書局，1981年），卷
　 1，頁20。

23 孫中山：〈檀香山興中會章程〉，《孫中山全集》（北京市：中華書局，1981年），卷
　 1，頁19。

　　光緒三十年（1904年），中山先生的著名論文〈中國問題的真解決〉在美國發表。文中，中山先生第一次明確地提出了建立中華民國的政治理想。他說：「中國現今正處在一次偉大的民族運動的前夕，只要星星之火就能在政治上造成燎原之勢」。中山先生號召，建立「一個新的、開明的、進步的政府來代替舊政府」，即「把過時的……君主政體改變為『中華民國』」。中山先生就此指出：「這樣一來，中國不但會自力更生，而且也就能解除其它國家維護中國的獨立與完整的麻煩。在中國人民中有許多極有教養的能幹人物，他們能夠擔當起組織新政府的任務」。中山先生滿懷信心地瞻望前程，明確向全世界昭示：「一旦我們革新中國的偉大目標得以完成，不但在我們的美麗的國家將會出現新紀元的曙光，整個人類也將得以共用更為光明的前景。普遍和平必將隨中國的新生接踵而至，一個從來也夢想不到的宏偉場所，將要向文明世界的社會經濟活動而敞開。」[24]

　　為了實現中山先生的政治理想，光緒三十一年（1905年）八月，以中山先生領導的興中會為中心，聯合其它革命團體，中國同盟會在日本東京成立。從此，中國資產階級民主革命趨向高漲。一九〇五年十月，中國同盟會機關刊物《民報》在日本東京創刊。[25]中山先生為該刊撰〈發刊詞〉，文中，先生第一次完整地揭示了他的三民主義學說。中山先生說：

　　　　余維歐美之進化，凡以三大主義：曰民族，曰民權，曰民生。
　　　　羅馬之亡，民族主義興，而歐洲各國以獨立。洎自帝其國，威
　　　　行專制，在下者不堪其苦，則民權主義起。十八世紀之末，十

---

24　孫中山：〈中國問題的真解決〉，《孫中山全集》（北京市：中華書局，1981年），卷
　　1，頁254、頁255。

25　關於民報的創刊時間，從已故郭廷以教授《近代中國史事日志》說。

九世紀之初，專制僕而立憲政體殖焉。世界開化，人智益蒸，
物質發抒，百年銳於千載。經濟問題繼政治問題之後，則民生
主義躍躍然動，二十世紀不得不為民生主義之擅場時代也。是
三大主義皆基本於民，遞嬗變易，而歐美之人種胥冶化焉。其
它旋維於小己大群之間而成為故說者，皆此三者之充滿發揮而
旁及者耳。[26]

　　一年之後，為慶祝《民報》創刊一週年，中山先生在日本發表重
要演說，對他的三民主義學說作了全面闡發。中山先生指出：「兄弟想
《民報》發刊以來已經一年，所講的是三大主義：第一是民族主義，
第二是民權主義，第三是民生主義。」關於民族主義，中山先生說：
「民族主義，並非是遇著不同族的人便要排斥他……惟是兄弟曾聽見
人說，民族革命是要盡滅滿洲民族，這話大錯。」[27]所謂民族主義，
一言以蔽之，就是中山先生稍後所說的「驅除韃虜，恢復中華」[28]，
「傾覆滿洲專制政府」。[29]關於民權主義，中山先生說：「至於民權主
義，就是政治革命的根本。……我們推倒滿洲政府，從驅逐滿人那一
面說是民族革命，從顛覆君主政體那一面說是政治革命，並不是把來
分作兩次去做。講到那政治革命的結果，是建立民主立憲政體。照現
在這樣的政治論起來，就算漢人為君主，也不能不革命。」[30]因此歸

---

26　孫中山：〈民報發刊詞〉，《孫中山全集》（北京市：中華書局，1981年），卷1，頁288。
27　孫中山：〈在東京民報創刊週年慶祝大會上的演說〉，《孫中山全集》（北京市：中華
　　書局，1981年），卷1，頁324、頁325。
28　孫中山：〈中國同盟會革命方略〉，《孫中山全集》（北京市：中華書局，1981年），
　　卷1，頁296-297。
29　孫中山：〈臨時大總統誓詞〉，《孫中山全集》（北京市：中華書局，1982年），卷2，
　　頁1。
30　孫中山：〈在東京民報創刊週年慶祝大會上的演說〉，《孫中山全集》（北京市：中華
　　書局，1981年），卷1，頁369。

結到一句話，中山先生講的「民權主義」，就叫做「建立民國」。[31]關於民生主義，中山先生說：「我們實行民族革命、政治革命的時候，須同時想法子改良社會經濟組織，防止後來的社會革命，這真是最大的責任。」[32]中山先生認為，對於社會問題應當未雨綢繆，「兄弟所最信的是定地價的法」[33]，「平均地權」。[34]

中山先生的結論是：「總之，我們革命的目的是為眾生謀幸福，因不願少數滿洲人專利，故要民族革命；不願君主一人專利，故要政治革命；不願少數富人專利，故要社會革命。這三樣有一樣做不到，也不是我們的本意。達了這三樣目的之後，我們中國當成為至完美的國家。」[35]中山先生的三民主義學說，為同盟會的革命活動提供了思想指導，從而使之在思想上戰勝了康有為、梁啟超代表的資產階級改良主義，並為推翻清朝統治的辛亥革命奠定了思想基礎。

## 三　會通漢宋學術以求新

晚清七十年間的學術，有一潮流行之最久，亦最可注意，這便是會通漢宋，推陳出新。民國初年的著名學者王國維先生論清代學術，有一句很有名的話，他說：「國初之學大，乾嘉之學精，而道咸以來

---

31 孫中山：〈中國同盟會革命方略〉，《孫中山全集》第1卷，第297頁。

32 孫中山：〈在東京民報創刊週年慶祝大會上的演說〉，《孫中山全集》（北京市：中華書局，1981年），卷1，頁326。

33 孫中山：〈在東京民報創刊週年慶祝大會上的演說〉，《孫中山全集》（北京市：中華書局，1981年），卷1，頁329。

34 孫中山：〈中國同盟會革命方略〉，《孫中山全集》（北京市：中華書局，1981年），卷1，頁297。

35 孫中山：〈在東京民報創刊週年慶祝大會上的演說〉，《孫中山全集》（北京市：中華書局，1981年），卷1，頁329。

之學新。」[36]王先生所說的「新」，既指當時方興未艾的西學，同時亦
應包括中國傳統學術在會通漢宋中的自我更新。

## （一）曾國藩與晚清理學

晚清理學，枯槁狹隘，已非宋明時代之可同日而語。唯得一曾國
藩，以其事功學業相濟，幾呈中興之勢。曾國藩（1811-1872年），原
名子城，字伯涵，號滌生，湖南湘鄉人。道光十八年（1838年）進
士，以翰林院檢討累官至大學士兼直隸、兩江總督。他一生既以功業
顯，為洋務派重要領袖，亦以學業著，實為晚清學術界一承前啟後之
關鍵人物。

曾國藩之學術，既承桐城姚鼐遺緒，又得鄉先輩唐鑒薰陶。唐鑒
（1778-1861年），字栗生，號敬楷，又號鏡海，湖南善化（今長沙）
人。嘉慶十四年（1809年）進士，以翰林院檢討官至太常侍卿，後以
老病還鄉。他研摩文史，潛心理學，頗得湖湘學統之傳。據其嗣子爾
藻所撰《鏡海府君行述》記，初任翰林，公事之餘，唐鑒即與戚人
鏡、賀長齡等以理學相切磋。道光二十年（1840年）後，再次供職京
城，他又時常與倭仁、何桂珍、竇垿等講求性理體用之學。唐氏論
學，深嫉陸九淵、王守仁，一以二程、朱子為依歸。於乾嘉考據學，
他亦深不以為然。在他看來，唯有一秉朱子之教，格致誠正，合內外
於一體，始是聖人之道。以此為準繩，自道光二十三年初開始，唐鑒
對前此二百年的清代學術進行總結，宗主程朱，衛道辨學，於道光二
十五年夏完成了《國朝學案小識》的結撰。稿成，經曾國藩、何桂珍
等校勘，於同年冬在京中刊行。

曾國藩為學，既承唐鑒之教，又不拘門戶，多方採獲，遂終能由

---

36 王國維：〈沈乙庵先生七十壽序〉，《王靜安先生遺書》，卷23。

博返約，自成一家。乾嘉以還，漢學脫離社會實際的積弊，到曾國藩的時代已經看得很清楚。所以，在為《國朝學案小識》作跋時，曾國藩對漢學病痛進行針砭，指出：

> 近世乾嘉之間，諸儒務為浩博，惠定宇、戴東原之流，鈎研詁訓，本河間獻王實事求是之旨，薄宋賢為空疏。夫所謂事者非物乎？是者非理乎？實事求是，非即朱子所稱即物窮理者乎？名目自高，詆毀日月，亦變而蔽者也。[37]

這就是說，乾嘉學派中人引為學的之「實事求是」，在曾國藩看來，同朱子主張的「即物窮理」並無二致。

然而於漢學中人所擅長的「博核考辨」，曾國藩則並不一概抹殺。他表示：「國藩一宗宋儒，不廢漢學。」[38]又說：「於漢宋二家構訟之端，皆不能左祖以附一哄。於諸儒崇道貶文之說，尤不敢雷同而苟隨。」[39]對於一時朝野每以太平天國民變歸咎漢學，曾國藩則持異議，他說：

> 君子之言也，平則致和，激則召爭。辭氣之輕重，積久則移易世風，黨仇訟爭而不知所止。曩者良知之說，誠非無蔽，必謂其釀晚明之禍，則少過矣。近者漢學之說，誠非無蔽，必謂其致粵賊之亂，則少過矣。[40]

---

37 曾國藩：〈書學案小識後〉，《曾文正公全集》，文集卷2。
38 曾國藩：〈復穎州府夏教授書〉，《曾文正公全集》，書劄卷20。
39 曾國藩：〈致劉孟蓉〉，《曾文正公全集》，書劄卷1。
40 曾國藩：〈孫芝房侍講芻論序〉，《曾國藩全集》，文集卷1。

曾國藩認為，為學須破除畛域，會通漢宋，他說：

> 乾嘉以來，士大夫為訓詁之學者，薄宋儒為空疏，為性理之學
> 者，又薄漢儒為支離。鄙意由博乃能返約，格物乃能正心。必
> 從事於禮經，考覈於三千三百之詳，博稽乎一名一物之細，然
> 後本末兼該，源流畢貫。雖極軍旅戰爭，食貨淩雜，皆禮家所
> 應討論之事。故嘗謂，江氏《禮書綱目》、秦氏《五禮通考》，
> 可以通漢宋二家之結，而息頓漸諸說之爭。[41]

由此出發，曾國藩以轉移風俗、陶鑄人才為己任，極意表彰禮學，主
張以之去經世濟民。他說：

> 先王之道，所謂修己治人，經緯萬匯者，何歸乎？亦曰禮而已
> 矣。秦滅書籍，漢代諸儒之所掇拾，鄭康成之所以卓絕，皆以
> 禮也。杜君卿《通典》，言禮者十居其六，其識已跨越八代
> 矣。有宋張子、朱子之所討論，馬貴與、王伯厚之所纂輯，莫
> 不以禮為兢兢。我朝學者，以顧亭林為宗，國史儒林傳，襃然
> 冠首，言及禮俗教化，則毅然有守先待後、舍我其誰之志，何
> 其壯也。厥後張蒿庵作《中庸論》，及江慎修、戴東原輩，尤
> 以禮為先務。而秦尚書蕙田，遂纂《五禮通考》，舉天下古今
> 幽明萬事，而一經之以禮，可謂體大思精矣。[42]

對於曾國藩先生在晚清學術史上的地位，已故錢賓四先生早年著
《中國近三百年學術史》，有過專題討論。賓四先生指出：「滌生論

---

41 曾國藩：〈復夏弢甫〉，《曾國藩全集》，書劄卷13。
42 曾國藩：〈聖哲畫像記〉，《曾國藩全集》，文集卷2。

學……雖極推唐鏡海諸人，而能兼採當時漢學家、古文家長處，以補理學枯槁狹隘之病。其氣象之闊大，包蘊之宏豐……有清二百餘年，固亦少見其匹矣。」[43]大師定評，實是不刊。

## （二）黃式三的實事求是之學

黃式三（1789-1862年），字薇香，號儆居，晚號知非子，浙江定海人。式三早年為歲貢生，屢應鄉試不售，遂棄絕舉業，專意治經。他畢生為學，「以治經為天職」[44]，主張會通漢宋，實事求是。他說：「經無漢宋，曷為學分漢宋也乎！自明季儒者疏於治經，急於講學，喜標宗旨，始有漢學、宋學之分。」[45]又說：「學者分漢宋為二，譽矛忘盾，譽盾忘矛，讀沈徵君《果堂集》而知其非矣。……惠徵君定宇，治漢學者之所宗也，志君之墓則曰：『自古理學之儒，滯於橐而文不昌；經術之士，汨於利而行不篤。君能去兩短，集兩長。』然則士苟志學，何不取漢宋之所長者兼法之也邪！」[46]因之式三倡言：「天下學術之正，莫重於實事求是，而天下之大患，在於蔑古而自以為是。」[47]

黃式三早年，即本「實事求是」為學的，撰為《漢鄭君粹言》一書，以推尊鄭玄學說。書中有云：

> 世推北海鄭君康成為經學之祖，輒復以短於理義而小之。鄭君果短於理義乎哉？……夫理義者，經學之本原；考據訓詁者，

---

43 錢穆：《中國近三百年學術史》（上海市：復旦大學出版社，1985年），下冊，頁590-591。

44 黃式三：〈上達說〉，《儆居集》，經說2。

45 黃式三：〈漢宋學辨〉，《儆居集》，經說3。

46 黃式三：〈讀果堂集〉，《儆居集》，讀子集4。

47 黃式三：〈讀顧氏心學辨〉，《儆居集》，讀子集3。

經學之枝葉、之流委也。削其枝葉而干將枯，滯其流委而原將
絕。人苦不自知，而詡詡焉以其將枯絕者，矜為有本有原，鄙
意所不信。而謂好學如鄭君，無本而能有枝葉，無原而能有流
委，尤不敢信之矣。[48]

　而對於一時學術界中人宗漢宗宋，分門別戶，黃式三深不以為
然，他說：「自治經者判漢宋為兩戒，各守專家，而信其所安，必並
信其所未安。自欺欺人，終至欺聖欺天而不悟，是式三所甚憫也。」[49]
因此，黃式三既肯定江藩著《國朝漢學師承記》「可以救忘本失源之
弊」，同時又指出：「江氏宗鄭而遂黜朱，抑又偏矣。」他的結論是：
「江氏宗師惠、余，攬閻、江諸公為漢學，必分宋學而二之，適以增
後人之惑也。」[50]

　式三晚年，尤好禮學，認為：「禮者理也。古之所謂窮理者，即
治禮之學也。盡性在此，定命在此。」[51]式三治禮，謹守鄭學，不廢
朱子，於封建、井田、兵賦、郊禘、宗廟、學校、明堂、宗法諸大節
目，凡有疑義，多所釐正。所撰〈復禮說〉、〈崇禮說〉、〈約禮說〉三
篇，薈萃一生治禮心得，提綱挈領，最得禮意。〈復禮說〉集中討論
禮之淵源流變，一以孔子「克己復禮為仁」為依歸，他說：

禮也者，制之聖人，而秩之自天。當民之初生，禮儀未備，而
本於性之所自然，發於情之不容已，禮遂行於其間。……孔聖
言克己復禮為仁。復禮者，為仁之實功也，盡性之實功也。[52]

---

48 黃式三：〈漢鄭君粹言敘〉，《儆居集》，雜著1。
49 黃式三：〈易釋敘〉，《儆居集》，雜著1。
50 黃式三：〈漢學師承記跋〉，《儆居集》，雜著1。
51 黃家岱：〈禮記箋正敘〉，《嬹軒雜著》，卷下。
52 黃式三：〈復禮說〉，《儆居集》，經說1。

〈崇禮說〉論證「禮即為德性」，進而主張以「崇禮」為根本，融尊德性與道問學於一體。文中指出：

> 君子崇禮以凝道者也，知禮之為德性也而尊之，知禮之宜問學也而道之，道問學所以尊德性也。……後世君子，外禮而內德性，所尊或入於虛無；去禮而濫問學，所道或流於支離。此未知崇禮之為要也。不崇禮即非至德，何以能凝至道！[53]

〈約禮說〉則闡發《論語》博文約禮旨趣，並據以駁難「以心之臆見為理」、「以本心之天理言禮」的誣枉。式三說：

> 《論語》絗言博文約禮，聖訓章矣。禮即先王之《禮經》也。王陽明《博約說》，博其顯而可見之禮曰文，約以微而難見之理曰禮。豈聖人之教，必待王氏幹補而後明乎？禮一也，分顯微而二之。文與禮二也，以禮之顯者為文而一之。其所謂理，誰能明之乎？……以心之臆見為理，而理已誣；以本心之天理言禮，而禮又誣。[54]

## （三）黃以周會通漢宋學術的努力

　　黃以周（1828-1899年），字元同，號儆季，晚號哉生，浙江定海人。定海黃氏，世代力農。至以周祖興梧，有志經學，以治《易》、《詩》著名庠序。[55]以周父式三繼起，潛心經學，遍治群經，更專以

---

53 黃式三：〈崇禮說〉，《儆居集》，經說1。

54 黃式三：〈約禮說〉，《儆居集》，經說1。

55 黃以周：〈先考明經公言行略〉，《儆季雜著》，文鈔5。

治經名家。以周幼承庭訓，為學伊始，即在式三課督之下奠定經學藩
籬。他六歲入塾識字，七歲便開始讀《小戴記》，初知禮學。後依次
讀《尚書》、《詩經》、《周易》，打下堅實經學根柢。道光二十年
（1840年），英國侵略軍蹂躪定海，以周隨父避兵鎮海之海晏鄉。迄
於式三病逝，二十餘年間，一門樸學，治經傳家。式三晚年，篤志禮
學。以周亦步亦趨，專意讀禮。他先是讀秦蕙田《五禮通考》，病秦
氏書言吉禮之好難鄭玄說，軍禮又太阿康成意，於是每一卷畢，皆有
札記。自咸豐十年（1860年）起，開始全面整理和總結歷代禮學，結
撰《禮書通故》，從此走上會通漢宋、表彰禮學的為學道路。時年三
十三歲。

　　以周治禮，一秉其父之教，掃除門戶，實事求是。他說：「六經
之外無所謂道，六書之外無所謂學。故欲譚道者先通經，欲通經者先
識字。」[56]又說：「離故訓以談經而經晦，離經以談道而道晦。[57]因
此，以周主張：「去漢學之瑣碎而取其大，絕宋學之空虛而核諸實。[58]
他讀《漢書》〈藝文志〉，就《孝經》、《爾雅》共編一家，成札記一
篇，有云：「凡解經之書，自古分二例，一宗故訓，一論大義。宗故
訓者，其說必精，而拘者為之，則凝滯章句，破碎大道；論大義者，
其趣必博，而蕩者為之，則離經空談，違失本真。博其趣如《孝
經》，精其說如《爾雅》，解經乃無流弊。《漢志》合而編之，乃所以
示漢世讀經之法。惜今之講漢學、講宋學者，分道揚鑣，皆未喻斯
意。」[59]以如是之見而論《漢志》，可謂讀書得間，別具隻眼。

　　同治元年（1862年），黃式三病逝，以周居喪守制，讀禮不輟。

56 黃以周：〈說文解字補說敘〉，《儆季雜著》，文鈔2。
57 黃以周：〈經訓比義敘〉，《儆季雜著》，文鈔2。
58 黃以周：〈答劉藝蘭書〉，《儆季雜著》，文鈔3。
59 黃以周：〈讀漢藝文志〉，《儆季雜著》，史說2。

至光緒四年（1878年），歷時十九年，《禮書通故》撰成，以周已然年逾半百。全書一百卷，自禮書、宮室、衣服、卜筮，至六書、樂律、車制、名物，附以儀節、名物二圖及敘目，凡作五十目。以周所撰該書敘，梳理禮學源流，闡發著述大旨，最可見其禮學思想。他說：

> 夫禮唐修其五，虞典以三，夏造殷因，周禮猶釀。東遷以後，舊章云亡，孔子贊修，猶苦無徵，言、曾討論，又復錯出。禮學難言，由來久矣。戰國去籍，暴秦焚書，先王典章，盡為湮沒。抱殘守闕，漢博士之功也。分門別戶，又漢博士之陋也。宣帝憂之，遂開石渠，以為不講家法，無以明其宗旨，專守家法，又恐戾乎群經。於是令其法之異者，各陳師說，博觀其義，臨決稱制，以定一尊。小戴次君，爰作奏議，執兩用中，有合古道。白虎之論，聿追前徽，班氏孟堅，又纂通義，乃專取一己所好，盡掃群賢之議，大義雖存，師法莫考。許君叔重，袞入異議，拾戴議之遺，砭班論之錮，淆陳眾見，條加案語。鄭君康成，又駁其非而存其是，古禮以明。夫西京之初，經分數家，東京以來，家分數說。一嚴其守，愈守愈精；一求其通，愈通愈密。諸博士，其守之精者也；戴、許二書，其通者也；鄭所注書，囊括大典，網羅眾家，其密者也。唐宋以來，禮學日微，好深思者或逞臆說，好述古者又少心得。究其通弊，不出兩軌。以周不揣譾陋，綴入異聞，不敢立異，亦不敢苟同，為之反覆群書，日夜覃思。賢者識大，不賢識小，道苟在人，何分畛途。上自漢唐，下迄當世，經注史說，諸子雜家，誼有旁涉，隨事輯錄。昔者高密箋《詩》而屢易毛傳，注《禮》而屢異先鄭，識已精通乎六藝，學不專守於一家。是書之作，竊取茲意，以為按文究例，經生之功，實事求是，通儒

之學。或者反以不分師說為我詬病,甘作先儒之佞臣,卒為古聖之亂賊,惴惴自懼,竊有不敢。[60]

《禮書通故》成,一時經學大師俞樾欣然撰序,備加稱道。俞先生說:

> 國朝經術昌明,大儒輩出,於是議禮之家日以精密。……而匯萃成書,集禮家之大成者,則莫如秦味經氏之《五禮通考》。曾文正公嘗與余言,此書體大物博,歷代典章具在於此,三通之外,得此而四,為學者不可不讀之書。余讀之誠然。惟秦氏之書,按而不斷,無所折中,可謂禮學之淵藪,而未足為治禮者之藝極。求其博學詳說,去非求是,得以窺見先王製作之潭奧者,其在定海黃氏之書乎!……君為此書,不墨守一家之學,綜貫群經,博採眾論,實事求是,惟善是從。……洵足究天人之奧,通古今之宜,視秦氏《五禮通考》,博或不及,精則過之。[61]

晚近著名經史學家胡玉縉先生為其師《禮書通故》撰寫提要,亦給了該書以「體大思精」[62]的至高評價。

《禮書通故》刊行,已是光緒十九年(1893年),以週年屆六十六歲。晚年的黃以周,表彰諸子,溝通孔孟,依然專意興復禮學。對於顏子,他表彰道:「顏子之所樂者天,而樂天之學由好禮始。……顏子所見之大,雖無容輕擬,要不越《中庸》所謂『優優』之禮

---

60 黃以周:〈敘目〉,《禮書通故》,卷末。
61 俞樾:〈禮書通故序〉,見《禮書通故》,卷首。
62 胡玉縉:〈禮書通故跋〉,《許廎學林》,卷17。

矣。……顏子有王佐才，要亦不出乎禮。」由表彰顏淵而及有宋諸儒，以周又說：「朱子論程門高第弟子，如謝上蔡、游定夫、楊龜山皆入禪學，惟呂與叔不入禪。呂氏初學於張子橫渠，湛深禮學者也。朱子之門，群推黃子勉齋為冠，黃子亦深於禮。」[63]以周認為：「古人論學，詳言禮而略言理，禮即天理之秩然者也。」因此，他的結論是：「考禮之學，即窮理之學。」本此認識，黃氏於曾子有云：「曾子之窮理，本末兼徹，經權並明，故卒能得孔孟一貫之傳，又何間焉！」[64]

對於子游、子夏，以周亦有專文表彰，他說：

> 《儀禮》之記，先儒多以為子夏作。子游之言，亦多散見於《戴記》中。二子之學，實於禮為尤長。……學士之習禮者，專尚繁文縟節，務外而遺內，不知禮意所在。子游欲挽末流之失，獨作探本之論。……子夏謹守禮文而不奪其倫，子游深知禮意而不滯於跡，一沉潛，一高明，學各得其性之所近。[65]

而黃以周晚年最為精意者，則是表彰子思子，為此，他以六十九歲之年，輯為《子思子輯解》七卷。以周考證：「子思困於宋作《中庸》，歸於魯作《表記》。」他說：「《舊唐書》載沈約之言曰，《中庸》、《表記》、《坊記》、《緇衣》，皆取諸子思子。王伯厚《藝文考證》，亦引沈言。夫子思子作《中庸》，史有明文。《文選注》引子思子『民以君為心』二句及《詩》云『昔有先正』四句，今皆見〈緇衣篇〉。則《緇衣》出於子思子，可信。且小戴輯記，以《坊記》廁

---

63 黃以周：〈顏子見大說〉，《儆季雜著》，文鈔1。

64 黃以周：〈曾子論禮說〉，《儆季雜著》，文鈔1。

65 黃以周：〈子遊子夏文學說〉，《儆季雜著》，文鈔1。

《中庸》前,《表記》、《緇衣》廁《中庸》後,與大戴類取《曾子》十篇正同。《坊記》、《表記》、《緇衣》皆以『子言之』發端,其文法尤相類,則休文之言益信。」[66]近者郭店楚簡出,時賢多有表彰子思學說,甚至倡言「重寫學術史」者,殊不知先賢黃以周已唱先聲於百餘年前矣。

有清一代學術,由清初顧炎武倡「經學即理學」開啟先路,至晚清曾國藩、陳澧和黃式三、以周父子會通漢宋,興復禮學,揭出「禮學即理學」而得一總結。以經學濟理學之窮的學術潮流,歷時三百年,亦隨世運變遷而向會通漢宋以求新的方向演進。腐朽的清王朝雖然無可挽回地覆亡了,然而立足當世,總結既往,會通漢宋以求新的學術潮流,與融域外先進學術為我所有的民族氣魄相匯合,中國學術依然在沿著自己獨特的發展道路而曲折地前進。跟在別人的後面跑,是永遠不會有出路的,這不就是晚清七十年的學術給我們所昭示的真理嗎!

簡短的結語:

晚清七十年,中國社會經歷了一場亙古未有的歷史巨變,一時朝野俊彥,站在時代之前列,為中國社會走出困境,為中國學術之謀求發展,殊途同歸,百家爭鳴。晚近著名學者王國維先生論清代學術云:「國初之學大,乾嘉之學精,而道咸以來之學新。」王先生以一「新」來賅括晚清學術,得其大體,實是不刊。七十年間,先是今文經學復興同經世思潮崛起合流,從而揭開晚清學術史之序幕。繼之洋務思潮起,新舊體用之爭,一度呈席卷朝野之勢。而與之同時,會通漢宋,假《公羊》以議政之風亦愈演愈烈,終成戊戌維新之思想狂飆。晚清的最後一二十年間,「以禮代理」之說蔚成風氣,遂有黃以

---

66 黃以周:〈坊記〉,《儆季雜著》,禮說6。

周《禮書通故》、孫詒讓《周禮正義》出而集其大成。先秦諸子學之
復興，後海先河，窮原竟委，更成一時思想解放之關鍵。中山先生三
民主義學說挺生其間，以之為旗幟，思想解放與武裝抗爭相輔相成，
遂孕育武昌首義而埋葬清王朝。

　　述往思來，鑒古訓今。認真總結晚清七十年之思想與學術，對於
今日及往後中國學術和中國社會之發展，無疑是會有益處的。

# 第二十章
# 梁啟超對清代學術史研究的貢獻

　　二十紀初以來，在治清史的眾多前輩中，梁啟超先生以其對清代學術史的開創性研究，使他成為這一領域的卓然大家和傑出的奠基人之一。回顧梁先生在這一領域辛勤耕耘的歷程，總結他在開拓道路上的成敗得失，對他的研究成果作出實事求是的、科學的評價，是很有必要的。因為這不僅是對中國文化史上一位繼往開來大師的紀念，而且對於我們把清代學術史的研究引向深入，也是一椿有意義的事情。

## 一　關於《近世之學術》

　　評價梁啟超清代學術史研究得失者，多集中於他的《清代學術概論》和《中國近三百年學術史》。這樣做無疑是正確的，因為這兩部論著，正是他研究清代學術史心得的精粹所在。但是，作為對梁啟超研究歷程的回顧，則可追溯到《清代學術概論》問世的十餘年前，也就是他治清代學術史的處女作《近世之學術》發表的一九〇四年。

　　一九〇二年，梁啟超發願結撰〈論中國學術思想變遷之大勢〉。這一長篇論著，原擬作十六章，惜僅寫至第六章隋唐佛學，便因故擱筆。兩年後，他才於一九〇四年夏，續作討論清代學術史的專章。稿成，即以《近世之學術》為題，刊佈於《新民叢報》。文凡三節：第一節「永曆康熙間」，第二節「乾嘉間」，第三節「最近世」。他把清代學術作為中國古代學術發展的一個階段來考察，文中指出：「吾論

次中國學術史，見夫明末之可以變為清初，清初之可以變為乾嘉，乾嘉之可以變為今日，而歎時勢之影響於人心者正巨且劇也，而又信乎人事與時勢迭相左右也。」[1]他的作品雖然對章炳麟所著《訄書》有所借鑒，但是卻以較之太炎先生略勝一籌的高屋建瓴之勢，對兩百餘年間學術演進的歷史作了鳥瞰式的勾勒。軌跡彰明，脈絡清晰，在清代學術史研究中，實在是一個創舉。

在《近世之學術》中，梁啟超關於清代學術史的若干根本觀點，諸如清代學術的基本特徵，清代學術史的分期，清初經世思潮，乾嘉學派及今文經學派的評價，清代學術在中國學術史上的地位等，都已經大致形成。在論及清代學術的基本特徵時，他寫道：「本朝二百年之學術，實取前此二千年之學術，倒影而繅演之，如剝春筍，愈剝而愈近裏，如啖甘蔗，愈啖而愈有味。不可謂非一奇異之現象也。」[2]梁啟超很注意清初經世思潮的研究，他對清初諸大師，如顧炎武、黃宗羲、王夫之、顏元等，評價甚高，而且把劉獻廷與之並提，稱之為「五先生」。他認為：「五先生者皆時勢所造之英雄，卓然成一家言。求諸前古，則以比周秦諸子，其殆庶幾。後此，惟南宋永嘉一派（原注：陳止齋、葉水心、陳龍川一派）亦略肖焉。然以永嘉比五先生，則有其用而無其體者也，即所謂用者，亦有其部分而無其全者也。故吾欲推當時學派為秦漢以來二千年空前之組織，殆不為過。」[3]同樣是清初學者，梁啟超對徐幹學、湯斌、李光地、毛奇齡等，則深惡痛絕，斥之為「學界蟊賊」。他說：「上既有湯、李輩以偽君子相率，下復有奇齡等以真小人自豪，而皆負一世重名，以左右學界，清學之每

1　梁啟超：《近世之學術》第3節，《飲冰室合集》之《文集》，冊3。
2　梁啟超：《近世之學術》第1節，《飲冰室合集》之《文集》，冊3。
3　梁啟超：《近世之學術》第2節，《飲冰室合集》之《文集》，冊3。

下愈況也，復何怪焉。」[4]在梁啟超看來，從清初諸大師到乾嘉學派，清學是在走下坡路。因此，他對乾嘉學派評價並不高，他指出：「吾論近世學派，謂其由演繹的進于歸納的，饒有科學之精神，且行分業之組織，而惜其僅用諸瑣瑣之考據。」[5]在對乾嘉大師惠棟、戴震的評價上，他既認為：「惠、戴之學，固無益於人國，然為群經忠僕，使後此治國學者省無量精力，其功固不可誣也。」[6]但同時又對戴震頗多微詞。他說，戴震「極言無欲為異氏之學，謂遏欲之害甚於防川焉。此其言頗有近於泰西近世所謂樂利主義者，不可謂非哲學派中一支派。雖然，人生而有欲，其無怪也，節之猶懼不蕆，而豈復勞戴氏之教猱升木為也。」他甚至委罪戴震，認為：「二百年來，學者記誦日博，而廉恥日喪，戴氏其與有罪矣。」[7]這同他二十世紀二〇年代以後的所為，簡直判若兩人。有關這方面的情況，我們隨後再談。

　　梁啟超是晚清今文經學營壘中的健將。早年，他曾在廣州萬木草堂從學於康有為，戊戌變法失敗後，流亡日本。當時的日本，經歷明治維新，銳意求治，無論在經濟、政治、軍事，還是學術文化諸方面，都一躍而成為亞洲一流強國。梁啟超置身於這樣一個相對開放的國度，使他得以廣泛接觸西方資產階級的哲學、史學和社會政治學說，深入探討日本強盛的經驗。這不僅給了他以政治主張的理論依據，而且也極大地開闊了他的學術視野。當梁啟超撰寫《近世之學術》和〈論中國學術思想變遷之大勢〉之時，正是他擺脫今文經學的羈絆，逾越康有為的改制、保教說藩籬，成為西方資產階級進化論篤信者的時候。他把進化論引進史學領域，在中國近代史學史上，率先

4　梁啟超：《近世之學術》第2節，《飲冰室合集》之《文集》，冊3。
5　梁啟超：《近世之學術》第2節，《飲冰室合集》之《文集》，冊3。
6　梁啟超：《近世之學術》第2節，《飲冰室合集》之《文集》，冊3。
7　梁啟超：《近世之學術》第2節，《飲冰室合集》之《文集》，冊3。

舉起了「史界革命」[8]的旗幟。《近世之學術》及其先後發表的一系列
史學論著，正是他所宣導的「史界革命」的產物。由於從舊營壘中拔
足，而且又找到了為今文經學所不可望其項背的思想武器，因而當他
回過頭去俯視舊營壘的時候，其中的利病得失便了若指掌。在《近世
之學術》中，梁啟超就清代今文經學的演變源流寫道：「首倡之者，
為武進莊方耕（存與），著《春秋正辭》。方耕與東原同時相友善，然
其學不相師也。戴學治經訓，而博通群經，莊學治經義，而約取《春
秋公羊傳》。東原弟子孔㢲軒（廣森），雖嘗為《公羊通義》，然不達
今文家法，膚淺無條理，不足道也。方耕弟子劉申受（逢祿），始專
主董仲舒、李育，為《公羊釋例》，實為治今文學者不祧之祖。逮道
光間，其學寢盛，最著者曰仁和龔定庵（自珍），曰邵陽魏默深
（源）。」他認為，龔、魏之後，集今文經學之大成者當推廖平，而
將其用之於變法改制，則自康有為始。他說：「康先生之治《公羊》，
治今文也，其淵源頗出自井研（即廖平，平係四川井研人 —— 引
者），不可諱也。然所治同，而所以治之者不同。疇昔治《公羊》者
皆言例，南海則言義。惟牽於例，故還珠而買櫝；惟究於義，故藏往
而知來。以改制言《春秋》，以三世言《春秋》者，自南海始也。」[9]
在中國近代學術史上，能把清代今文經學的源流利弊梳理得如此有條
不紊，梁先生堪稱第一人。

　　從《近世之學術》中，我們可以看到，在梁啟超先生最初步入清
代學術史門檻的時候，他從總體上對清學的評價是不高的。他認為：
「綜舉有清一代之學術，大抵述而無作，學而不思，故可謂之為思想
最衰時代。」[10]然而，作為一個正在奮發向上的年輕學者和思想家，

---

8　梁啟超：《新史學》，《飲冰室合集》之《文集》，冊3。

9　梁啟超：《近世之學術》第3節，《飲冰室合集》之《文集》，冊3。

10　梁啟超：《近世之學術》第3節，《飲冰室合集》之《文集》，冊3。

他對中國思想界的前景則甚為樂觀。在這篇文章末了，梁先生滿懷信心地寫道。「要而論之，此二百餘年間，總可命為古學復興時代。特其興也，漸而非頓耳。然固儼然若一有機體之發達，至今日而蔥蔥鬱鬱，有方春之氣焉。吾於我思想界之前途，抱無窮希望也。」[11]

《近世之學術》作為梁啟超研究清代學術史的早期作品，同他晚年的同類論著相比較，可謂虎虎有生氣。但平心而論，卻又顯得朝氣有餘，而踏實不足。當時，正是他以「思想界之陳涉」自任，「讀東西諸碩學之書，務衍其學說，以輸入於中國」的時候[12]，因此他這一時期的論著，用以拯救時弊的實用色彩很濃。惟其如此，加以在學業上的所涉未深，因而在《近世之學術》中，過當和疏漏之處在所多有。譬如我們剛才所引述的對戴震的苛求，對徐幹學等的指斥，就是一例。而且由於當時梁先生又曾一度傾向「革命排滿」和「破壞主義」，因而對清初學者劉獻廷、呂留良，他都作了不適當的拔擢。他對劉、呂二人傾心推許，稱讚劉獻廷為「絕世之秘密運動家」，甚至說：「吾論清初大儒，當首推呂子。」[13]對劉獻廷，尤其是呂留良以肯定的評價，這在清廷統治尚能維持的情況下，實在是需要足夠的政治和理論勇氣的。梁先生在這一點上，的確無愧於「思想界之陳涉」的自況。但是，以政治需要去代替學術研究，就難免要言過其實。這一類的瑕疵和不成熟之處，本來依恃其學業根柢，加以出類拔萃的才氣，只要潛心有日，是不難使之臻於完善的。可是，晚清的紛亂時局，卻把他長期地拖在政治鬥爭的漩渦中。民國初建，他更被洪流推至浪端，以致這一工作竟延宕了十六年才得以進行。這就是以一九二

---

11　梁啟超：《近世之學術》第3節，《飲冰室合集》之《文集》，冊3。

12　梁啟超：〈清議報一百冊祝辭並論報館之責任及本館之經歷〉，《飲冰室合集》之《文集》，冊10。

13　梁啟超：《近世之學術》第1節，《飲冰室合集》之《文集》，冊3。

〇年《清代學術概論》的發表為標誌,梁啟超先生的二度進入清代學術史研究領域。

## 二 《清代學術概論》的創獲

人類的認識活動,總是沿著一條不斷向前的螺線,由低級向高級,從片面向更多的方面發展。梁啟超先生的清代學術史研究,也正是遵循這一運動法則前進的。他的《清代學術概論》就形式而論,雖然同十六年前的《近世之學術》一樣,依然只是清代學術的一個鳥瞰式的提綱,而且若干基本觀點也沒有大的異同。然而,過細地加以比較,我們即可發現,二者之間有繼承,有因襲,但卻不是簡單的復述。正如他所自述:「余今日之根本觀念,與十八年前無大異同,惟局部的觀察,今視昔似較為精密。且當時多有為而發之言,其結論往往流於偏至。故今全行改作,採舊文者什一二而已。」[14]綜觀全文,梁先生在其中不僅對昔日的某些結論作了必要的修正,而且在更深的程度和更廣的切面上,展示了他對清代學術史的思考,從而使這部論著成為他晚年治清代學術史的綱領性著作。

以下,我們想著重討論一下《清代學術概論》與《近世之學術》的不同處,換句話說,也就是看一看梁先生在哪些方面把自己的研究向前作了推進。

首先,是關於清代學術史的分期。在《近世之學術》中,梁先生以時間先後為序,將清學分為四期,即「第一期,順康間;第二期,雍乾嘉間;第三期,道咸同間;第四期,光緒間」。他還就各時期的主要學術趨向作了歸納,認為第一期是程朱陸王問題,第二期是漢宋

---

14 梁啟超:〈自序〉,《清代學術概論》(北京市:中華書局,1954年),卷首,頁4。

學問題，第三期是今古文問題，第四期是孟荀問題、孔老墨問題。[15]
這樣的分期和歸納，事實上就連他本人也認為不成熟，因此他在所列
分期表後特意加了一個注腳：「上表不過勉分時代，其實各期銜接摻
雜，有相互之關係，非能判若鴻溝，讀者勿刻舟求之。」[16]到寫《清
代學術概論》時，梁啟超就沒有再繼續沿用呆板的時序分期法。當
時，他正從事佛學的研究，遂借用「佛說一切流轉相，例分四期，曰
生、住、異、滅」的觀點，並使之同時序分期相結合，將清學作了新
的四期劃分。這就是「一、啟蒙期（生），二、全盛期（住），三、蛻
分期（異），四、衰落期（滅）。」[17]為了敘述的方便，我們把前者稱
做時序分期法，後者稱做盛衰分期法。同樣是四期劃分，按時序分
期，雖無大謬，但它實際上只是一種簡單的自然主義的寫實。而盛衰
分期法，則通過對學術思潮演變軌跡的探尋，試圖揭示一代學術發展
的規律。在這個問題上，儘管我們對梁先生的結論尚有較大保留，但
是我們依然認為，盛衰分期法較之先前的時序分期法已經前進了一大
步，因為它是從本質上向歷史實際的接近，而不是背離。

　　其次，是對清代學術基本特徵的歸納。如果說《近世之學術》還
只是以考證作為清學正統派的學風，那麼《清代學術概論》則是囊括
無遺地把整個清代學術目之為考證學。該書開宗明義即指出：「我國
自秦以來，確能成為時代思潮者，則漢之經學，隋唐之佛學，宋及明
之理學，清之考證學四者而已。」[18]所以，在論及考證學派的演變源
流時，他說：「此派遠發源於順康之交，直至光宣，而流風餘韻，雖
替未沫，直可謂與前清朝運相終始。」[19]在梁先生看來，清代學術以

15　梁啟超：《近世之學術》第1節，《飲冰室合集》之《文集》，冊3。
16　梁啟超：《近世之學術》第1節，《飲冰室合集》之《文集》，冊3。
17　梁啟超：《清代學術概論》（北京市：中華書局，1954年），頁2。
18　梁啟超：《清代學術概論》（北京市：中華書局，1954年），頁1。
19　梁啟超：《清代學術概論》（北京市：中華書局，1954年），頁48。

復古為職志，採取綿密的考證形式而出現，是中國學術史上的一個獨立思潮。而且他認為，清學的「復古」特徵，就其具體內容而言，有一個層層遞進的上溯趨勢。他說：「綜觀二百餘年之學史，其影響及於全思想界者，一言以蔽之，曰以復古為解放。第一步，復宋之古，對於王學而得解放；第二步，復漢唐之古，對於程朱而得解放；第三步，復西漢之古，對於許鄭而得解放；第四步，復先秦之古，對於一切傳注而得解放。」[20]這樣的歸納，把「以復古為解放」說成是清學發展的必然趨勢，坦率地說，我們並不贊成。但是，它顯然就把在《近世之學術》中所作的「古學復興」的簡單表述引向了深入。因為它不僅充實了「古學復興」的層次，而且還探討了「復古」的目的。正是從這樣一個基本估計出發，梁啟超以「以復古為解放」作紐帶，把清代學術同現代學術溝通起來。他說：「夫既已復先秦之古，則非至對於孔孟而得解放焉不止矣。」[21]這一溝通固然帶著明顯的主觀臆想印記，但是作為一種理論嘗試，它卻自有其應當予以肯定的價值。這樣的嘗試，無疑也是對作者先前研究課題的深化。

再次，是對清代學術在中國學術史上地位的評價。一如前述，在《近世之學術》中，梁啟超從總體上對清學的評價是不高的。然而事隔十六年之後，他卻對先前的看法作了重大的修正。當時，正值他結束一年多的歐遊返國。訪歐期間，梁啟超對歐洲的文化，尤其是自「文藝復興」以來歐洲文化之所以居於領先地位的原因，有了進一步的認識。他將這一認識同中國傳統的政治、經濟、社會和文化相對照，舊日的悲觀消極為之一掃，對國家的前途充滿了信心。在返國初的一次演說中，他指出：「鄙人自作此遊，對於中國甚為樂觀，興會

---

20 梁啟超：《清代學術概論》（北京市：中華書局，1954年），頁6。
21 梁啟超：《清代學術概論》（北京市：中華書局，1954年），頁6。

亦濃，且覺由消極變積極之動機現已發端。諸君當知中國前途絕對無
悲觀，中國固有之基礎亦最合世界新潮，但求各人高尚其人格，勵進
前往可也。」[22] 從此，他決意委身教育，以之為終身事業，按其所設
計的社會藍圖，去「培養新人才，宣傳新文化，開拓新政治」。[23] 梁啟
超先生對清代學術評價的改變，以及他的《清代學術概論》的撰寫，
就是在這一背景之下醞釀成熟的。在《清代學術概論》中，他自始至
終把清代學術同歐洲「文藝復興」相比較，對清學的歷史價值進行了
充分的肯定。他說：「清代思潮果何物耶？簡單言之，則對於宋明理
學之一大反動，而以復古為其職志者也。其動機及其內容，皆與歐洲
之『文藝復興』絕相類。而歐洲當『文藝復興』期經過以後所發生之
新影響，則我國今日正見端焉。」[24] 這也就是說，清學即是我國歷史
上的「文藝復興」，有清一代乃是我國的「文藝復興」時代。關於這
一點，梁先生在寫〈清代學術概論自序〉時，對舊著的一處改動，是
很能說明問題的。本來，在《近世之學術》中，他是把清代的二百餘
年稱為「古學復興時代」，而到此時他引述舊著，則不動聲色地將
「古學」改為「文藝」二字。他寫道：「此二百餘年間，總可命為中
國之文藝復興時代。」[25] 這樣的改動和評價，同早先的「思想最衰時
代」的論斷，當然就不可同日而語了。

　　最後，《清代學術概論》在理論上探討的深化還在於，它試圖通
過對清代學術的總結，以預測今後的學術發展趨勢。在《近世之學
術》中，梁啟超的這一努力已經發端，他曾經表示：「吾於我思想界

---

22　〈梁任公在中國公學演說〉，《申報》1920年3月15日，轉引自丁文江、趙豐田編：
　　《梁啟超年譜長編》（上海市：上海人民出版社，1983年），頁902。

23　梁啟超：〈致伯祥亮儕等諸兄書〉，1920年5月12日，見丁文江、趙豐田編：《梁啟超
　　年譜長編》（上海市：上海人民出版社，1983年），頁909。

24　梁啟超：《清代學術概論》（北京市：中華書局，1954年），頁3。

25　梁啟超：〈自序〉，《清代學術概論》（北京市：中華書局，1954年），卷首，頁3。

之前途，抱無窮希望也。」[26]不過，這樣的展望與其說是預測，倒不如說是良好願望和對讀者的鼓動，因此，它的理論價值是極有限度的。而《清代學術概論》則闢為專節，對之加以論述。他說：「吾稽諸歷史，徵諸時勢，按諸我國民性，而信其於最近之將來必能演出數種潮流，各為充量之發展。」[27]對於梁先生所預測的五大學術潮流，我們在這裏姑且不去論其是非，然而僅就這一展望本身而言，它的理論價值則是顯而易見的。歷史學作為一門科學，它不僅是要本質地還歷史以原貌，揭示歷史的發展規律，而且還應當依據這種規律性的認識，去預測歷史發展的趨勢。梁先生在《清代學術概論》中所進行的理論探索，使他在這一點上，遠遠超過了中國傳統史學「引古籌今」、「鑒往訓今」的治史目的論。他把既往同現實以及未來一以貫之，這樣的路子無疑是正確的。這正是他作為一個資產階級史家較之封建史家的卓越之處。

## 三　《中國近三百年學術史》的結撰

以《清代學術概論》為起點，梁啟超先生在其晚年，比較集中地對清代學術史進行了廣泛而深入的研究。這一研究在廣度和深度上的發展，其主要表現，首先便在於他對戴震及其哲學的高度評價。

一九二三年舊曆十二月二十四日，是戴震兩百週年誕辰。梁先生於當年十月嚮學術界發出倡議，發起召開專門紀念會。他為此撰寫了一篇〈戴東原生日二百年紀念會緣起〉，文中對戴震及其哲學備加推崇。他指出：「前清一朝學術的特色是考證學，戴東原是考證學一位大師。」又說：「戴東原的工作，在今後學術界留下最大價值者，實

---

26 梁啟超：《近世之學術》第3節，《飲冰室合集》之《文集》，冊3。

27 梁啟超：《清代學術概論》（北京市：中華書局，1954年），頁79。

在左列兩項。」即一「他的研究法」二「他的情感哲學」。梁先生認為，由於這兩方面的價值，所以戴震「可以說是我們科學界的先驅者」，是足以與朱熹、王守仁「平分位置」的「哲學界的革命建設家」。[28]為了準備參加這次紀念會，他趕寫了《戴東原先生傳》和《戴東原哲學》，會後又撰成《戴東原著述纂校書目考》等。在這幾篇文章中，梁啟超先生對戴震的生平行事、思想淵源及其哲學思想的主要方面，進行了深入的探討。他的結論是：「戴東原先生為前清學者第一人，其考證學集一代大成，其哲學發二千年所未發。雖僅享中壽，未見其止，抑所就者固已震鑠往禩，開拓來許矣。」[29]這些傾心的推許，較之他二十年前的微詞，固有矯枉過正之失，但確是研究有得之言。在戴震思想研究中，梁先生的開創之功實不可沒。

同對戴震及其哲學的評價一樣，隨著研究的深入，梁先生早年對清初學者所作的一些過當之論，到此時也都一一進行了切合實際的修正。一九二四年二月，他撰成〈近代學風之地理的分佈〉一文。文中在論及先前他所詆為「學界蟊賊」的湯斌等人時，便已經一改舊觀。他說：「睢州湯潛庵（斌），清代以名臣兼名儒者共推以為巨擘，潛庵宦達後假歸，及折節學於蘇門。而夏峰弟子中，最能傳其學者，在燕則魏蓮陸，在豫則潛庵。時盈廷以程朱學相誇附，詆陸王為詖邪，潛庵岳然守其師調和朱陸之旨，而宗陸王為多。居官以忤權相明珠去位，幾陷於戮，是真能不以所學媚世者。」[30]對徐幹學，他亦指出：「崑山徐健庵（乾學）、徐立齋（元文），雖頗以巧宦叢譏議，然宏獎之功至偉。康熙初葉，舉國以學相淬勵，二徐與有力焉。健庵治《禮》亦頗勤，其《讀禮通考》雖出萬季野，然主倡之功不可誣也。

---

28　梁啟超：〈戴東原生日二百年紀念會緣起〉，《飲冰室合集》之《文集》，冊14。

29　梁啟超：〈戴東原圖書館緣起〉，《飲冰室合集》之《文集》，冊14。

30　梁啟超：〈河南〉，《近代學風之地理的分佈》5，《飲冰室合集》之《文集》，冊14。

《通志堂九經解》嫁名成容若德,實出健庵,治唐宋經說者有考焉。」[31]就連早年被他斥作「偽君子」、「真小人」的李光地、毛奇齡,而今在他的筆下,也得到了持平的評價。他說:「安溪李晉卿(光地),善伺人主意,以程朱道統自任,亦治禮學、曆算學,以此躋高位,而世亦以大儒稱之。」[32]他還說:「清初浙東以考證學鳴者,則蕭山毛西河(奇齡)。」「西河之學,雜博而缺忠實,但其創見時亦不可沒。」[33]梁啟超先生對其既往學術觀點的這一類修正,當然不是他在研究中的倒退,而正是他追求真理的反映。

梁先生在這一時期把他的清代學術史研究推向深入的另一表現,則是他對整個十七世紀思潮的研究。重視清初經世思潮的探討,這在梁先生數十年的清代學術史研究中,可以說是一個好傳統,是足以構成他的研究特色的一個重要方面。在這方面,他所走過的也是一個不斷深化的歷程。早先,他只是將清初思想作為清學發展的初期階段去進行考察,對之予以肯定的評價。而到其晚年,隨著學識的積纍和研究的深入,他已逾越王朝興替的界限,擴展為對整個十七世紀思潮的研究。為此,他在一九二四年專門撰文一篇,題為〈明清之交中國思想界及其代表人物〉。在這篇文章中,梁先生對自一六二四年至一七二四年,凡百年間中國思想界的大概形勢及其重要人物加以論列。他指出:「若依政治的區劃,是應該從一六四四年起的,但文化史的年代,照例要比政治史先走一步。所以本講所講的黎明時代,提前二三十年,大約和歐洲的十七世紀相當。」[34]而且他還認為:「這一百年,是我們學術史最有價值的時代,除卻第一期──孔孟生時,像是沒有

31 梁啟超:〈江蘇〉,《近代學風之地理的分佈》7,《飲冰室合集》之《文集》,冊14。
32 梁啟超:〈福建〉,《飲冰室合集》之《文集》13。
33 梁啟超:〈浙江〉,《近代學風之地理的分佈》9,《飲冰室合集》之《文集》,冊14。
34 梁啟超:〈明清之交中國思想界及其代表人物〉,《飲冰室合集》之《文集》,冊14。

別個時代比得上它。」[35]

　　在梁啟超先生晚年所進行的十七世紀思潮研究中，對顏李學派的表彰，成為他致力的一個重要課題。顏元曾經說過：「立言但論是非，不論異同。是則一二人之見不可易也，非則雖千萬人所同不隨聲也。」[36]梁先生由衷地服膺這段話，他認為：「顏李不獨是清儒中很特別的人，實在是二千年思想界之大革命者。」[37]當時，正值美國著名哲學家杜威訪華之後，杜威以及詹姆斯的實用主義哲學風行一時，梁先生則指出，顏元、李塨的學說，同樣可以與之媲美。他說：「他們所說的話，我們讀去實覺得愜心切理，其中確有一部分說在三百年前而和現在最時髦的學說相暗合。」[38]他把顏李學說同現代教育思潮相比較，對顏元、李塨的實學思想和教育主張進行了詳盡的引證。他指出：「我盼望我所引述的，能夠格外引起教育家興味，而且盼望這派的教育理論和方法，能夠因我這篇格外普及，而且多數人努力實行。」[39]在這個問題上，後世教育學界對顏元教育思想的深入研究，是可以告慰梁先生於九泉的。

　　一九二四年前後，是梁啟超先生研究清代學術史取得豐碩成果的一個時期。在這一時期中，他除連續發表上述論文外，還著手進行《清儒學案》的纂輯。一九二三年四月，他在給當時商務印書館負責人張元濟的一封信中，曾經寫道：「頃欲輯《清儒學案》，先成數家以問世，其第一家即戴東原。」[40]翌年初，他在高校授課時又講道：「吾

---

35　梁啟超：〈明清之交中國思想界及其代表人物〉，《飲冰室合集》之《文集》，冊14。

36　顏元：〈學問〉，第20，《顏習齋先生言行錄》，卷下。

37　梁啟超：〈明清之交中國思想界及其代表人物〉，《飲冰室合集》之《文集》，冊14。

38　梁啟超：〈顏李學派與現代教育思潮〉，《飲冰室合集》之《文集》，冊14。

39　梁啟超：〈顏李學派與現代教育思潮〉，《飲冰室合集》之《文集》，冊14。

40　梁啟超：〈致菊公書〉，見丁文江、趙豐田編：《梁啟超年譜長編》（上海市：上海人民出版社，1983年），頁992。

發心著《清儒學案》有年，常自以時地所處竊比梨洲之故明，深覺責無旁貸；所業既多，荏苒歲月，未知何時始踐夙願也。」[41]很可惋惜的是，這一工作未及完成，病魔便奪去了梁先生的生命。他所留下的，僅為戴震、黃宗羲、顧炎武三學案及《清儒學案年表》凡百餘頁手稿。與之同時，梁啟超先生所做的第三樁事，便是在天津南開大學和北京清華研究院講授中國近三百年學術史。後來他所撰寫的授課講義，即以《中國近三百年學術史》為書名印行。

《中國近三百年學術史》是繼《清代學術概論》之後，梁啟超先生研究清代學術史的又一部重要論著，也是他晚年在這一學術領域中研究成果的薈萃。在寫《清代學術概論》時，梁先生剛由政治鬥爭漩渦拔足，所以他的作品難免還頗帶些昨日政論家的氣息。而此時著《中國近三百年學術史》，他已經是執教有年的著名教授，對學術問題的探討，較之數年前更為冷靜、縝密。因而，作為一部學術專史的雛形，這部著作顯然就比《清代學術概論》趨於成熟。它既保持了作者先前對清代學術史進行宏觀研究的獨具特色，同時又以專人、專題的研究，使宏觀研究同局部的、具體的考察結合起來。這部論著凡十六節，而歸納起來不外乎就講了三個專題，一是清代學術變遷與政治的影響，二是清初經世思潮及主要學者的成就，三是清代學者整理舊學的總成績。全書無論是對清代學術主流的把握，還是對各時期學術趨勢的分析；無論是對清初諸大師，如顧炎武、黃宗羲、王夫之、顏元等的研究，還是對為論者所忽視的方以智、費密、唐甄、陳確、潘平格等的表彰，都無不顯示了基於深厚研究之上的卓越識斷。其中，尤其是對第三個專題的研究，更是搜討極勤，很見功力，從而也成為他晚年的得意之作。一九二四年四月，當他將這一部分書稿送請《東

---

41 朱維錚校注：〈梁啟超論清學史二種〉，《中國近三百年學術史》（上海市：復旦大學出版社，1985年），頁438。

方雜誌》率先發表時，就曾經指出，全篇所列二十個學術門類，「每類首述清以前狀況，中間舉其成績，末自述此後加工整理意見，搜集資料所費工夫真不少。我個人對於各門學術的意見，大概都發表在裏頭，或可以引起青年治學興味。頗思在雜誌上先發表，徵求海內識者之批駁及補正，再泐為成書」[42]。

　　梁啟超先生因不愜於《清代學術概論》的簡略，而久有改寫的志願。《中國近三百年學術史》可以說是在這方面邁出了堅實的一步。但是很可惜，他沒有再繼續往前走下去，便把學術興趣轉向先秦子學研究。嚴格地說來，《中國近三百年學術史》應當說是一部尚未完成的作品。因為梁先生在該書一開始便說得很清楚：「本講義目的，要將清學各部分稍為詳細解剖一番」[43]，「要將各時期重要人物和他的學術成績分別說明」[44]，可是全書終了，這個任務卻只做了一半，清中葉以後的學術史僅有綜論而無說明，更無解剖。爾後，隨著中國第一次大革命的高漲，他戴著有色眼鏡去觀察時局，以致苦悶彷徨，日益落伍。加以病魔深纏，直到一九二九年一月齎志辭世，他始終未能再行涉足於清代學術史研究，這不能不說是一樁深以為憾的事情。倘使天假以年，使梁先生得以矢志以往，將《清代學術概論》與《中國近三百年學術史》合而一之，實現改寫《清代學術史》的夙願，那麼他在這一學術領域中的所獲，當是不可限量的。

---

42　梁啟超：〈致菊公書〉，見丁文江、趙豐田編：《梁啟超年譜長編》（上海市：上海人民出版社，1983年），頁1016。

43　朱維錚校注：〈梁啟超論清學史二種〉，《中國近三百年學術史》（上海市：復旦大學出版社，1985年），頁103。

44　朱維錚校注：〈梁啟超論清學史二種〉，《中國近三百年學術史》（上海市：復旦大學出版社，1985年），頁125。

## 四　傑出貢獻舉要

在中國近現代學術史上，梁啟超以富於開創精神而著稱。正是無所依傍的大膽開拓，構成了他的清代學術史研究獨具一格的特色，使他取得了超邁前人的卓越成就。作為一個傑出的先行者，梁先生的研究雖然還只是開了一個頭，不可能走得更遠，而且也還存在若干偏頗和疏失。但是發凡起例，關啟蹊徑，在清代學術史的開創和建設中，他的功績是不朽的。歸納起來，梁啟超先生在這一學術領域的貢獻，主要有如下幾個方面。

第一，開創性的宏觀研究。

有清一代，對當代學術發展的源流進行局部的梳理，從其中葉便已開始。嘉慶、道光間，江蘇揚州學者江藩，撰就《國朝漢學師承記》、《國朝宋學淵源記》和《國朝經師經義目錄》，實為此一學術趨嚮之濫觴。隨後，湖南學者唐鑒不滿江藩揚漢抑宋的做法，一反其道，獨以程朱學派為大宗，置經學、心學為異己，編成《國朝學案小識》，也堪稱繼起有得者。不過，江、唐二人的著作，雖然對我們瞭解清代前期學術界的狀況不無參考價值，但是他們皆為門戶之見所蔽，其中尤以唐鑒為甚。因而就學術史研究而言，他們的所得同梁啟超相比，就實在不成片段。梁啟超先生的研究之所以遠勝於前人，其根本之點就在於，他將進化論引進學術史研究領域，把清代學術發展視為一個歷史的演進過程，在中國學術史上，第一次對它進行了宏觀的歷史的研究。在愈趨深化的研究過程中，梁先生首先從縱向著眼，將清代學術史置於中國數千年學術發展史中去論列。他不僅指出清學同之前的宋明理學間的必然聯繫，而且還把它同以後對孔孟之道的批判溝通起來。他所昭示給人們的，既不再是數千年來舊史家對封建王

朝文治的歌頌，也不再是從朱熹到唐鑒歷代學者對一己學派的表彰，而是一個歷史時期學術思想盛衰的全貌。這樣，梁先生就以其「史界革命」的實踐，把清代學術史研究引向一個嶄新的天地。同時，作為一個特定歷史階段的學術思想史，梁先生又把三百年間的學術發展看做一個獨立的整體，對之進行了多層次、多切面的系統研究。無論是他所涉及的研究課題之廣泛，還是所論列的學者之眾多，都是空前的。他關於清代學術發展的基本特徵，清代學術史的分期和各個時期主要的學術趨向，以及十七世紀經世思潮和整個清學歷史地位等方面的探討，不僅前無古人，睥睨一代，而且也給後來的學者指出了深入研究的廣闊而堅實的路徑。十分可貴的是，身為晚清學術界的代表人物之一，梁啟超先生卻能以一個傑出史家的理智，擺脫門戶之見的羈絆，對自己親歷的學術史事進行冷靜、縝密的研究。他「不惜以今日之我，難昔日之我」，「即以現在執筆之另一梁啟超，批評三十年史料上之梁啟超也」。[45]他曾經說過：「啟超之在思想界，其破壞力確不小，而建設則未有聞，晚清思想界之粗率淺薄，啟超與有罪焉。」[46]在中國學術史上，能如同梁先生一樣，把自己作為一個歷史人物去進行解剖，實在是不可多見的。正是這種虛懷若谷、從善如流的學風，使他在清代學術史研究中的開創精神歷久而不衰。梁啟超先生對清代學術史所進行的開創性的宏觀研究，使他理所當然地成為這一學術領域的傑出奠基人之一。

第二，對清代學術發展規律的探索。

清代學術，作為中國古代學術發展的一個重要階段，它有其自身的運動規律，探討和準確地把握這一規律，是清代學術史研究的一個

---

45 梁啟超：〈自序〉，《清代學術概論》（北京市：中華書局，1954年），卷首，頁4、頁63。

46 梁啟超：《清代學術概論》（北京市：中華書局，1954年），頁65。

根本課題。在中國學術史上,進行這一探索的先驅者便是梁啟超先生。當他青年時代跨入清代學術史研究門檻的時候,便以封建史家所不可企及的魄力和卓識,大膽地提出了歷史的三大「界說」。即第一,「歷史者,敘述進化之現象也」;第二,「歷史者,敘述人群進化之現象也」;第三,「歷史者,敘述人群進化之現象而求得其公理公例者也」。[47]在中國史學史上,梁啟超先生第一次從西方引進「歷史哲學」的概念,他指出:「善為史者,必研究人群進化之現象,而求其公理公例之所在,於是有所謂歷史哲學者出焉。歷史與歷史哲學雖殊科,要之苟無哲學之理想者,必不能為良史,有斷然也。」[48]梁先生研究清代學術史的過程,也就是他以其資產階級的歷史哲學為指導,去探索這一學術領域的「公理公例」的過程。

從《近世之學術》到《中國近三百年學術史》,梁啟超先生的全部研究表明,他並沒有滿足於對清代學術演變源流的勾勒,也沒有局限於對清代學者業績的表彰。他的卓越之處在於,他試圖去探索在清代歷史上遞相出現的學術現象產生的原因,以及它們之間的聯繫,並把它們合而視為一個獨立的思潮,進而找到這一思潮與其前後歷史時期所出現思潮的聯繫。儘管由於歷史和階級的局限,在這個問題的探討中,梁先生最終未能如願以償。但是,無論是他對清代學術發展內在邏輯的認識,還是他就地理環境、社會環境、人們的心理狀態等因素對學術發展影響的探討,尤其是他晚年所著力論證的封建專制政治對學術趨向的制約,都在這方面作出了有價值的嘗試。他的探討所得,為繼起者向真理的追求,提供了寶貴的思想資料。

第三,一系列重要研究課題的提出。

47 梁啟超:《新史學》《飲冰室合集》之《文集》,冊3。
48 梁啟超:《新史學》《飲冰室合集》之《文集》,冊3。

　　學術研究，歸根結蒂，是為了追求真理，解決問題。然而問題的解決，真理的把握，卻並非一蹴而就，它需要研究者付出長期的、一代接一代的艱辛勞動。因而，作為開拓者，評判他們功績的依據，往往並不在於能否解決問題，歷史給他們以肯定評價的，則是他們提出問題的識斷。從這個意義上說，提出問題與解決問題是具有同等重要價值的。梁啟超先生的清代學術史研究，其歷史價值就不僅僅是因為他觸及並著手解決前人所未曾涉及的若干問題，而且更在於他提出了這一學術領域中應當解決的一系列重要課題。在梁先生所提出的研究課題中，既有對規律性認識的探討，也有對局部問題深入的剖析。前者比如清代學術史的分期，清代學術發展的基本特徵和趨勢，十七世紀經世思潮研究，清代學術的歷史地位等等。後者譬如對戴震及其哲學和顏李學派的評價，清代學者整理舊學的總成績，乾嘉學派、常州學派的形成，晚清的西學傳播等。如果要開成一張單子，那麼至少可以列出四五十個大題目來。半個多世紀來，繼起的研究者正是沿著梁啟超先生開闢的路徑走去，從不同的角度，運用不同的研究方法，去解決他所提出的一個個課題。同時又在這一過程中，不斷發掘出新的研究課題來，把清代學術史研究推向了一個新的更高的層次。

　　第四，進行東西文化對比研究的嘗試。

　　每一個國家，每一個民族，都有自己的理論思維史和文化史。儘管由於歷史的原因，它們之間的發展水準參差不一，但是將各個國家、各個民族在同一歷史時期，或相似發展階段的理論思維史、文化史進行比較研究，對於提高各自的發展水準，共同締造人類的文明，無疑是十分必要的。從今天看來，這樣的認識已經廣為人們所樂於接受。然而，一個多世紀前，在閉關鎖國的清政府統治下，這則是不可思議的事情。直到二十世紀初，封建統治尚在苟延殘喘的時候，要去這麼做，也是需要足夠的理論勇氣和遠見卓識的。在這方面，梁啟超

先生破天荒地進行了勇敢的嘗試。他在清代學術史研究中，不僅把不同時期的著名思想家，諸如黃宗羲、顏元、戴震等的某些思想，同西方相似的思想家進行局部的對比，肯定其思想的歷史價值；而且還從整體上把全部清代學術同歐洲的「文藝復興」相比照，高度評價了清學的歷史地位。雖然他所作的對比研究，還只是十分簡單的、粗疏的類比，而且往往又帶著明顯的主觀隨意性。但是通過這樣的比較研究，他既沒有成為拘守「國粹」的故步自封者，也沒有成為拜倒在他人腳下的民族虛無主義者。梁啟超先生的成功嘗試表明，這樣做的結果，帶給他的則是對我國思想文化遺產的深入認識，以及對其發展前景的滿懷樂觀。正如他在《清代學術概論》篇末所說：「吾著此篇竟，吾感謝吾先民之餉遺我者至厚，吾覺有極燦爛莊嚴之將來橫於吾前。」

　　歐洲「文藝復興」，作為西方走向資本主義的先導，它具有無可估量的歷史價值。恩格斯曾經把它稱做「從來沒有經歷過的一次最偉大的、進步的變革」。[49]從這個意義上說，梁啟超先生所進行的比較，實是不倫。然而梁先生試圖以對清代學術史的總結，找到清學與「文藝復興」間的相似之點，從而呼喚出中國的資本主義來，則又是有其歷史進步意義的。儘管歷史的進程雄辯地證明，只有社會主義才能救中國，但是在二十世紀初，梁啟超先生對新社會的憧憬，以及他所進行的理論探索，我們卻不能因此便不加分析地一概加以否定。事實上，他的東西文化比較研究，他的「『無揀擇的』輸入外國學說」[50]，用他的話來說，其目的就在於「欲使外學之真精神普及於祖國」。[51]在

49　《馬克思恩格斯選集》（北京市：人民出版社，1995年），卷4，頁261。

50　朱維錚校注：〈梁啟超論清學史二種〉，《中國近三百年學術史》（上海市：復旦大學出版社，1985年），頁124。

51　梁啟超：《近世之學術》第3節，《飲冰室合集》之《文集》，冊3。

這一點上，梁啟超先生無愧於向西方尋求救國救民真理的傑出先行者之一。而且他所進行的理論探索還告訴我們，在清代的近三百年間，就理論思維水準而言，我們同西方世界相比，已經落後了整整一個歷史階段。探討導致這一差距形成的根源，正是我們研究清代社會史和思想史的一個重要課題。

第五，學術史編纂體裁的創新。

在中國史學史上，學術史的分支，可謂源遠流長。從《莊子》的〈天下篇〉、《荀子》的〈非十二子篇〉，到歷代史書中的儒林傳、經籍志、藝文志，代有董理，一脈相承。不過，嚴格地說來，作為一種專門的史書體裁，它的雛形則形成於較晚的南宋。這便是朱熹的《伊洛淵源錄》。隨後，又經歷數百年的發展，直到清初學者黃宗羲纂輯《明儒學案》，才使之最終臻於完成。有清一代，學術史的編纂即步黃宗羲後塵，以學案體為圭臬，大體無異，小有變通而已。梁啟超先生的清代學術史著述，則打破了這一格局。從《近世之學術》到《中國近三百年學術史》，他對學案體史書，取其所長，棄其所短，試圖把對學者專人的研究，融入各歷史時期主要學術現象的專題研究中去。章節分明，綱舉目張。在梁先生的筆下，人們所看到的，就不再是舊學案裏那些孤立的一個個學者或學派，而是彼此聯繫，不可分割的歷史演進過程。梁先生彷彿繪製的是一幅寫生畫，清代三百年間的學術演變宛若一株參天大樹，而各個歷史時期的主要學術現象，則是使其得以成蔭的繁密枝幹，各領風騷的學者，便是那滿綴枝頭的累累碩果。這樣，就歷史編纂學而言，梁啟超先生的清代學術史著述，便在舊有學案體史書的基礎之上，醞釀了一個飛躍，提供了編纂學術史的一種嶄新體裁。

寫到這裏，我們以為還有必要指出的是，同清代學術史編纂相一致，梁先生對整個清史的編纂，也是有過貢獻的。早在一九一四年，

他就曾對編寫清史的紀、表、志、傳，分門別類提出過一系列建設性的意見。梁先生很重視表、志在史書中的地位，他認為司馬遷的《史記》創立十表，「宜為史家不祧之大法」，但是「後之作者，惟踵人表，捨棄事表，史公精意隳其半矣」。他同時又指出：「全史精華，惟志為最。」因而，他把清代重大史事列為數十表、志，以取「文簡事增」之效。[52]可惜他的很有見地的看法，卻未能引起史館諸公的應有重視。所以，後來他為肖一山先生的《清代通史》作序時，不勝感慨地寫道：「清社之屋，忽十二年，官修《清史》，汗青無日，即成，亦決不足以饜天下之望。吾儕生今日，公私記錄未盡散佚，十口相傳，可徵者滋復不少。不以此時網羅放失，整齊其世傳，日月逾邁，以守缺鉤沉盤錯之業貽後人，誰之咎也？」[53]梁先生作為一個史家的高度責任感，於此可見一斑。我們今天重修《清史》，雖然盡可不必再去沿襲舊史書的紀傳體格式，但是對梁啟超七十餘年前的某些意見，諸如對清代重大史事的把握，重視清代有作為帝王的歷史作用；在人物編寫上以專傳、附傳等多種形式，「部畫年代」、「比類相從」等，依然是可以借鑒的。

## 五　大師留下的思考

梁啟超先生博學多識，才華橫溢。他一生廣泛涉足於史學、文學、哲學、法學、佛學、社會學、政治學、財政金融學、語言文字學、金石書法學、地理學、教育學等眾多的學科，其為學領域之廣博，在他那個時代實是罕有匹敵。廣，這是他為學之長。因有其廣，故能在浩瀚學海任情馳騁，「裂山澤以闢新局」，發人之所未發，往往

---

52 梁啟超：〈清史商例初稿〉，《飲冰室合集》之《專集》，冊8。
53 梁啟超：〈清代通史序〉，《飲冰室合集》之《文集》，冊14。

猶如信手拈來。然而正是這個廣字，卻又成了他的為學之短。因務其廣，欲面面俱到而不得專一，故流於「務廣而疏」。誠如他所自責：「啟超務廣而疏，每一學稍涉其樊，便加論列，故其所著述，多模糊、影響、籠統之談，甚者純然錯誤。及其自發現而自謀矯正，則已前後矛盾矣。」[54] 這並非謙辭，而是肺腑之言。在他的清代學術史研究中，這樣的弊病也同樣存在。梁啟超的清代學術史著述，大刀闊斧，視野開闊，加以文筆平易暢達，因此讀來實是令人痛快，不忍釋手。然而掩卷而思，則疏失之處在所多有，尤其是一些總結性的論斷，更是每每經不住推敲。這樣又不禁讓人為之惋惜。以下，我們試舉一二例作說明。

梁啟超先生認為，清代學術發展的主要潮流是「厭倦主觀的冥想而傾向於客觀的考察」[55]。據此出發，他把清代的考證學視為同先前的兩漢經學、隋唐佛學、宋明理學並稱的「時代思潮」[56]。這樣的歸納，大體上是允當的。但是，基於上述估計，梁先生遂把清代學術的發展劃分為啟蒙、全盛、蛻分、衰落四期。他認為：「吾觀中外古今之所謂思潮者，皆循此歷程以遞相流轉，而有清三百年，則其最切著之例證也。」[57] 這樣，他便把整個清代學術發展的歷史僅僅歸結為唯一的考證思潮史。這個做法就很可商量了。我們以為，清代學術雖以考證學為主流，但卻不能以之去囊括整個清學。清代近三百年間，固然有源遠流長的考證學，但在它之前，尚有作為清初學術主流的經世思潮；當它鼎盛發皇之時，今文經學則已醞釀復興，乃至清中葉以後

---

54 梁啟超：《清代學術概論》（北京市：中華書局，1954年），頁65。

55 朱維錚校注：〈梁啟超論清學史二種〉，《中國近三百年學術史》（上海市：復旦大學出版社，1985年），頁91。

56 梁啟超：《清代學術概論》（北京市：中華書局，1954年），頁1。

57 梁啟超：《清代學術概論》（北京市：中華書局，1954年），頁3。

風行於世;到了晚清,又興起了向西方尋求救國救民真理的歷史潮
流。而且,始終與考證學相頡頏的,還有那不絕如縷的宋學。凡此種
種,不一而足。所有這些紛繁複雜的學術現象,既彼此聯繫,互相滲
透,卻又獨立地存在於不同的歷史時期。它們既非考證學的附庸,更
不能以考證學去取代。而借用梁先生的話來說,它們同考證學一樣,
也都有各自的啟蒙、全盛、蛻分和衰落的歷史。因此,我們不贊成梁
先生把清代學術演進的歷史簡單化的做法。

又如應當怎樣去看待清代學術發展中的「復古」現象?在梁啟超
先生看來,清代學術走的是一條「復古」的路,所以他曾經把清代稱
做「古學復興時代」。他不僅認為清學是「以復古為解放」,而且還歸
納了一個層層上溯的「復古」過程。這就是「第一步,復宋之古」;
「第二步,復漢唐之古」;「第三步,復西漢之古」;「第四步,復先秦
之古」。[58]對梁先生的這些看法,我們只能大致贊成其前半部分,而對
所謂「以復古為解放」的命題,尤其是那個四步「復古」過程的歸
納,我們以為不惟「模糊、影響、籠統」,而且「純然錯誤」。清代是
對中國古代學術進行整理和總結的時期,因而從形式上看,它確實帶
著「復古」的特色。但是「復古」畢竟只是一種現象而已,並不能據
以說明清代學術發展的本質。對清學的「復古」,我們切不可脫離具
體的歷史條件去孤離地進行考察。同樣是「復古」,清初、乾嘉以及
清中葉和晚清就很不相同。清初學者的「復古」,是要解答社會大動
盪所提出的現實課題。然而落後、陳舊的生產方式,桎梏著他們的思
維方式和思維能力,他們無法超越歷史的制約,只好回過頭去,向儒
家經典回歸,從上古的「三代之治」中去勾畫他們的社會藍圖。乾嘉
時期的「復古」,是在與清初不同的社會經濟、政治條件下進行的。

---

58 梁啟超:《清代學術概論》(北京市:中華書局,1954年),頁6。

正是在社會所提供的舞臺上，乾嘉學者沿著清初以經學濟理學之窮的趨勢走下去，純然走向古學的整理。這同清初的「經世致用」，顯然就存在質的差別。而道咸以後，尤其是同光之世的「復古」，既有承乾嘉遺風對舊學的整理，更有借《春秋》公羊家說的「非常異義可怪之論」，來謀求挽救社會危機途徑的努力。這與乾嘉時期相比，就又是一次新的質變。到了晚清，則是把西學同中學相溝通，「復古」是為了傳播西學，向西方尋求救國救民真理成為不可抗拒的歷史潮流。清代學術史就是在這樣一個否定之否定的矛盾運動中前進的，其間既有漸進性的量的積纍，也有革命性的質的變化。梁先生為庸俗進化論所束縛，看不到質變在清學發展中的能動作用，他無法準確地透過現象去把握歷史的本質，結果只好牽強立說。這大概就是他致誤的哲學根源之所在。事實上，無論在清代任何一個歷史時期，都並不存在「以復古為解放」的客觀要求，更不存在層層上溯的「復古」趨勢。梁先生為一時宣導國學的需要，而去作這樣的主觀歸納，實在是不足取的。

　　總之，梁啟超先生的清代學術史研究，既有大膽探索所取得的創獲，也有粗疏失誤而留下的教訓。然而就大體而論，在這一學術領域中，梁先生的貢獻是其主要的、根本的方面，疏失則是次要的、非本質的方面。批判地繼承梁先生所留下的學術文化遺產，完成他所未竟的《清代學術史》編纂事業，這恐怕就是我們今天對他最好的紀念。

## 六　梁任公先生與清華研究院

　　欣逢清華國學研究院八十華誕，謹將舊日為梁任公先生所作傳略稍事掇拾，奉呈清華學報。既藉以略申祝賀之悃忱，亦敬抒對前輩大師的景仰。

## （一）創造合為人為學於一體的新學風

一九二〇年三月，梁任公先生歐遊返國。歐遊過程中，經歷在各地的訪問考察，梁先生對歐洲的文化，尤其是近百年來歐洲文化之所以居於領先地位的原因，有了進一步的認識。他將這一認識同中國傳統的政治、經濟、社會和文化相對照，舊日的悲觀消極為之一掃，對國家的前途充滿了信心。在返國初的一次演說中，任公先生表示：「鄙人自作此遊，對於中國甚為樂觀，興會亦濃，且覺由消極變積極之動機現已發端。諸君當知中國前途絕對無悲觀，中國固有之基礎亦最合世界新潮，但求各人高尚其人格，勵進前往可也」。[59]從此，梁先生決意委身教育，以之為終身事業，企求按照其設計的社會藍圖，「培養新人才，宣傳新文化，開拓新政治」。[60]清華學校和清華研究院，遂為任公先生晚年實現其社會抱負的重要場所。

關於梁任公先生的首次在清華學校登壇講學，據丁文江、趙豐田二位先生輯《梁啟超年譜長編》所記，為一九二二年春。[61]而李國俊先生著《梁啟超著述繫年》，則據梁先生《國學小史》手稿，記為一九二〇年冬之後。[62]梁先生於一九二三年九月起，再度應聘到清華學校講學。此次講學歷時一年，翌年九月十三日，因梁先生夫人病逝而中輟。一九二五年九月，梁任公先生重登清華講席，且主持清華研究院事，入住北院教員住宅第二號。迄於一九二八年六月，因病勢垂危而被迫辭去研究院事，梁先生主持清華研究院工作前後凡三年。

---

59 丁文江、趙豐田編：《梁啟超年譜長編》（上海市：上海人民出版社，1983年），頁902。

60 丁文江、趙豐田編：《梁啟超年譜長編》（上海市：上海人民出版社，1983年），頁909。

61 丁文江、趙豐田編：《梁啟超年譜長編》（上海市：上海人民出版社，1983年），頁949。

62 李國俊：《梁啟超著述繫年》（上海市：復旦大學出版社，1986年），頁197。

　　梁任公先生講學清華，尤其是主持清華研究院事，有一個明確的宗旨，那就是創造合為人為學於一體的新學風。關於這一點，一九二六年十一月十二日，梁先生在清華研究院的茶話會上，向校長及與會師生發表過一次演說。梁先生開宗明義，即揭出清華研究院的辦學宗旨，他說：「我所最希望的，是能創造一個新學風」。何謂新學風？用梁任公先生此次演說的話來講，就是「做人必須做一個世界上必不可少的人，著書必須著一部世界上必不可少的書」[63]。

　　一九二七年初夏，梁任公先生抱病偕清華研究院諸位同學游北海。小憩間，梁先生發表即席講話，結合時局回顧在清華研究院兩年的追求。梁先生說：「我這兩年來清華學校當教授，當然有我的相當抱負而來的，我頗想在這新的機關之中，參合著舊的精神。吾所理想的也許太難，不容易實現。我要想把中國儒家道術的修養來做底子，而在學校功課上把他體現出來。……一面求智識的推求，一面求道術的修養，兩者打成一片。」講話結束之時，梁先生總結道：「歸納起來罷，以上所講的有二點：（一）是做人的方法——在社會上造成一種不逐時流的新人。（二）做學問的方法——在學術界上造成一種適應新潮的國學。我在清華的目的如此。雖不敢說我的目的已經滿足達到，而終得了幾個很好的朋友。這也是做我自己可以安慰自己的一點。」最後，任公先生勉勵同遊諸年輕學人：「今天是一年快滿的日子了。趁天氣晴和時候，約諸同學在此相聚。我希望在座的同學們，能完全明瞭瞭解這二點——做人做學問——而努力向前幹下去呀。」[64]

---

63　梁啟超：《飲冰室合集》之《文集》，冊5，頁5-7。

64　丁文江、趙豐田編：《梁啟超年譜長編》（上海市：上海人民出版社，1983年），頁1144。

## （二）開拓學術研究的新領域

梁任公先生博學多識，通貫古今。在執教清華學校，尤其是主持清華研究院講席期間，先後講授的課程，計有《國學小史》、《中國歷史上民族之研究》、《中國文化史》、《中國近三百年學術史》、《要籍解題及其讀法》、《中國歷史研究法》、《儒家哲學》、《古書真偽及其年代》等。不惟其為學領域之廣博，在他那個時代罕有匹敵，而且其銳意創新之開拓精神，在中國學術史上更是堪稱不朽。以下僅就梁先生的清代學術史研究作一管中之窺。

梁任公先生的清代學術史研究，其開拓精神主要體現在如下幾個方面。

首先，是貫通全體的大局觀。在清一代，對當代學術發展的源流進行梳理，從其中葉便已開始。嘉慶、道光間，江蘇揚州學者江藩，撰就《國朝漢學師承記》、《國朝宋學淵源記》和《國朝經師經義目錄》，實為此一學術趨嚮之濫觴。迄於十九世紀末二十世紀初，章太炎先生著《訄書》（後經修訂改題《檢論》），劉申叔先生撰《近儒學術統系論》、《清儒得失論》，清代學術史學科，已然初露端倪。至梁任公先生《清代學術概論》、《中國近三百年學術史》出，則後來居上，奠定樊籬。梁先生的研究之所以超過前人，其根本之點就在於，他將西方晚近之進化論引入史學領域，把清代學術發展視為一個歷史演進的過程，在中國學術史上第一次對它進行了宏觀的歷史的研究。梁先生的研究所得，不惟揭示了清代學術同之前宋明理學間的必然聯繫，而且還把它同其後對孔孟學說的批評溝通起來，從而肯定了清代學術的歷史價值。同時，作為一個特定歷史階段的學術發展史，梁任公先生又把三百年間的學術發展視為一個獨立的整體，對其進行了多層次、多切面的系統研究。梁先生所昭示給讀者的，已經不再是數千

年來舊史家所歌頌的帝王文治，也不再是從朱子經黃宗羲到江藩，歷代學術史家對一己學派的表彰，而是一個歷史階段學術思想的發展史。這樣，任公先生就以其「史界革命」的實踐，開闢了清代學術史研究的嶄新天地，使他理所當然地成為這一學術領域的傑出奠基人。

其次，是一系列重要研究課題的提出。學術研究的宗旨，歸根結底是為了追求真理，解決問題。然而問題的解決，真理的把握，卻並非一蹴而就，它需要研究者付出長期的、艱辛的，往往是一代接一代的勞動。因此，作為開拓者，歷史給他們以應有評價的依據，往往並不在於能否解決問題，而是他們提出問題的見識。從這個意義上說，提出問題與解決問題具有同等重要價值。梁任公先生的清代學術史研究，其歷史價值就不僅僅是因為他觸及並著手解決前人所未曾涉足的若干問題，而且更在於他提出了這一學術領域中應當解決的一系列重要課題。在梁先生所提出的研究課題中，既有對規律性認識的探討，也有對局部問題深入的剖析。前者譬如清代學術史的分期、清代學術的基本特徵和發展趨勢、十七世紀的實學思潮、清代學術的歷史地位等；後者譬如對戴震思想和顏李學派的評價、清代學者整理舊學的總成績、乾嘉學派的形成、今文經學的復興、晚清的西學傳播等。這些問題的提出，不僅前無古人，睥睨一代，而且也給後來的學者指出了深入研究的廣闊而堅實的路徑。

最後，是對學術史編纂體裁的創新。在中國史學史上，學術史的分支，可謂源遠流長。從《莊子》〈天下篇〉、《荀子》〈非十二子篇〉，到歷代史書中的儒林傳、經籍志、藝文志，代有董理，一脈相承。不過嚴格地說來，作為一種專門的史書體裁，它的雛形則形成於較晚的南宋，這便是朱熹的《伊洛淵源錄》。隨後，又經歷數百年的發展，直到清初學者黃宗羲著《明儒學案》，才使之最終完成。有清一代，學術史的編纂即步黃宗羲的後塵，以學案體為圭臬，大體無

異，小有變通而已。梁任公先生的清代學術史研究，則打破了這一格局。從早年著《近世之學術》，到晚年在清華研究院講《中國近三百年學術史》，梁先生把對學者的專人研究，融入各個歷史時期重大學術現象的專題探討之中，章節分明，綱舉目張，從而實現了對舊有學案體史書革命性的改造。

清末民初之學，以求新為其特色。梁任公先生作為一位繼往開來的大師，他上承道咸以來先行者的足跡，重倡清初諸大師廣博的經世致用之學，於廣中求新而高樹其幟，卓然成家。廣，這是梁先生之為學所長。因有其廣，故能在浩瀚學海中馳騁，「裂山澤以闢新局」，銳不可當，領異立新。然而正是這個廣字，卻又成了梁先生的為學之短。誠如任公先生所自責：「啟超務廣而疏，每一學稍涉其樊，便加論列。故其所著述，多模糊、影響、籠統之談，甚者純然錯誤。及其自發現而自謀矯正，則已前後矛盾矣。」[65]這並非謙辭，而是由衷之言。半個多世紀以來，繼起的研究者取梁先生之所長而補其所短，深入開拓，精進不已，始有今日清代學術史研究之新格局。

## （三）樹立獻身學術的新精神

梁任公先生有一句名言，叫做「戰士死於沙場，學者死於講座」。[66]這句話道出了梁先生獻身學術的可貴精神，成為他晚年執著追求的寫照。

梁任公先生一生的最後歲月，是在同病魔鬥爭之中度過的。梁先生性情豁達，素少疾病，每每以此自恃，因而在繁忙的工作中忽視了節勞調養。加以他有飲酒的嗜好，久而久之自然也要傷害身體。正當

---

65 梁啟超：《飲冰室合集》之《專集》，冊3，頁65。
66 丁文江、趙豐田編：《梁啟超年譜長編》（上海市：上海人民出版社，1983年），頁1203。

梁先生對病痛不以為然的時候，無情的病魔卻已暗暗向他襲來。

一九二四年九月，經歷晚年喪偶之痛，過分傷感，誘發梁先生小便出血症。翌年春，病情加重，入京中德國醫院治療。三月，轉協和醫院，將右腎割去。雖經過此番手術，但病根未除，血仍不止。未待痊癒，梁先生便以對教育事業的高度責任感，重登清華研究院和燕京大學講壇。

一九二七年六月，梁任公先生在燕京大學講完〈古書真偽及其年代〉，特意講了如下告別辭。梁先生說：「這一堂講演雖然經過了半年，但因次數太少，鐘點太短，原來定的一小時，我雖然常常講到兩小時，仍舊不能講得十分多。幸虧總算講完經部各書了，最可惜的就是沒有講子部。子部最要緊，又最多偽書和年代不明的書，下年我能否再和諸君在一堂聚談，很難自定。其故一，像這樣危疑震盪的時局，能否容許我們從容講學，很是問題。其故二，我自己自從上年受過手術以後，醫生忠告我，若不休息是不行的。好在我們相見的機會還很多，再見再見。」[67]

與之同時，梁任公先生還在清華研究院講授《中國歷史研究法補編》。關於梁先生此數年間在清華的扶病登壇，姚達人先生有過一段如泣如訴的追記。謹過錄如後：

> 右《中國歷史研究法補編》一部，新會梁任公先生講述，其門人周傳儒、姚名達筆記，為文都十一萬餘言。所以補舊作《中國歷史研究法》之不逮，闡其新解，以啟發後學，專精史學者也。憶民國十四年九月二十三日，名達初受業於先生，問先生近自患學問欲太多，而欲集中精力於一點，此一點為何？先生

---

67 梁啟超：《飲冰室合集》之《專集》，冊7，頁135。

曰:「史也,史也。」是年秋冬,即講《中國文化史》〈社會組織篇〉,口教筆著,晝夜弗輟。入春而病,遂未完成。十五年十月六日,講座復開,每周二小時,綿延以至於十六年五月底。扶病登壇,無力撰稿,乃令周君速記,編為講義,載於《清華周刊》,即斯編也。周君旋以事忙,不能卒業,編至〈合傳及其做法〉而止。名達遂繼其後,自三月十八日至五月底,編成〈年譜及其做法〉、〈專傳的做法〉二章。自八月十三日至二十八日,編成〈孔子傳的做法〉以後諸篇,全講始告成文。經先生校閱,卒為定本。是秋以後,先生弱不能耐勞,後學不復得聞高論,而斯講遂成絕響。[68]

　　一九二八年春,梁任公先生再度住進協和醫院,採取輸血法以彌補便血帶來的損耗。無奈治標之法終非長策,鑒於身體業已極度衰弱,在家人苦諫之下,梁先生於同年六月被迫完全辭去清華研究院教學事。此後,梁先生人在津門,心繫清華。清華研究院舊日諸高足,亦無不時時牽掛梁先生病情。是年十二月一日,清華研究院南下諸弟子徐中舒、程璟、楊鴻烈、方欣、陸侃如、劉紀澤、周傳儒、姚名達等先生,由上海聯名致書慰問梁先生。書中有云:「自別道範,相從南來,河山雖隔,繫念常殷。每度京津同學有道出滬上者,輒相與把臂促膝,問津門起居。聞師座清恙大減,則粲然色喜;若聞玉體違和,則相與蹙額浩歎矣。」諸先生共同表示:「此間同門有足為師座告者,即全體俱能安心嚮學,無一輕率浮動者;且社會各方皆相推重,是悉由師座曩日訓誨之功也。」[69]

68 梁啟超:《飲冰室合集》之《專集》,冊7,頁177。

69 丁文江、趙豐田編:《梁啟超年譜長編》(上海市:上海人民出版社,1983年),頁1198。

　　迄於一九二九年一月十九日逝世，梁任公先生把自己的晚年獻給了清華研究院和中華民族的學術事業。梁先生不惟屬於清華，而且更屬於整個中國學術界。繼承和發揚梁先生宣導的合為人、為學於一體的學風，實事求是，銳意創新，為國家和民族的學術事業而奮鬥，這就是今天我們對清華研究院和梁任公先生最好的紀念。

# 第二十一章
# 《清儒學案》雜識

　　在中國學術史上，由徐世昌主持纂修的《清儒學案》，以卷帙浩繁、網羅宏富著稱。有清一代，舉凡經學、理學、史學、諸子百家、天文曆算、文字音韻、方輿地志、詩文金石，學有專主，無不囊括其中。它既是對清代兩百六十餘年間學術的總結，也是對中國古代學案體史籍的總結，具有十分重要的文獻價值。

## 一　徐世昌倡議修書

　　《清儒學案》纂修，工始於民國十七年（1928年）。迄於民國二十七年（1938年）中，由北京文楷齋刊刻蔵事，並於翌年七月，在京中修綆堂書店發售[1]，歷時達十餘年之久。這部書雖因係徐世昌主持而以徐氏署名，實則是一集體協力勞作的成果。

　　徐世昌，字菊人，一字卜五，號東海，又號弢齋、水竹邨人、退耕老人等，天津人。生於清咸豐五年（1855年），卒於民國二十八年（1939年），終年八十五歲。世昌為光緒十二年（1886年）進士，以翰林院編修兼任國史館協修、武英殿協修。清末，一度協助袁世凱督練新建陸軍於天津。後歷任東三省總督，軍機大臣，民政部、郵傳部尚書，內閣協理大臣等。民國初建，三年，出任國務卿。七年十月，由「安福國會」選為總統，十一年六月下野。之後，即戢影津門，究

---

1　容媛：〈清儒學案〉，《燕京學報》第27期（1940年6月）。

心文史,著述終老。

徐世昌為清末詞臣出身,素工詩文,留心經史,注意鄉邦文獻的
整理、表彰,博涉古今,為經世之學。任民國大總統期間,曾在總統
府內舉晚晴簃詩社。社中成員多顯宦,亡清遺老亦吟詠其間。後即聘
詩社中人選編清詩,輯為《晚晴簃詩匯》兩百卷刊行。

民國十七年(1928年),復網羅舊日詞臣友好,倡議纂修《清儒
學案》。九月,初擬《清儒學案目錄》,時年七十有四。從此,世昌的
晚年精力,則多在《清儒學案》纂修之中。據賀培新輯《水竹邨人年
譜稿》記,十八年一月,《清儒學案概略》稿成,徐氏即親為審訂。
入春以後,《學案》已有初稿一批送津請閱。翌年三月,夫人席氏病
逝。經晚年失偶之痛,十月,世昌即又按日續閱《清儒學案》稿本,
多所訂正。當時,因預修諸公皆在京城,徐氏日閱《學案》稿本,凡
有商榷,則隨手批答,故函劄往還一直不斷。徐世昌當年書劄,雖經
數十年過去,多有散佚,但所幸中國歷史博物館史樹青老先生處尚有
珍藏。二十餘年前,承史老先生不棄,盡以所藏予筆者一閱,至今感
念不忘。去秋,驚悉史樹老病逝噩耗,失此文史大師,痛哉!

迄於民國二十三年(1934年),徐世昌已屆八十高齡。他不顧年
高,始終潛心於《清儒學案》稿本審訂。逐日批閱,書劄往還,備殫
心力。同年六月,京中主要纂修人夏孫桐來書,商定《學案》事宜。
徐世昌是冬作復,並以撰寫〈清儒學案序〉拜託代勞。徐世昌此劄,
幸為夏先生後人刊佈,彌足珍貴,謹過錄如後。

> 閬枝我兄同年閣下:久不晤,甚念。得惠書,知體氣沖和,為
> 慰。《學案》得公主持,已成十之九,觀成有日,欣慰無似。
> 序文非公不辦,實無他人可以代勞。三百年之全史皆公手訂,
> 三百年之儒學又由公綜覈成書。此種序文,非身歷其事者,不

能道其精蘊，希我兄勿再謙讓也。至「長編」二字，恐非《學案》所宜引用。唐鑑慎當國家鼎盛之時，欲編學案，不能不加「小識」二字。梨洲《明儒學案》成書，已入清代。此時編輯《學案》，深懼三百年學術人文，日久漸湮，深得諸君子精心果力，尅日成書。案之云者，不過引其端緒，綜合諸儒，使後之學者因此而考其專書，則一代之學術自可永存天壤間也。斯時與梨洲著書之時大略相同，則「長編」二字似不必加入也。仍請卓裁。〈凡例〉擬出，先請示閱，諸勞清神，心感無似。此頌健安，冬寒尤希珍衛不宣。弟昌頓首。[2]

徐世昌此劄，頗涉《清儒學案》纂修故實。觀劄中所述，至少可以明確如下諸點。自一九二八年倡議修書，歷時六年，全書已得大半。此其一。其二，《清儒學案》的京中纂修主持人，實為夏孫桐。其三，該書是否在書名後加「長編」二字，徐、夏二氏意見相左，夏提議加，徐則否定。其四，徐世昌以黃宗羲之於故明自況，將其眷念亡清的陰暗心理一語道出。最後，修書既已六年過去，全書〈凡例〉初稿始遲遲擬出，可見先前工作之粗疏。因之，徐氏之「觀成有日」云云，未免盲目樂觀。

之後，徐世昌以年入耄耋，亟待《清儒學案》早日成書，於是按日批閱稿本益勤，閱定即送京中付梓。民國二十六年（1937年）新春，世昌因之而悉謝賀客，閉門批閱《學案》。同年四月，全書已近告成。次年正月，傅增湘由京中來津，議定刻書事宜。三月，徐世昌將〈清儒學案序〉重加改訂。就這樣，卷帙浩繁的《清儒學案》，終於在徐氏生前得以問世。

---

2　過溪：〈清儒學案纂輯記略〉，見《藝林叢錄》第7編。

## 二 夏孫桐與《清儒學案》

　　《清儒學案》的纂修，徐世昌不惟提供全部經費，而且批閱審訂書稿，歷有年所，並非徒具虛名者可比。而纂修諸人，辛勤董理，無間寒暑，同樣功不可沒。據當年主持撰稿事宜的夏孫桐氏後人介紹，《清儒學案》的具體纂修者，前後共十人。最初為夏孫桐（閏枝）、金兆蕃（籛孫）、王式通（書衡）、朱彭壽（小汀）、閔爾昌（葆之）、沈兆奎（羹梅）、傅增湘（沅叔）、曹秉章（理齋）、陶洙（心如）九人。後因金兆蕃南歸，王式通病逝，復聘張爾田（孟劬）。臨近成書，夏孫桐以年力漸衰辭職，張爾田應聘三月，即因與沈、閔、曹不和，拂袖而去。諸人分工大致為，夏、金、王、朱、閔、沈分任撰稿，傅為提調，曹任總務，陶任採書、刻書。此外，另有抄寫者若干。[3] 撰稿諸人中，以夏孫桐學術素養最高，又長期供職史局，故不啻京中撰稿主持人。

　　夏孫桐，字閏枝，號悔生，晚號閏庵老人，江蘇江陰人。生於清咸豐七年（1857年），卒於民國三十一年（1942年），終年八十五歲。孫桐於光緒八年（1882年）舉鄉試。徐世昌亦於同年中舉，故前引徐氏致夏閏枝書，始以「同年」相稱。不過，夏氏成進士則晚於徐氏六年，直到光緒十八年，方得通籍。之後，即長期供職於翰林院。光緒三十三年，外任浙江湖州知府。五年間，轉徙於湖州、杭州、寧波三郡，無所建樹，遂以病謝歸。清亡，避地上海。民國初，應聘入清史館，預修《清史稿》。嘉、道、咸、同四朝諸列傳及《循吏》、《藝術》二匯傳，多出其手。後又佐徐世昌編選《晚晴簃詩匯》。民國十

---

3　過溪：〈清儒學案纂輯記略〉，見《藝林叢錄》第7編。夏先生生平學行，多承夏武
　　康先生賜教，謹致謝忱。

七年（1928年）以後，再應徐世昌之請，主持《清儒學案》撰稿事
宜。前引徐氏劄以〈清儒學案序〉的撰寫相請，並云：「《學案》得公
主持，已成十之九。」足見對其倚重之深。

夏孫桐雖因年事已高，深恐《清儒學案》難以克期蔵事，遂於民
國二十三年（1934年）秋致函徐世昌，「乞賜長假」而辭職。但孫桐
於《清儒學案》的纂修，其功甚巨。他的基本主張，皆保存於〈擬清
儒學案凡例〉和〈致徐東海書〉中。謹詳加引錄，略事評述如後。

夏孫桐所撰〈擬清儒學案凡例〉共十條。第一條云：「清代學術
昌明，鴻碩蔚起。國史合理學、經學統列〈儒林傳〉，實兼漢儒傳
經、宋儒闡道之義。而史學、算學皆超前代，以及禮制、樂律、輿
地、金石、九流百家之學，各有專家。大之有裨經世，小之亦資博
物，史傳雖或列其人於《文苑》，揆以通天地人之謂儒，是各具其一
體。謹取廣義，並採兼收，以備一代學史。」此條概述全書宗旨，入
案標準，意取寬泛，勿拘門戶。逾越以往諸家學案專取理學舊規，以
之述一代學術史，無疑更接近於歷史實際。

第二條云：「學重師法，故梨洲、謝山於宋、元、明諸家，各分
統系，外此者列為《諸儒》。清初，夏峰、二曲、梨洲，門下皆盛，
猶有明代遺風。亭林、船山，學貫古今，為一代師表，而親承授受
者，曾無幾人。其後，吳中惠氏，皖南江氏、戴氏，高郵王氏，傳派
最盛。而畿輔之顏氏、李氏，桐城之方氏、姚氏，奉其學說者，亦歷
久彌彰。蓋以講習為授受，與以著述為淵源，原無二致。至於閎通碩
彥，容納眾流，英特瑋材，研精絕學，不盡有統系之可言，第能類聚
區分，以著應求之雅。大體本於黃、全前例，而立案較繁，不得不因
事實為變通也。」此條論立案原則，既大體沿黃宗羲、全祖望《明
儒》、《宋元》二學案舊例，又從清代學術實際出發而加以變通，不失
為務實之見。

第三條云：「唐鑑慎《學案小識》，雖兼列經學，而以理學為重。理學之中，以服膺程朱為主，宗旨所在，辨別綦嚴。今既取廣義，於理學之朱、王，經學之漢、宋，概除門戶，無存軒輊。推之考訂專門，各徵心得，異同並列，可觀其通。但期於先正之表彰，未敢云百家之摒黜。折中論定，別待高賢。故敘列不分名目，統以時代為次。」此條推闡首條立意，論定編次先後，一以時代為序，亦是允當之論。

第四條云：「清代三百年，學派數變，遞有盛衰。初矯王學末流之弊，專宗朱子，說經則兼取漢儒。繼而漢學日盛，宋學日衰，承其後者，調停異派，稍挽偏重之勢。又自明季以來，西學東漸，達識者遞有發明。海禁既開，其風益暢。於是漢學、宋學之外，又有舊學、新學之分。有清一代，遂為千年來學術之大關鍵。綜其先後，觀之變動之機，蛻化之跡，可以覘世變矣。」此條鳥瞰一代學術遞嬗，既言漢、宋，又述新、舊，最終則歸結於以之反映社會變遷。立意甚高，難能可貴。

第五條云：「學派淵源，每因疆域。淳樸之地，士尚潛修；繁盛之區，才多淹雅。巨儒鍾毓，群賢景從，疏附後先，固徵壇坫之盛。亦有官師宣導，風氣頓為振興。如李文貞之治畿輔，張清恪之撫閩疆，阮文達之於浙、粵，張文襄之於蜀、粵、鄂，其尤著者。文翁治化而兼安定師法，所關於學術興替甚巨。此類謹詳識之。至於闢遠之區，英賢代有，而道顯名晦，著述或少流傳。雖加意搜求，寬為著錄，終慮難免遺珠也。」地理環境之於學術文化，雖非決定因素，但其影響畢竟不可忽視。此條所言，雖尚可商榷，但「淳樸之地，士尚潛修；繁盛之區，才多淹雅」，夏氏此見，不無道理。

第六條云：「此採諸人，以《國史儒林傳》為本，以《文苑傳》中學有本原者增益之。唐氏《學案小識》中，有史傳所未載，而遺書

可見、仕履可詳者，並收焉。江氏《漢學師承記》、《宋學淵源記》，李氏《先正事略》，及各省方志，諸家文集，並資採證。加以搜訪遺籍所得，為前諸書所未及者，共得正案若干人，附案若干人，列入《諸儒》案中若干人，共若干人。」此條意在說明入案諸家傳記資料來源，用力不為不勤。

第七條云：「編次仿《宋元學案》而稍有變通。首本傳，仕履行誼，以史傳為根據，兼採碑誌傳狀，不足再益以他書。學說有正案所難詳者，括敘入傳。凡著述俱詳其目。次正案，凡著述可摘錄者，存其精要，難以節錄者，載其序例。次附錄，載遺聞佚事，有關係而未入傳者，他人序跋有所發明者，後人評騭可資論定者。」此條論定各學案首本傳、次正案、次附錄之編纂體例，仿《宋元學案》而稍有變通。擇善而從，前後劃一，確能收眉清目朗之效。

第八條云：「附案亦仿《宋元學案》諸名目，略從簡括。首家學，以弟從兄，子孫從父祖，疏屬受學者並載之。次弟子，以傳學為重，其科舉列籍，非有講學關係者，不載。次交遊，凡同學、講友等，皆在其中。次從遊，凡交遊年輩較後，或從學而無列弟子籍確據者，入此項。次私淑，或同時未識面而相景慕，或不同時而承學派者，併入此項。附案中又有所附，別標其目，列於諸項之後。凡所引據，悉注書名，以資徵信。」此條專論附案編纂體例，既取法《宋元學案》，又去其繁冗，除「從遊」一類尚屬累贅之外，其餘皆切實可行，實為一個進步。「凡所引據，悉注書名」，尤為可取。

第九條云：「史傳附見之人，或以時地相近，或以學派相同，牽連所及，而其例較寬。學案附見者，必其淵源有自，始能載入。凡潛修不矜聲氣，遺書晦而罕傳者，既未能立專案，苦於附麗無從，皆列諸儒案中。其例雖出黃、全二編，取義略有差別。」此條論定《諸儒學案》立案原則，既出黃、全二編而例有所本，又略異二家《學案》

及史傳，實是當行之論。徐東海先生云「非身歷其事者，不能道其精
蘊」，即此之謂也。

第十條云：「梨洲一代大儒，薈萃諸家學說，提要勾玄，以成
《明儒學案》，故為體大思精之作。《宋元學案》梨洲創其始，謝山集
其成，網羅考訂，先後歷數十年。幾經董理，而後成書，如是之難
也。清代學派更繁，著述之富過於前代，通行傳本之外，購求匪易。
輾轉通假，取助他山，限於見聞，彌慚譾陋。徒以一代文獻所關，不
揣末學，勉為及時搜輯。竊等長編之待訂，僅供來哲之取材。海內明
達加之補正，是私衷所企望者也。」[4]此條言《清儒學案》實一代學
術史之資料長編，無非供來哲取材而已。言而由衷，無意掩飾，著述
者能坦白如此，令人欽敬。

〈致徐東海書〉與〈擬清儒學案凡例〉為姊妹篇，信中，夏孫桐
云：「前奉覆諭，垂念四十年交誼，當日黃壚舊侶，僅存公及下走二
人。勖以炳燭餘光，歲寒同保，讀此語不禁為之感歎，難以傲然拒
命。而自顧孱軀，能否勉力從事，殊無把握。姑先清理積稿，擇其較
完整者，隨手收拾，陸續交出。其有應改作者，加籤待商。約於四月
正可畢，再開清單呈閱。乞賜長假，薪款以臘月截止，請勿再施。至
公篤念故舊之深情，幸勿拘於形跡。津門咫尺，明春和暖之時，冀得
躬詣崇階，以申十年闊緒。」以上是說辭職意堅，不可商量。接下
去，便是對沈兆奎所擬〈凡例〉的商榷。

夏孫桐云：「再頃見羹梅所擬各節，煞費苦心，當有可採。其言
增取之人，亦有早經議及，覓書未得，懸以有待者。要以徵集原書閱
過，方能確定去取，此時尚是虛擬。鄙見不盡同處，仍有數端。」孫
桐所商榷者，為如下三條。

---

4　夏孫桐：〈擬清儒學案凡例〉，《觀所尚齋文存》，卷6。

一、生年次序。羹梅係從正、續《疑年錄》開出，間有見於本書者。按現編原以時代為序，然只能論大段，如最初皆明遺老，次則順、康間人。凡記清代先儒之書，無不以夏峰、亭林、南雷、船山、二曲、楊園、桴亭數人居首，即《詩匯》亦取其例。若以沈國模、陳確數人駕於其上，似其未安。（沈國模案，初稿僅有一傳，無一文可錄，並本案尚難成立，正議設法銷納。說詳將來清單，閱之可悉。）曩時，國史館續修〈儒林傳〉，列船山名次較後，為眾論所不及。時公方在樞庭，當尚憶之。竊謂首數案，斷難廁入此類之人。至以後有此目印證，不致大有顛倒，其有益不少。而不必盡拘年歲，蓋學案非齒錄可比也。

二、諸儒一類不可少。初擬草例之時，與書衡詳商，黃、全兩家皆有此類，以收難入附案之人。原出於不得已，何必不從！編到無可位置之時，自能了然此義。

三、學問之道無窮。無論大家、名家之著作，其毫無遺議者，殊不多見。不必因有一二人之批駁，輕加裁抑。公於此類素持廣大主義，願守此宗旨，以示標準。惟《學案》究以理學為主體，其稍具規模者，自宜多收。（如《學案小識》中，此類最多。）而非有諸儒一類，不能位置也。至《文苑傳》中人物，非實為專家之學，具有本末者，不宜過多。勿使喧賓奪主，亦宜慎之。[5]

夏孫桐此書，其大要有三。以時代先後為編纂次第，這是《清儒學案》的一個大原則，不過其間仍可變通，未可拘泥。此其一。其

---

5　夏孫桐：〈致徐東海書〉，《觀所尚齋文存》，卷6。

二,《清儒學案》中,《諸儒學案》之設立,係以《明儒學案》和《宋元學案》為本,並非別出心裁,標新立異。凡難入附案諸人,《諸儒學案》實一最恰當的歸宿。其三,以理學為主體,此乃學案體史籍的基本特徵。因而凡學有規模者,皆可編入。至於《文苑傳》中人,則宜慎選。

觀夏氏所撰〈擬清儒學案凡例〉及〈致徐東海書〉,孫桐在《清儒學案》編纂中的舉足輕重地位,確乎無可置疑。正如夏氏後人所云:「開始擬具編纂方案,商榷體例案名,然後各人分擔功課,由夏氏持其總。」[6]雖然今本《清儒學案》卷首〈凡例〉,未能盡採孫氏擬稿,但其主要原則,皆已大體吸收。至於〈學案序〉,不知是何種原因,夏氏始終未有見允。今本〈學案序〉,係先由張爾田草擬。爾田所擬本非精心,未能副一代學史之重,徐世昌自然不會用它。惟定本序之稿出何人,文獻無徵,只有俟諸來日讀書有得,再行考訂。

## 三  《清儒學案》舉要

《清儒學案》共兩百〇八卷,上起明清之際孫奇逢、黃宗羲、顧炎武,下迄清末民初宋書升、王先謙、柯劭忞,一代學林中人,大多網羅其間。不惟其內容之鉅集富超過先前諸家學案,而且其體例之嚴整亦深得黃宗羲、全祖望之遺法。儘管其主持者徐世昌未可與黃宗羲、全祖望這樣的一代大師比肩,然而書出眾賢,合諸家智慧於一堂,亦差可追蹤前哲,相去未遠。

《清儒學案》卷首,有〈凡例〉十七條,全書主要內容及編纂體例,皆在其中。茲逐條分析,以觀全書概貌。

---

6  過溪:〈清儒學案纂輯記略〉,見《藝林叢錄》第7編。

　　第一條云：「是編以從祀兩廡十一人居前，崇聖道也。自高匯旃以下，則以生年為次。不得其年者，則以其生平行誼及與交遊同輩約略推之。不以科第先後者，例不能括也。《全唐詩》以登第之年為主，於是文房遠在李、杜之前，浩然遠在李、杜之後，豈其所哉！」在舊時代，從祀孔廟，乃儒林中人身後殊榮。有清一代，得此殊榮者凡九人，以雍正間陸隴其肇始，依次為湯斌、孫奇逢、張履祥、陸世儀、張伯行、王夫之、黃宗羲、顧炎武。民國初，在徐世昌任總統期間，復以顏元、李塨從祀。此條所云十一人，即由此而來。而《學案》中此十一人之具體編次，則未盡依從祀先後，而是以生年為序。卷一孫奇逢《夏峰學案》，卷二黃宗羲《南雷學案》，卷三、卷四陸世儀《桴亭學案》上下，卷五張履祥《楊園學案》，卷六、卷七顧炎武《亭林學案》上下，卷八王夫之《船山學案》，卷九湯斌《潛庵學案》，卷十陸隴其《三魚學案》，卷十一顏元《習齋學案》，卷十二張伯行《敬庵學案》，卷十三李塨《恕谷學案》。孫、黃等十一人，皆清初大儒，如此編次，既避免了康熙間修《全唐詩》以科第為次所造成的年輩混亂，又與全書以生年為次的編纂原則相符，應當說大體上是允當的。

　　第二條云：「夏峰已見《明儒學案》，而是編取以弁冕群倫。以蘇門講學，時入清初，謹取靖節晉、宋兩傳之例。《學案小識》不加甄錄，蓋有門戶之見存，非以其重出也。次青論之謬矣。」《清儒學案》以孫奇逢《夏峰學案》置於諸學案首席，既與明清之際歷史實際相吻合，又得《晉書》、《宋書》同為陶淵明立傳遺意。唐鑒著《清學案小識》以門戶之私而摒孫氏於不錄，李元度修《國朝先正事略》力斥其非。此條首肯李說而不取唐書，有理有據，已得是非之平。

　　第三條云：「諸儒傳略，取材於《漢學師承記》、《宋學淵源記》、《洛學編》、《濂學編》、《學案小識》、《先正事略》之名儒、經學，

《碑傳集》之理學、經學，《續碑傳集》之儒學，《耆獻類徵》之儒行、經學。去其復重，表其粹美，大抵著者八九，不著者一二。《經解》兩編，作者畢舉，《疇人》三傳，家數多同。至《儒林傳稿》，雖未梓行，而足備一代綱要。《清史列傳》雖出坊印，而實為館檔留遺。引證所資，無妨慎取，斯二書者，亦參用之。」此條言全書著錄諸儒的依據，即主要是理學家、經學家及算學家。所列取材諸書，雖優劣各異，但掃除門戶，去短集長，一代學術界中人，凡學有規模者，自然可以大致網羅其間。

第四條云：「清儒眾矣，無論義理、考據，高下自足成家。第欲遠紹旁搜，譬之舉網而漁，不可以一目盡。所謂不著之一二，非故擯棄也。或聲聞不彰，或求其書不得，如都四德《黃鐘通韻》之類，遂付闕如。」此條言入案諸儒，雖力求其多，但仍以客觀條件制約，或因聲名不顯，或緣著述未見，以致不能將一代學人悉數網羅。

第五條云：「家學濡染，氣類薰陶，凡有片善偏長，必廣為勾索。或遇之文集，或附載序跋，而名不見於上述諸書者，十之三四。非曰發潛闡幽，亦寧詳毋略之義。」此條道出《清儒學案》著錄諸儒的一條重要原則，即寧詳毋略。由於廣事搜尋，多方勾索，所以入案者的數目已經逾出第三條所列諸書儒林中人。因而本書不僅編選了清代學術史的資料，而且也為清代人物、尤其是學林中人的董理提供了依據。

第六條云：「上述諸書，體例各異。其中有分門類者，如卿相中之湯文正、魏敏果、紀文達、阮文達、曾文正，下至監司守令，若唐確慎、羅忠節、徐星伯、武授堂之倫，並依官爵。猶漢之魯國，唐之昌黎，不入儒林，固史法也。是編以學為主，凡於學術無所表見者，名位雖極顯崇，概不濫及。」此條繼前三條之未竟，還是講入案標準問題。學案乃史書，要以之記一代學史。既是修史，須遵史法，因而

凡與學術無關者，縱然名位貴顯，亦不得編入學案。《清儒學案》這條規矩立得好，否則就失去其作為學案的意義了。

第七條云：「古人為學，不以詞章自專，長卿、子雲，包蘊甚廣。自范書別立《文苑》一傳，遂若斷港絕潢，莫之能會，而秋孫、叔師，豈遽遜於子嚴、敬仲？清代文章，號為桐城、陽湖二派，證以錢魯斯之言，則二派固自一源。望溪之於《三禮》，姬傳之於《九經》，即不與婺源同科，亦何異新安正軌！前乎此者，堯峰經術，與望溪疊矩重規。並乎此者，子居究心三代，識解獨超。後乎此者，枔湖、子序，風詩傳記，根柢亦深。惟冰叔縱橫之氣，為《四庫提要》所嗤，然極其意量，雪苑未可抗衡。是編於《文苑》中人，亦加甄綜，必其文質相宜，無愧作述之美。其餘附見，未必盡純，要之空疏而徒騁詞鋒者寡矣。」自第三條起，〈凡例〉以五條之多，專究甄錄標準。既將一代儒林中人網羅盡淨，又破除儒林、文苑的傳統界限，於學有專門者皆多加甄錄。「寧詳毋略」之意，於此再伸。

第八條云：「《明儒學案》通以地望標題，其淵源有緒者，則加之曰相傳，同時者則否。其不相統系者，則曰諸儒。其以字標題者，惟止修、戢山二案。《宋元學案》或以地，或以諡，或以字，為例不純；諸儒則累其姓於上，步趨班、范而意過其通。是編標題以字稱，曾為宰輔者以縣稱，二人合案者亦以縣稱，諸儒以省稱。參酌梨洲、謝山二書而折中之，固無取因襲也。」此條專論各學案標題。唯論《明儒學案》，因係用河北賈氏刻本，故於陽明學傳衍稱為「相傳」。而道光間莫氏刻本，則謂原本實作「王門」，「相傳」係經賈氏所改。今中華書局排印本即據莫氏說，題為《浙中王門學案》、《江右王門學案》等。所論《宋元學案》標題之為例不純，言之有據，確能得其病痛之所在。學如積薪，後來居上，《清儒學案》參酌黃、全二書，擇善而從，實現了標題的劃一。全書除任過宰輔及數人合案者以縣名標

題外，其餘各案，皆以案主之字標題。而《諸儒學案》一類，〈凡例〉所云則與實際編次略異。本書卷一九五至卷二〇八皆稱《諸儒學案》，依次為《諸儒學案一》至《諸儒學案十四》。編次雖以省為類，先直隸，再山東，以下依次為江蘇、安徽、江西、浙江、湖北、陝西、四川、雲南，但卻不以省為稱。江蘇、浙江為人文淵藪，故不僅全書著錄學者最多，《諸儒》一案中，亦以二省學者為多。關於《諸儒學案》之立，著者於卷一九五《諸儒學案一》卷首總論，說得很明白，據云：「漢宋之學，例重師承，全書於諸家授受源流，已詳加紀述矣。其有潛修自得，或師傳莫考，或紹述無人，各省中似此者尚復不少。今特別為一類，分省彙編。凡著作宏富者，擷取菁華，否則撮敘大略，兼搜博採，冀不沒其劬學之深心焉。」

第九條云：「《宋元學案》附案之類有六，曰學侶，曰同調，曰家學，曰門人，曰私淑，曰續傳。而於居首之人，大書其前曰某某講友，某某所出，某某所傳，某某別傳。其再傳、三傳者，又細書於其下。詳則詳矣，其如紊何！以視梨洲《明儒學案》，繁簡頓殊。今於附案之人，別為五類，曰家學，曰弟子，曰交遊，曰從遊，曰私淑，亦足以該之矣。刪繁就簡，由親及疏，合而觀之，後生或越前輩，別類觀之，仍以生年為次，義例相符。」此條專論《附案》編次，以家學、弟子、交遊、從遊、私淑五類賅括，較之《宋元學案》的疊床架屋，確能收刪繁就簡之效。唯從遊一類，似尚可歸併。譬如卷六、卷七顧炎武《亭林學案》，入從遊一類者凡三人，即徐乾學、徐元文兄弟和陳芳績。乾學、元文皆案主外甥，學承舅氏，同以顯宦而治經史，實可歸入「家學」一類。陳芳績，字亮工，為顧炎武早年避地常熟鄉間故人子，誼在弟子、私淑之間。倘依案主慎收弟子例，入「私淑」一類即可，不必再列「從遊」一類。

第十條云：「《宋元學案》每案之前，必為一表，以著其淵源出

入。支分派別，瓜蔓繫聯，力至勤，意至善也。清代學術宏多，非同道統之有傳衍。是編於授受攸關而別在他案者，則分類列舉，不復表於卷前。然或居附傳之前，或居附傳之後，或錯綜各傳之間，或以所見先後為次，或以生年先後為次，當屬稿時，隨筆記載，不拘一式。迨書經墨板，改刻良難，閱者諒之。」宋儒論學，最重淵源，入主出奴，門戶頓分。《宋元學案》不取批判態度，復列傳衍表於卷首，徒增煩瑣，實是多餘。清代學術盤根錯節，包羅至廣，自有其不同於宋明理學的歷史特徵。「清代學術宏多，非同道統之有傳衍」，此為《清儒學案》編者見識之遠邁唐鑒《清學案小識》處。有鑑於此，全書於學術傳承，不復表列於案前，而是在附案中隨處加以說明。如卷二黃宗羲《南雷學案》，於弟子一類，萬斯大、萬斯同，則分別注云：「別為《二萬學案》。」於交遊一類亦然，李顒、李因篤、湯斌、毛奇齡、閻若璩、胡渭諸人，皆僅列其名，而各注所在學案名。眉目清晰，秩然有序，同樣可見案主學術影響。

第十一條云：「學案大旨，以尊統卑，其祖若父、若兄，學術聲名不足以統一案者，則載之子弟傳首。其子孫不別為傳者，則附之祖父傳末，目中不著其名，名遺而實不遺也。亦有兄弟齊名，未可軒輊，則比肩居首，分系諸徒。是編所舉，二高、三魏之屬，六家而已。交遊相附，但視所長，年輩後先，無事拘執。」此條言學術世家的入案編次。所述二類，前者如卷三十九閻若璩《潛丘學案》之於案主傳中，首述其父修齡，「以詩名家」；卷二〇七《諸儒學案十三》費密傳中，先敘其父經虞，「字仲若，明末，官雲南昆明知縣，累遷廣西府知府，有治行。兼邃經學，著有《毛詩廣義》、《雅論》諸書，以漢儒注說為宗」等。後者如卷十四高世泰、高愈《無錫二高學案》，卷二十二魏際瑞、魏禧、魏禮《寧都三魏學案》，卷三十四、卷三十五萬斯大、萬斯同《鄞縣二萬學案》，卷八十五朱筠、朱珪《大興二

朱學案》，卷一〇三梁玉繩、梁履繩《錢塘二梁學案》，卷一四三錢儀
吉、錢泰吉《嘉興二錢學案》六家。如此立案，變通體例，同中有
異，確實頗費斟酌。

第十二條云：「諸儒著述，詳敘傳中。已刊行者，舉其卷數，異
同多寡，間為更定。設其書僅有傳稿，若存若亡，或僅見書名，未知
成否，則別為未見，以待續考。然書籍浩繁，雖八道以求，而一時難
得。以梨洲之通博，猶失朱布衣《語錄》、韓苑洛、范栗齋諸集，矧
在寡陋，頗囿見聞。海內鴻儒，幸賜匡正。」學案體史籍，以選編各
家學術資料為主，故品評其高下，一是據其立案人選，第二則是諸家
學術資料的別擇。《清儒學案》編者於此，亦多所究心，所以此條以
下，直至十六條，皆論資料選編問題。此條專論案主傳略所載著述目
錄。徐世昌得擔任民國大總統之便，在纂輯《晚晴簃詩匯》時，即向
各地徵集到大批圖書。下野之後，此批圖書多置於徐氏京邸。之後，
便成為纂修《清儒學案》的主要資料來源。然而徐邸庋藏及撰稿諸人
未見之書尚多，所以先作聲明，不失為求實之見。

第十三條云：「甄錄著述，蓋有二義。一、其書貫串，未容剪
裁，如《禮書綱目》、《廿二史考異》之屬，則取其序例，以見大凡。
一、其書美富，不勝標舉，如《日知錄》、《東塾讀書記》之屬，則擇
其尤至，以概其餘。凡近於帖括者，雖經不錄也。近於評騭者，雖史
不錄也。清儒序跋，最為經意。自序必詳為書之綱要，為人書序必為
之說以相資。此固徵實之學，大啟後學之途徑，故足取焉。」《清儒
學案》於案主重要著述，多載序例，此條就此專文解釋。至於顧炎武
《日知錄》、陳澧《東塾讀書記》一類著名學術札記，誠可謂美不勝
收，其精要實非序例一類文字所能賅括。於是編者亦提出甄錄標準，
即「擇其尤至，以概其餘」。譬如卷六於顧炎武《日知錄》，主要選取
書中論經術、治道的部分，於博聞一類，則概行從略。全書大要，依

稀可見。又如卷一七四陳澧之《東塾讀書記》，亦以讀諸經、諸子為主，陳書概貌亦得反映。

第十四條云：「採纂諸書，必求原本。正續《經解》多割棄序跋，所收札記、文集，雖經抉擇，往往未睹其全。後出單行，每堪補訂。其未見之書，或有序跋載於文集，刻之叢書，如《說文統釋》之屬，則記注其下，庶免疑誤將來。其文集不傳，而得篇章於總集選本者，題曰文鈔，亦同此例。」《皇清經解》及其續編，為清代說經著述匯刻，一代經學著作雖多在其中，但誠如《清儒學案》編者所批評，該書或割棄原作序跋，或選本未為盡善，故每每不及單行別本。有鑑於此，《學案》甄錄學術資料，並不以《經解》為據，必求原本，廣事搜尋。其用力之勤，實可接踵黃宗羲《明儒學案》。

第十五條云：「採纂諸書，略依四部排比，先專著而後文集，書名與正文平寫，序例視正文。文集亦平寫，其篇目則抑寫，以為區別。然清儒文集，編次多規仿經子，如《述學》、《述林》之屬，力避文集之名。若概稱曰集，似違作者本意。《宋元學案》盡依原目，不取通稱，深合名從其實之義。是編於各傳後所採著作，悉已於傳中標明，其名實固可考見焉。」此條專言甄錄資料的抄寫格式及著述稱謂。尊重原作，名從其實，如此確立標準，無疑是妥當的。

第十六條云：「採纂諸書，其原刻大書、細書、平寫、抑寫，體式互有不同。是編義取整齊，輒復變通，期臻劃一。」此條專言書寫體式的整齊劃一，立意甚為明瞭。

第十七條云：「是編列入正案者一百七十九人，附之者九百二十二人，《諸儒案》六十八人，凡二百零八卷，共一千一百六十九人。」《清儒學案》卷一至卷一九四，大體人自為案，此條之「正案」云者，即指以上各案案主，計一百七十九人。九百二十二人者，則為各案附載諸儒，與「正案」相對，稱做「附案」。加上《諸儒學案》十

四卷之六十八人，全書凡兩百〇八卷，共著錄一代學者一千一百六十九人。卷帙如此之浩繁，編纂體例如此之嚴整，既反映了清代學術整理和總結古代學術的基本特徵，亦不失為對以往諸家學案體史籍的總結。

以上十七條，全書大要，勾勒而出。然過細而論，似尚有二條可補。其一，各案案首，取法《明儒學案》，皆有總論一篇，述案主學術淵源，評為學得失，論學術地位。雖見識或不及黃宗羲，所論亦間有可商榷處，但提綱挈領，言簡意賅，實非當行者不能道。倘合各案總論為一編，取與全祖望《宋元學案序錄》並觀，恐並不遜色。其二，各案案主學術資料選編之後，仿《宋元學案》編次，立「附錄」一目，專記案主學行遺聞軼事。所輯錄者，或為案主友朋所論，或為弟子、門生及後人追述，長短詳略不一，皆可補其傳記之所未盡。

中國學案體史籍，自《明儒學案》肇始，總論、傳略、學術資料選編，一個三段式的編纂結構業已定型。後經全祖望續修《宋元學案》加以發展，案主學術資料選編後，既增「附錄」一目，又於其後以學侶、同調、家學、門人、私淑、續傳為類，著錄案主交遊、學術傳衍。至徐世昌《清儒學案》出，合黃、全二案而再加取捨，各學案遂成正案、附案兩大部分。正案依黃氏三段式結構不變，再添「附錄」一目。附案則別為家學、弟子、交遊、從遊、私淑五類。至此，就編纂體例而言，學案體史籍業已極度成熟。

## 四　讀《清儒學案》商榷

一如前述，《清儒學案》是一部集體協力的勞作，書出眾賢，集思廣益，從而保證了纂修的品質，使之成為繼《明儒學案》和《宋元學案》之後，又一部成功的學案體史籍。然而，由於歷史和認識的局

限，加以晚期亟待成書，未盡琢磨，所以《清儒學案》又還存在若干值得商榷的地方。茲掇其大要，討論如後。

## （一）徐世昌〈清儒學案序〉的未盡允當處

〈清儒學案序〉撰於一九三八年，雖執筆者未確知其人，但既以徐世昌署名，則功過皆在徐氏。徐氏此序，可商榷者有二，其一是對康熙帝學術地位的評價問題，其二是應當怎樣看待社會的進步問題。

康熙帝不惟是清代開國時期功業卓著的帝王，而且也是整個中國古代並不多見的傑出政治家。他於繁忙的國務活動之暇，數十年如一日，究心經史，研討天文曆法和數學，則尤為難能可貴。然而，康熙畢竟只是一個國務活動家，而非以治學為業的學者。因此，評價其歷史功業，就當從大處著眼，不可把他等同於一般學者來論究。〈清儒學案序〉於此本末倒置，對康熙帝的所謂學術成就隨意溢美。序中，不惟認為他生前「於當時著作之林，實已相容並包，深造其極」，稱之為「天縱之聖」，而且假述他人語斷言：「清代之達人傑士，悉推本於聖祖教育而成。」並云：「聖祖之教，涵育於二百年。」[7] 極意推尊，言過其實，顯然是不妥當的。

辛亥革命，終結帝制，這是中國歷史上一次翻天覆地的巨變，其意義遠非以往任何一次改朝換代所能比擬。民國建立之後，中國社會日益捲入國際潮流，社會生活的各個方面都在衝擊腐朽的桎梏而大步前進。這本來是一樁十分令人欣喜的事情，而徐世昌的序文則與之唱為別調，聲稱：「盱衡斯世，新知競淪，物奧偏明，爭競之器愈工，即生民之受禍益烈。狂瀾既倒，孰障而東！」用這樣的眼光去看待社會和總結歷史，當然就難免曲解歷史，作出錯誤的判斷。我們讚賞徐

---

7 徐世昌：〈自序〉，《清儒學案》，卷首。

世昌以《清儒學案》述一代學史的業績，但於其間包含的不健康情調，則沒有任何理由去肯定。「狂瀾既倒，孰障而東」云云，豈非螳臂當車！輓歌一曲，哀鳴而已！

## （二）應否「以從祀兩廡十一人居首」的問題

「以從祀兩廡十一人居首」，語出前引〈清儒學案凡例〉第一條。關於這個問題，我們先前就依生年為次這個意義立論，認為幸而從祀諸人皆清初大儒，所以才說它並無大謬，是大體允當的。然而此十一人中，除顏元、李塨為民國初從祀孔廟者外，其餘九人皆清代欽定。徐世昌主持纂修《清儒學案》，時已入民國，且身為下野的民國大總統，如此編次，一以清廷好尚為轉移，則是一種不健康的遺老情調的反映。這同第一個問題中的侈談挽狂瀾於既倒一樣，落伍頹喪，實不可取。

## （三）關於呂留良的評價問題

呂留良，一名光輪，字用晦，又字莊生，號晚村。暮年削髮為僧，名耐可，字不昧，號何求。浙江崇德（今桐鄉）人。生於明崇禎二年（1629年），卒於清康熙二十二年（1683年），終年五十五歲。他是清初浙江的著名學者，在清代學術史、政治史上，都曾經產生過較大影響。但是由於他故世後，於雍正間為文字冤獄禍及，被清世宗斥為「千古罪人」而戮屍梟首，乾隆間，其遺著又遭清廷盡行禁燬，因之雍乾及爾後學者，對呂留良的學行罕有論及。嘉慶、道光間，江藩著《漢學師承記》、《宋學淵源記》，唐鑒著《清學案小識》，皆不敢置一詞。《清儒學案》能不為成見所拘，著錄呂留良於卷五《楊園學案》交遊一類中，無疑是一個進步。不過，案中於呂留良的評價，則尚可商榷。

　　《清儒學案》評呂留良學行云：「晚村生平承明季講學結習，騖於聲譽，弟子著籍甚多。又以工於時文，《竿木集》之刻，當日已為淩渝安所譏。楊園初應其招，秀水徐善敬可遺書相規，謂茲非僻靜之地，恐非所宜。其語亦載在《見聞錄》中。全謝山記其初師南雷，因爭購祁氏澹生堂書，遂削弟子籍。屏陸、王而專尊程、朱，亦由是起。可見名心未淨，終賈奇禍。」[8]這是一段似是而非的評論。關於呂留良的評價問題，筆者於二十世紀八〇年代中撰有《呂留良散論》一文，載於《清史論叢》第七輯。《清儒學案》所云「工於時文」及與黃宗羲交惡的原因，拙文皆已作過考察，而結論恰與《清儒學案》相反。在此，恕不贅述。不過，既然徐世昌等人引全祖望之說為立論依據，為澄清歷史真相，不妨再作一些討論。

　　據全祖望稱：「吾聞澹生堂書之初出也，其啟爭端多矣。初，南雷黃公講學於石門，其時用晦父子俱北面執經。已而以三千金求購澹生堂書，南雷亦以束脩之入參焉。交易既畢，用晦之使者中途竊南雷所取衛湜《禮記集說》、王偁《東都事略》以去，則用晦所授意也。南雷大怒，絕其通門之籍。用晦亦遂反而操戈，而妄自託於建安之徒，力攻新建，並削去《蕺山學案》私淑，為南雷也。」[9]全氏此說，本出傳聞，因其私淑黃宗羲而偏見先存，故揆諸事實，多有不合。

　　首先，呂留良固然有削私淑名事，但並非為黃氏輯《蕺山學案》，所削亦非己名，而是其子葆中。至於呂留良本人，所聲言必削其名者，乃〈劉念臺先生遺書〉中的校對名，與「私淑」實毫不相干。關於此事原委，呂留良有復黃宗羲同門友姜希轍子汝高書，言之甚明。據云：「尊公先生與老兄主張斯道，嘉惠來者。去歲委刻〈念臺先生遺書〉，其裁訂則太沖任之，而磨對則太沖之門人，此事之功

8　徐世昌：《楊園學案》附案〈呂先生留良〉，《清儒學案》，卷5。
9　全祖望：〈小山堂祁氏遺書記〉，《鮚埼亭集外編》，卷17。

臣也。若弟者，因家中有宋詩之刻，與刻工稍習，太沖令計工之良窳，值之多寡已耳。初未嘗讀其書，今每卷之末必列賤名，於心竊有所未安。……豈此本為太沖之私書乎？果其為太沖之書，則某後學之稱，於心又有所未安也。望老兄一一為某刊去。」信中還說：「至小兒公忠，則並無計功之勞，豈以其受業太沖門下，故亦濫及耶？」[10]全祖望不辨父子，混校對與私淑於一談，未免差之毫釐，謬以千里。

其次，呂留良之與黃宗羲，本屬友朋，並無師生之誼。起初二人情誼篤摯之時，黃宗羲跋呂留良撰《友硯堂記》，即自稱「契弟」，並云：「用晦之友即吾友，用晦之硯即吾硯。」[11]兄弟之交，情同手足，其間又何嘗有過師生之說呢！而呂氏詩文雜著，雖涉及黃氏者甚多，卻從未見有隻字述及二人間為師生事。至於與黃宗羲為師生，一如方才所引〈復姜汝高書〉，那並非呂留良，而是其子呂葆中。

最後，購買祁氏藏書事，與黃宗羲、呂留良同時的陳祖法所述，則另是一番模樣。據云：「黃梨洲居鄉甚不滿於眾口，嘗為東莊（即呂留良——引者）買舊書於紹興，多以善本自與。」[12]陳祖法年輩早於全祖望，其說乃在康熙二十八年正月初六。雖因他為呂氏姻親，不能排除其間可能存在的感情成分，但較之半個多世紀之後得自傳聞的全祖望，顯然其可靠程度要高得多。

足見，全祖望《小山堂祁氏遺書記》的記載是很靠不住的。古人云，皮之不存，毛將焉附？《清儒學案》僅據一面之詞，何況還是很靠不住的傳聞，便貿然立說，自然就難免以訛傳訛，經受不住歷史實際的檢驗。

---

10 呂留良：〈復姜汝高書〉，《呂晚村先生文集》，卷2。
11 黃宗羲：〈跋友硯堂記〉。此文不見於《南雷文案》、《南雷文定》等，附錄於《呂晚村先生文集》，卷6，《友硯堂記》。
12 陸隴其：《三魚堂日記》，卷10，「康熙二十八年正月初六」條。

　　眾所週知，呂留良之蒙冤，乃在其身後四十餘年，係由清世宗懲治曾靜、張熙秘密反清案，濫施淫威，殃及枯骨所致。而《清儒學案》的「名心未淨，終賈奇禍」云云，不惟於雍正帝的專制暴虐蓄意諱飾，反而拾清廷牙慧，對呂留良信口詆斥。是非不分，黑白淆亂，顯然與歷史實際相去就太遠了。

## （四）幾位不當遺漏的學者

　　《清儒學案》既以網羅儒林中人為宗旨，以下諸人皆非默然無聞者，似不當遺漏。

　　潘平格，字用微，浙江慈谿人。生約在明萬曆三十八年（1610年），卒約在清康熙十六年（1677年）。[13]他為清初浙東著名學者，與黃宗羲、張履祥、呂留良皆有往還，唯論學多不合。所著《求仁錄》，於朱、陸學術皆有批評，故世後，於康熙末年以《求仁錄輯要》刊行。道光間，唐鑒著《清學案小識》，視之為對立面，置於卷末《心宗學案》中。雖誤其字為「用徵」，但《求仁錄輯要》的基本主張已有引述。徐世昌主持纂修《清儒學案》時，《求仁錄輯要》當能看到，遺漏不錄，實是不該。

　　戊戌維新，既是晚清政治史上的一個重大事件，也是十九世紀末中國思想界的一次狂飆。維新運動中的領袖康有為、梁啟超、譚嗣同等，無一不是當時儒林佼佼者。《清儒學案》著錄之人，其下限既已及民國二十二年（1933年）故世的柯劭忞，何以不著錄先於柯氏辭世的康、梁、譚？退一步說，即使以康、梁入民國以後，尚有若干重要政治、學術活動，因而不便著錄，那麼譚嗣同早在百日維新失敗即已捐軀，何以摒而不錄？《清儒學案》的纂修者帶著不健康的遺老情

---

13 容肇祖：〈潘平格的思想〉，見《容肇祖集》（濟南市：齊魯書社，1989年），頁459。

調，可以仇視戊戌變法中人，但是康、梁諸人的學術成就則是抹殺不了的。

從純學術的角度言，康有為、梁啟超都是晚清今文經學鉅子。《清儒學案》所著錄一代今文經師，既有清中葉的莊存與及其後人莊述祖、劉逢祿、宋翔鳳，下至淩曙、陳立、皮錫瑞，而不及康有為、梁啟超，以及對康氏學說有重要影響的廖平。以一己之好惡而人為地割斷歷史，實在是令人不能接受的。

## （五）編纂體裁的侷限

《清儒學案》承黃、全二案開啟的路徑，仍用學者傳記和學術資料彙編的形式，以述一代學術盛衰。這樣一種編纂體裁，或人自為案，或諸家共編，某一學者或學術流派自身的傳承，抑或可以大致反映。然而，對於諸如這一學者或流派出現的背景，其學說的歷史地位，不同時期學術發展的基本特徵及趨勢，眾多學術門類的消長及交互影響，一代學術的橫向、縱向聯繫，尤其是蘊涵於其間的規律等等，所有這些問題，又都是《清儒學案》一類學案體史籍所無從解答的。惟其如此，所以儘管《清儒學案》的纂修歷時十餘年，著錄一代學者上千人，所輯學術資料博及經史子集，斟酌取捨，殫心竭慮，然而終不免「幾成集錦之類書」的訾議。一方面是學案體史籍在編纂體例上的極度成熟，另一方面卻又是這一編纂體裁的局限，使之不能全面地反映歷史發展的真實面貌。這樣一種矛盾狀況，適足以說明至《清儒學案》出，學案體史籍已經走到了它的盡頭。

進入二十世紀以後，隨著西方史學方法論的傳入，擺脫由紀傳體史籍演化而來的學案束縛，編纂嶄新的章節體學術史，成為歷史編纂學中一個緊迫的課題。於是與《清儒學案》纂修同時，梁啟超挺然而起，以「史界革命」的宣導，成為完成這一課題的傑出先驅。自梁啟

超的《清代學術概論》和《中國近三百年學術史》出，以之為標誌，學術史編纂最終翻過學案體史籍的一頁，以章節體學術史的問世而邁入現代史學的門檻。

# 第二十二章
# 《清儒學案》之餘波

　　錢穆，字賓四，江蘇無錫人。生於清光緒二十一年（1895年），卒於一九九〇年，享年九十六歲。錢賓四先生早年論清儒學術，以《中國近三百年學術史》、《清儒學案》為姊妹篇。一九三一年秋，錢先生執教北京大學史學系，講授近三百年學術史，歷時五載而成大著《中國近三百年學術史》。全書凡作十四章，上起清初黃宗羲、王夫之、顧炎武，下迄晚清曾國藩、陳澧、康有為，一代學術興替，朗然在目。錢先生此書自一九三七年初付印行世，迭經再版而衣被學人。而其後所成之《清儒學案》，則因稿沉長江，起之無術而引為憾恨。所幸二十世紀四〇年代初，錢先生曾以《清儒學案序目》為題，將後書之大要刊諸《四川省立圖書館圖書集刊》。原稿雖失，精義尚存，實是不幸中之萬幸。筆者以學清儒著述為功課，起步之初，即深得《清儒學案序目》之教益。三十年過去，當初抄錄先生之大文，依然恭置篋中。以下，謹掇拾讀錢先生大文之一得，排比成篇，奉請賜教。

## 一　對唐徐二家《學案》之批評

　　在錢賓四先生之前，以學案體史籍記清儒學術，所存凡兩家，一為道光季年唐鏡海先生之《國朝學案小識》，一為二十世紀三〇年代間徐菊人先生之《清儒學案》。四〇年代初，錢先生受命撰《清儒學案簡編》，克期交稿，任務緊迫。按理，徐先生書刊佈伊始，既係簡

編，以之為依據，參酌唐先生書，別擇去取，得其梗概，無須多費心力即可完成。然而錢先生並未如此行事，而是遍讀清儒著述，耙梳整理，纂要鉤玄，廢寢忘食而成聚六十四位案主於一堂的嶄新大著。

錢賓四先生何以要如此費盡心力？其原因在於錢先生認為，唐、徐二書不可與黃梨洲、全謝山之《明儒學案》、《宋元學案》相提並論。黃、全二家著述，可據以簡編，而唐、徐二書，則斷斷不可。關於這方面的理由，錢先生於〈清儒學案序目〉篇首〈序〉中，有明確交代，即：「惟《清儒學案》，雖有唐、徐兩家成書，而唐書陋狹，缺於閎通，徐書氾濫，短於裁別，皆不足追蹤黃、全之舊業。」[1]繼之又在〈例言〉中進而加以闡述，於唐書有云：

> 唐鑒鏡海之《學案小識》，其書專重宋學義理，而篇末亦附「經學」，「經學」之名復與「漢學」有別。即宋明諸儒，豈得謂其非「經學」乎？唐書於黃梨洲、顏習齋諸人，均入「經學」，則何以如顧亭林、王船山諸人，又獨為「道學」？分類之牽強，一望可知。其編「道學」，又分傳道、翼道、守道諸門，更屬偏陋無當。魯一同氏評之已詳。唐書盡於道光季年，亦未窮有清一代之原委。

於徐書則稱：

> 最後有徐世昌菊人之《清儒學案》，全書二百八卷，一千一百六十九人，迄於清末，最為詳備。然旨在搜羅，未見別擇，義

---

[1] 錢穆：〈序〉，《清儒學案序目》，篇首，《錢賓四先生全集》（臺北市：聯經出版社，1982年），冊22，頁593。

理、考據，一篇之中，錯見雜出。清儒考據之學，軼出前代遠甚，舉凡天文、曆算、地理、水道、音韻、文字、禮數、名物，凡清儒考訂之所及，徐書均加甄採而均不能窮其閫奧。如是則幾成集錦之類書，於精、於博兩無取矣。

合唐、徐二書並觀，錢先生遂引清儒秦樹峰之見為據，揭出一己著述之宗旨：

昔秦蕙田氏有言：「著書所患，在既不能詳，又不能略。」竊謂唐書患在不能詳，徐書患在不能略也。本編所錄，一以講究心性義理，沿續宋明以來理學公案者為主，其它經籍考據，概不旁及。庶以附諸黃、全兩家之後，備晚近一千年理學陞降之全。此乃著書體例所關，非由抑漢揚宋，別具門戶私見也。[2]

錢先生之所以如此批評唐、徐二家《學案》，並非蓄意立異他人，而是從清代學術實際出發所使然。依錢先生之所見，觀察清代學術，尤其是一代理學，有兩個特點最宜注意：第一，「理學本包孕經學為再生」，清代並非「理學之衰世」；第二，清代理學「無主峰可指，難尋其脈絡筋節」。關於第一點，錢先生認為：

宋明理學之盛，人所俱曉，迄於清代，若又為蔑棄宋明，重返漢唐。故說者莫不謂清代乃理學之衰世。夷考其實，亦復不然。宋元諸儒，固未嘗有蔑棄漢唐經學之意。觀《通志堂經解》所收，衡量宋元諸儒研經績業，可謂蔚乎其盛矣。清代經學，亦依然沿續宋元以來，而不過切磋琢磨之益精益純而已。

---

2　錢穆：〈清儒學案序目〉之〈例言〉第1條，《錢賓四先生全集》（臺北市：聯經出版社，1982年），冊22，頁594。

理學本包孕經學為再生，則清代乾嘉經學考據之盛，亦理學進
展中應有之一節目，豈得據是而謂清代乃理學之衰世哉？[3]

這就是說，從宋元到明清，數百年間之學術，乃一後先相承之整體，
其間並無本質差異，無非歷史時段不同而已。理學本包孕經學為再
生，因此，即使乾嘉經學考據之盛，實亦在理學演進之範圍中。

關於第二點，錢先生講了兩段話。「清儒理學既無主峰可指，如
明儒之有姚江；亦無大脈絡、大條理可尋，如宋儒之有程朱與朱陸。
然亦並非謂如散沙亂草，各不相繫，無可統宗之謂也。」[4]此其一。
其二，「至論清儒，其情勢又與宋明不同，宋明學術易尋其脈絡筋
節，而清儒之脈絡筋節則難尋。清學脈絡筋節之易尋者，在漢學考
據，而不在宋學義理。唐書傳道、翼道、守道之分，既不可從。徐書
仍效黃、全兩家舊例，於每學案必標舉其師承傳授，以家學、弟子、
交遊、從遊、私淑五類附案，又別出《諸儒學案》於其後，謂其師傳
莫考，或紹述無人，以別於其它之各案。其實亦大可不必也」[5]。

正是從清代學術的前述實際出發，錢賓四先生尊重歷史，實事求
是，既摒棄唐、徐二書於不取，又變通黃、全《學案》舊規，採取
「人各一案」的方法，編就別具一格的《清儒學案》。關於這一點，
錢先生於《例言》中說得很清楚：「編次《清儒學案》，最難者在無統
宗綱紀可標，在無派別源流可指。然因其聚則聚之，因其散則散之，
正不妨人各一案，轉自肖其真象。雖異黃、全兩家之面目，實符黃、

---

3　錢穆：〈序〉，《清儒學案序目》，篇首，《錢賓四先生全集》（臺北市：聯經出版社，
　　1982年），冊22，頁589-590。

4　錢穆：《清儒學案序目》之〈例言〉第3條，《錢賓四先生全集》（臺北市：聯經出版
　　社，1982年），冊22，頁596。

5　錢穆：〈清儒學案序目〉之〈例言〉第2條，《錢賓四先生全集》（臺北市：聯經出版
　　社，1982年），冊22，頁595。

全兩家之用心。何必亦鞶亦趨,乃為師法?本編竊取斯旨,每人作案,不標家派,不分主屬。至其確有家派、主屬者,則固不在此限也。」[6]

## 二　清代理學演進之四階段

錢賓四先生著《清儒學案》,以四階段述一代理學演進。第一階段為晚明諸遺老,第二階段為順康雍,第三階段為乾嘉,第四階段為道咸同光。六十四位案主,即分四編依次著錄其中。

清代理學演進之四階段,錢先生最看重者為第一階段之晚明諸遺老。明清更迭,社會動盪,學術亦隨世運而變遷。錢先生認為,這是一個承先啟後的時代,晚明諸遺老在其間作出了不可磨滅的貢獻。先生於〈清儒學案序目〉中指出:

> 當明之末葉,王學發展已臻頂點,東林繼起,駸駸有由王返朱之勢。晚明諸老,無南無朔,莫不有聞於東林之傳響而起者。故其為學,或向朱,或向王,或調和折衷於斯二者,要皆先之以兼聽而並觀,博學而明辨。故其運思廣而取精宏,固已勝夫南宋以來之僅知有朱,與晚明以來之僅知有王矣。抑且孤臣孽子,操心危而慮患深,其所躬修之踐履,有異夫宋明平世之踐履,其所想望之治平,亦非宋明平世之治平。故其所講所學,有辨之益精,可以為理學舊公案作最後之論定者;有探之益深,可以自超於理學舊習套而別闢一嶄新之蹊徑者。

---

6　錢穆:〈清儒學案序目〉之〈例言〉第2條,《錢賓四先生全集》(臺北市:聯經出版社,1982年),冊22,頁596。

　　這就是說，明清之際諸大儒，無論是為學之廣博，思慮之精深，還是踐履之篤實，皆遠邁宋明，不啻數百年理學所結出之碩果。因此，錢先生得出結論：「不治晚明諸遺老之書，將無以知宋明理學之歸趨。觀水而未觀其瀾，終無以盡水勢之變也。」[7]

　　編入此一階段的案主凡十四位，其學案依次為：孫奇逢《夏峰學案》第一，黃宗羲《梨洲學案》第二，張履祥《楊園學案》第三，陸世儀《桴亭學案》第四，顧炎武《亭林學案》第五，王夫之《船山學案》第六，胡承諾《石莊學案》第七，謝文洊《程山學案》第八，李顒《二曲學案》第九，顏元《習齋學案》第十，陳確《乾初學案》第十一，張爾岐《蒿庵學案》第十二，應撝謙《潛齋學案》第十三，費密《燕峰學案》第十四。

　　較之晚明諸遺老時代略後，則是入清以後之理學諸儒。編入此一階段的案主凡十三位，其學案依次為：湯斌《潛庵學案》第十五，陸隴其《稼書學案》第十六，毛奇齡《西河學案》第十七，李塨《恕谷學案》第十八，唐甄《圃亭學案》第十九，劉獻廷《繼莊學案》第二十，彭定求《南畇學案》第二十一，邵廷采《念魯學案》第二十二，勞史《餘山學案》第二十三，張伯行《孝先學案》第二十四，楊名時《凝齋學案》第二十五，朱澤沄《止泉學案》第二十六，李紱《穆堂學案》第二十七。

　　錢先生認為，順治、康熙、雍正三朝，是一個理學為清廷所用，以為壓制社會利器之時代。因此，理學中人，無論朝野，皆不可與上一階段相比。對於此一階段的理學大勢，錢先生歸納為：

　　　遺民不世襲，中國士大夫既不能長守晚明諸遺老之志節，而建

---

7　錢穆：〈序〉，《清儒學案序目》，篇首，《錢賓四先生全集》（臺北市：聯經出版社，1982年），冊22，頁590。

州諸酋乃亦唱導正學以牢籠當世之人心。於是理學道統，遂與朝廷之刀鋸鼎鑊更施迭使，以為壓束社會之利器。於斯時而自負為正學道統者，在野如陸隴其，居鄉里為一善人，當官職為一循吏，如是而止。在朝如李光地，則論學不免為鄉愿，論人不免為回邪。此亦一述朱，彼亦一述朱。往者楊園、語水諸人謹守程朱矩矱者，寧有此乎？充其極，尚不足追步許衡、吳澄，而謂程朱復生，將許之為護法之門徒，其誰信之？其轉而崇陸王者，感激乎意氣，磨蕩乎俗偽，亦異於昔之為陸王矣。[8]

乾嘉時代，經學考據之風甚盛，儼然一時學術主流。面對理學之落入低谷，錢先生揮去表象，直指本質，做出了如下別具隻眼的揭示：

理學道統之說，既不足饜真儒而服豪傑，於是聰明才智旁進橫軼，群湊於經籍考訂之途。而宋明以來相傳八百年理學道統，其精光浩氣，仍自不可掩，一時學人終亦不忍舍置而不道。故當乾嘉考據極盛之際，而理學舊公案之討究亦復起。徽、歙之間，以朱子故里，又承明末東林傳緒，學者守先待後，尚宋尊朱之風，數世不輟。通經而篤古，博學而知服，其素所蘊蓄則然也。及戴東原起而此風始變。東原排擊宋儒，刻深有過於顏、李，章實齋譏之，謂其飲水忘源，洵為確論。然實齋思想議論，亦從東原轉手而來。蟲生於木，還食其木，此亦事態之常，無足多怪。理學本包孕經學為再生，今徽、歙間學者，久寖饋於經籍之訓詁考據間，還以視夫宋明而有所獻替，亦豈遽得自逃於宋明哉！故以乾嘉上擬晚明諸遺老，則明遺之所得在

---

8 錢穆：〈序〉，《清儒學案序目》，篇首，《錢賓四先生全集》（臺北市：聯經出版社，1982年），冊22，頁590—591。

時勢之激蕩，乾嘉之所得在經籍之沉浸。斯二者皆足以上補宋明之未逮，彌縫其缺失而增益其光耀者也。[9]

視乾嘉諸儒之沉浸經籍與明清之際諸大儒之回應時勢為異曲同工，超越門戶，睿識卓然。

編入此一階段的案主凡十五位，其學案依次為：汪紱《雙池學案》第二十八，陳弘謀《榕門學案》第二十九，雷鋐《翠庭學案》第三十，張秉直《蘿谷學案》第三十一，韓念周《公復學案》第三十二，全祖望《謝山學案》第三十三，戴震《東原學案》第三十四，程瑤田《易疇學案》第三十五，汪縉《大紳學案》第三十六，彭紹升《尺木學案》第三十七，章學誠《實齋學案》第三十八，惲敬《子居學案》第三十九，凌廷堪《次仲學案》第四十，焦循《裏堂學案》第四十一，阮元《芸臺學案》第四十二。

晚清七十年，理學一度儼若復興，然而倏爾之間已成歷史之陳跡。依錢先生之所見，道光、咸豐、同治、光緒四朝之理學，不惟不能與晚明諸遺老相比，而且較之乾嘉亦遜色，充其量不過可以同順康雍並列。用錢先生的話來說，就是：

> 此際也，建州治權已腐敗不可收拾，而西力東漸，海氛日惡。學者怵於內憂外患，經籍考據不足安定其心神，而經世致用之志復切，乃相率競及於理學家言，幾幾乎若將為有清一代理學之復興。而考其所得，則較之明遺與乾嘉皆見遜色。[10]

---

9 錢穆：〈序〉，《清儒學案序目》，篇首，《錢賓四先生全集》（臺北市：聯經出版社，1982年），冊22，頁591。

10 錢穆：〈序〉，《清儒學案序目》，篇首，《錢賓四先生全集》（臺北市：聯經出版社，1982年），冊22，頁591—592。

編入此一階段的案主凡二十二位，其學案依次為：姚學塽《鏡塘
學案》第四十三，潘諮《誨叔學案》第四十四，唐鑒《鏡海學案》第
四十五，潘德輿《四農學案》第四十六，黃式三《儆居學案》第四十
七，夏炘《心伯學案》第四十八，方坰《生齋學案》第四十九，吳廷
棟《竹如學案》第五十，李棠階《強齋學案》第五十一，魏源《默深
學案》第五十二，魯一同《通甫學案》第五十三，羅澤南《羅山學
案》第五十四，朱次琦《九江學案》第五十五，陳澧《東塾學案》第
五十六，曾國藩《滌生學案》第五十七，郭嵩燾《筠軒學案》第五十
八，劉蓉《霞仙學案》第五十九，劉熙載《融齋學案》第六十，黃以
周《儆季學案》第六十一，張之洞《香濤學案》第六十二，劉光蕡
《古愚學案》第六十三，鄭杲《東甫學案》第六十四。

中國古代學術，尤其是宋明以來之理學，何以會在邁入近代社會
門檻的時候形成這樣一種局面？錢先生認為，問題之癥結乃在不能因
應世變，轉而益進。相反，路愈走愈窄，直至無從應變迎新而為歷史
淘汰。錢先生就此尖銳地指出：

> 抑學術之事，每轉而益進，途窮而必變。……至於理學，自有
> 考亭、陽明，義蘊之闡發，亦幾乎登峰造極無餘地矣。又得晚
> 明諸遺老之盡其變，乾嘉諸儒之糾其失，此亦途窮當變之候
> 也。而西學東漸，其力之深廣博大，較之晚漢以來之佛學，何
> 啻千百過之！然則繼今而變者，勢當一切包孕，盡羅眾有，始
> 可以益進而再得其新生。明遺之所以勝乾嘉，正為晚明諸遺老
> 能推衍宋明而盡其變。乾嘉則意在蔑棄宋明而反之古，故乾嘉
> 之所得，轉不過為宋明拾遺補闕。至於道咸以下，乃方拘拘焉
> 又欲蔑棄乾嘉以復宋明，更將蔑棄陽明以復考亭。所棄愈多，

斯所復愈狹，是豈足以應變而迎新哉？[11]

這是歷史的悲劇，乃時代使然。

## 三　精進不已終身以之

在〈清儒學案序目〉刊佈三十餘年後的一九七七年八月，錢賓四先生以八十三歲高齡，為此一舊作寫了一篇〈後跋〉。文中，錢先生既回顧了早年奉命結撰《清儒學案簡編》之故實，於二曲、程山二家學案，因多所創獲而殊自愜意。同時，又慨歎學無止境，年光邂逝，已不能如當年之「晨夜繙閱，手自謄錄」。[12]恭讀錢賓四先生之〈後跋〉，令人感悟最深者，便是錢先生於清儒學術之執著追求，精進不已。從一九四七年發表《論清儒》，到一九七八年完成《太炎論學述》，三十餘年間，錢先生除結撰《朱子新學案》、《朱學流衍考》之外，於清代諸大儒，若陸桴亭、顧亭林、陸稼書、呂晚村、王白田、錢竹汀、羅羅山、朱九江、朱鼎甫諸家，皆有專題學述。其它論文所議，則及朱舜水、方密之、王船山、閻百詩、姚立方、姜白岩、段懋堂、魏默深諸儒。凡所論列，無一不是對《中國近三百年學術史》和《清儒學案》之發展與深化。以下，謹以錢先生於一九七六年六月發表之〈讀段懋堂經韻樓集〉一文為例，試覘一斑。

〈讀段懋堂經韻樓集〉，是一篇考論段懋堂與理學因緣的重要文字。嘉慶十四年，段懋堂時年七十五。是年，段氏於《經韻樓集》留

---

11　錢穆：〈序〉，《清儒學案序目》，篇首，《錢賓四先生全集》（臺北市：聯經出版社，1982年），冊22，頁592—593。

12　錢穆：〈清儒學案序目〉篇末附〈後跋〉，《錢賓四先生全集》（臺北市：聯經出版社，1982年），冊22，頁619。

有三篇文字，其一為〈娛親雅言序〉，其二為〈博陵尹師所賜朱子小學
恭跋〉，其三為〈答顧千里書〉。三文或批評「今之言學者，身心倫理
不之務，謂宋之理學不足言，謂漢之氣節不足尚，別為異說，簧鼓後
生。此又吾輩所當大為之防者」[13]；或表彰朱子《小學》「集舊聞，覺
來裔，本之以立教，實之以明倫敬身，廣之以嘉言善行。二千年聖賢
之可法者，胥於是在」；[14]或告誡年輕俊彥須讀「子朱子《小學》」，指
出「未有無人品而能工文章者」。[15]正是以此三文為依據，錢先生論證，
段懋堂「其心猶不忘宋儒之理學」，「一瓣心香之深入骨髓可知」。[16]

由此而進，錢先生再合觀段氏先前所撰〈戴東原集序〉、〈劉端臨
先生家傳〉二文，並通過考察懋堂與同時諸大儒之往還，從而得出段
氏為學及一時學風之重要判斷：「懋堂之學術途徑與其思想嚮背，自
始以來，顯無以經學、理學相對抗意。而其同門如王石臞，至好如劉
端臨，亦皆絕不作此想。此可知當時之學風也。」繼之，錢先生又以
寶應劉氏、高郵王氏家學之傳衍為據，指出「治經學而不蔑理學」，
乃乾嘉間高郵、寶應兩邑之學風。錢先生說：「是寶應劉氏，自端
臨、楚楨、叔俛三世，家教相傳，正猶如高郵王氏，自安國、石臞、
伯申三世之家教相傳，治經學而不蔑理學也。」[17]

錢先生探討段懋堂與理學之因緣，進而據以觀察乾嘉間之江南學
風，不惟深化了段懋堂學行的研究，而且也為研究乾嘉學派與乾嘉學
術開闢了新的路徑。錢先生所示範的為學方法告訴我們，研究乾嘉學

---

13 段玉裁：〈娛親雅言序〉，《經韻樓集》，卷8。

14 段玉裁：〈博陵尹師所賜朱子小學恭跋〉，《經韻樓集》，卷8。

15 段玉裁：〈答顧千里書〉，《經韻樓集》，卷11。

16 錢穆：《讀段懋堂經韻樓集》，《錢賓四先生全集》（臺北市：聯經出版社，1982
年），冊22，頁408-409。

17 錢穆：《讀段懋堂經韻樓集》，《錢賓四先生全集》（臺北市：聯經出版社，1982
年），冊22，頁418。

派與乾嘉學術，應當注意考察理學與經籍考證之關係，以及彼此滲透
所演成之學風變遷。二十世紀八〇年代，陳鴻森教授沿此路徑而深入
開拓，耙梳文獻，多方搜討，終於獲得重要之學術發現。

　　根據鴻森先生之研究所得，先於錢先生所揭嘉慶十四年之段氏三
文，之前一年，段懋堂即在致王石臞書中，以「剿說漢學」與河患並
提，同指為一時社會病痛，主張「理學不可不講」。據云：「今日之
弊，在不尚品行政事，而尚剿說漢學，亦與河患相同。然則理學不可
不講也，執事其有意乎？」[18]迄於嘉慶十九年段氏八十歲，此念愈深
且更其明確。是年九月，段懋堂有書復閩中陳恭甫，重申：「愚謂今
日大病，在棄洛、閩、關中之學不講，謂之庸腐。而立身苟簡，氣節
敗，政事蕪，天下皆君子，而無真君子，未必非表率之過也。故專言
漢學，不治宋學，乃真人心世道之憂，而況所謂漢學者，如同畫餅
乎！」[19]以漢學大師而抨擊漢學弊病，昌言講求宋儒理學，足見嘉慶
中葉以後，學風敗壞，已然非變不可。誠如鴻森先生之所見：「據此
書，略可推見段氏晚年之思想及其對當時學風之批評。乃近世論乾嘉
學術者，類多忽之不視，今亟宜表出之。」[20]

## 四　餘論

　　錢賓四先生著《中國近三百年學術史》、《清儒學案》，宣導清代
理學研究，開闢路徑，奠定根基，作出了不可磨滅的歷史貢獻。近

---

18 段玉裁：〈與王懷祖書〉，見陳鴻森《段玉裁年譜訂補》，「嘉慶十三年、七十四歲」
　　條。
19 段玉裁：〈與陳恭甫書〉，見陳壽祺《左海文集》，卷4，〈答段懋堂先生書〉附錄；
　　又見〈金壇段懋堂先生書〉之3，《左海經辨》，卷首，唯係節錄。
20 陳鴻森：《段玉裁年譜訂補》，「嘉慶十九年、八十歲」條。

者，欣悉頗有學者起而繼承錢先生之未竟事業，致力於有清一代理學之全面梳理。錢賓四先生著《清儒學案》，所最服膺之李二曲、張楊園二家，《二曲全集》已於二十世紀九〇年代初，承陳俊民教授整理出版，《楊園先生全集》亦在二〇〇二年七月由中華書局刊出。所有這些，或可告慰錢先生於九泉之下。

　　一九九五年，香港中文大學新亞書院召開「紀念錢賓四先生百年冥誕學術討論會」，祖武有幸忝列旁聽。在送請與會先進賜教之拙文末，筆者妄議：「近人治清代學術史，章太炎、梁任公、錢賓四三位大師，後先相繼，鼎足而立。太炎先生闢除榛莽，開風氣之先聲，首倡之功，最可紀念。任公先生大刀闊斧，建樹尤多，所獲已掩前哲而上。賓四先生深入底蘊，精進不已，獨以深邃見識而得真髓。學如積薪，後來居上，以此而論章、梁、錢三位大師之清代學術史研究，承先啟後，繼往開來，總其成者無疑當屬錢賓四先生。筆者妄論，今日吾儕之治清代學術史，無章、梁二先生之論著引路不可，不跟隨錢賓四先生之《中國近三百年學術史》深入開拓尤不可。這便是在今日及爾後的清代學術史研究中，錢賓四先生不可取代的卓越歷史地位。」十餘年過去，祖武依然秉持此一信念。發揚光大錢賓四先生之學術思想與事業，乃是今日對錢先生最好的紀念。

# 附錄
# 詮釋學案之嘗試

在迄今的中國學術史研究中，學案史董理依然稱得上是一個新領域，可以深入開拓的空間還很大。就拿「學案」一語的解釋來說，至今也還沒有一個形成共識的定論。二十世紀九〇年代初，筆者不揣固陋，追隨中華書局陳金生先生之創闢，撰成短文〈學案試釋〉，送請《書品》雜誌於一九九二年第二期刊出。今年春，承上海東方出版中心不棄，囑筆者修訂舊著《中國學案史》。冬初修訂蕆事，恰逢北京師範大學學報主編蔣重躍教授來電，約撰文稿。遵重躍教授示，謹將〈試釋〉成文十餘年間的一些想法連綴成篇，題以〈學案再釋〉，奉請斧正。

## 一　先從《明儒學案》談起

就目前筆者所見文獻而論，以學案為論著名，當不早於明代後期。這就是萬曆間耿定向、劉元卿師弟所著《陸楊學案》和《諸儒學案》。其後，周汝登著《聖學宗傳》、孫奇逢著《理學宗傳》後先相繼，雖不以學案題名，但在學案體史籍演進過程中，皆是承先啟後的重要著作。迄於清初，黃宗羲著《明儒學案》出，學案這一獨特的史籍編纂體裁，遂告臻於定型。

在中國學術史上，《明儒學案》是一部影響久遠的名著。全書凡六十兩卷，上起明初方孝孺、曹端，下迄明亡劉宗周、孫奇逢，有明

一代理學中人，大體網羅其中，實為一部明代理學史。陽明學為明代
儒學中堅，故《明儒學案》述陽明學及其傳衍最詳。從卷十《姚江學
案》起，至卷三十六《泰州學案》止，篇幅達二十六卷，入案學者計
九十八人之多。黃宗羲認為，明代二百數十年之學術，在陽明學興起
之前，大體上是「此亦一述朱，彼亦一述朱」的格局。也就是說，是
一個朱子學獨尊的天下。自王陽明指點出「良知」以立教，始開出一
條嶄新的路徑。所以黃宗羲斷言：「無姚江則古來之學脈絕矣。」[1]

　　黃宗羲為清初陽明學後勁，其為學近承劉宗周，遠宗王陽明，乃
順治及康熙初葉主持學術壇坫風會的大師之一。他之所以要著《明儒
學案》來表彰陽明學，一方面固然有中國古代學術張大師門的傳統影
響，另一方面則同明中葉以後學術史的變遷密不可分。

　　明弘治、正德間，王守仁學說崛起。迄於嘉靖初，王守仁以學建
功，陽明學亦隨功顯，弟子遍佈朝野，學人翕然相從，於是在當時的
學術舞臺上，高高地揚起了陽明學的大旗。王守仁病逝之後，雖因明
廷政治鬥爭的起伏，陽明學一度被詆為「邪說」，但風氣既成，也不
是任何個人意志所能轉移得了的。因此，嘉靖九年（1530年），陸九
淵得王守仁弟子薛侃表彰，從祀孔廟。以此肇始，自宋末以來晦而不
顯的陸學，終得起而與朱子學相頡頏。至萬曆十二年（1584年），王
守仁亦獲從祀孔廟之哀榮，宣告陽明學崛起的現實終為明廷所接受。
陸王學說崛起，掩朱子學而上風行於世，從而將宋明理學推進到一個
新的發展階段。

　　明代後期，對陸王學術的演變源流進行梳理，確立其儒學正統地
位，成為客觀的歷史需要。耿定向、劉元卿師弟應運而起，相繼著
《陸楊學案》、《諸儒學案》，據以表彰陸九淵、楊簡師弟和王陽明的

---

[1] 黃宗羲：《姚江學案》，《明儒學案》（北京市：中華書局，1985年），卷10，頁179。

學說。至萬曆中葉以後，周汝登《聖學宗傳》出，陽明學遂以明學大宗而雄踞儒學正統。迄於明末，社會動盪，學隨世變，延續數百年的理學，尤其是明中葉崛起的陽明學，猶如強弩之末，盛極而衰，漸成有識之士進行歷史反思的審視對象。為一時經濟、政治、社會和文化的發展程度所制約，晚明學術無從擺脫羈絆，超越陽明學而新生。入清，由王返朱的聲浪日趨強勁，以經學濟理學之窮的潮流滾滾而起，對陽明後學「空談誤國」、「陽儒陰釋」的指斥，鋪天蓋地，席卷朝野。陽明學營壘中人，面臨自身學派的深刻危機，作出各式各樣的反應，或合會朱王，或推尊王學，順理成章，勢所必然。於是為維護和鞏固陽明學的正統地位，孫奇逢、黃宗羲北呼南應，撰為《理學宗傳》和《明儒學案》。至此，學案體史籍終由涓涓細流而匯為大川。

黃宗羲的《明儒學案》，各卷編次雖未盡全然一致，但大體說來，除個別學案之外，各案皆是一個三段式的結構。即卷首冠以總論，繼之則是案主傳略，隨後再接以案主學術資料選編。三段分行，渾然一體，各家學術風貌洞若觀火。此一三段式結構，既彙集宋明以來《伊洛淵源錄》、《諸儒學案》、《聖學宗傳》、《理學宗傳》諸書之所長，又匠心獨運，別闢蹊徑，使中國古代學案體史籍臻於完善和定型。乾隆初，全祖望承黃宗羲、百家父子未竟之志，續成《宋元學案》一百卷。中經道光間唐鑒著《國朝學案小識》，迄於民國初徐世昌網羅舊日詞臣纂《清儒學案》兩百〇八卷，學案體史籍遂由極度成熟而向章節體學術史轉化。全氏學案以下的諸多學案體史籍，雖卷帙多寡不一，但就編纂格局而言，則皆在《明儒學案》範圍之中。所以我們完全可以這樣說，倘若沒有《明儒學案》的里程碑式的創獲，在中國的傳統歷史編纂學之中，也就無從挺生學案體史籍這一支新軍了。

## 二 追溯文獻淵源的啟示

由《明儒學案》往上追溯，探尋產生這樣一部史書的學術因緣，我們可以發現兩部對其影響甚深的書。一部是黃宗羲的老師劉宗周所輯《皇明道統錄》，另一部是江西籍陽明學傳人劉元卿著《諸儒學案》。

劉宗周為晚明大儒，明清之際，主盟浙水東西的蕺山學派，即為其所首創。關於《皇明道統錄》的情況，由於該書在劉宗周生前未及刊行，後來亦未輯入《劉子全書》之中，因此其具體內容今天已無從得其詳。所幸宗周子劉汋輯、高足董瑒修訂之《蕺山先生年譜》中，於其梗概有所敘述。據云：「天啟七年丁卯，五十歲，《皇明道統錄》成。先生輯《道統錄》七卷，仿朱子《名臣言行錄》，首紀平生行履，次語錄，末附斷論。大儒特書，餘各以類見。去取一準孔孟，有假途異端以逞邪說，托宿鄉愿以取世資者，擯弗錄。即所錄者，褒貶俱出獨見。如薛敬軒、陳白沙、羅整庵、王龍溪，世推為大儒，而先生皆有貶詞。方遜志以節義著，吳康齋人競非毀之，而先生推許不置。（原注略──引者）通錄中無間辭者，自遜志、康齋外，又有曹月川、胡敬齋、陳克庵、蔡虛齋、王陽明、呂涇野六先生。」[2]

這就是說，《皇明道統錄》完稿於明天啟七年（1627年），稿凡七卷。其編纂體例仿照朱熹《名臣言行錄》，作三段式結構，即第一段平生行履，第二段論學語錄，第三段學術斷論。錄中所載一代儒學中人，凡大儒皆自成一家，其餘諸儒則以類相從。而編纂原則亦甚明確，取捨標準為孔孟學說，凡異端邪說，鄉愿媚世者，皆擯而不錄。

---

2　《蕺山先生年譜》（海天旭日硯齋光緒二十三年〔1897年〕），卷上，「天啟七年、五十歲」條。

諸如薛瑄、陳獻章、羅欽順、王畿等，錄中皆有貶責。而於世人競相非毀的方孝孺、吳與弼，錄中則極意推尊。其它如曹端、胡居仁、陳選、蔡清、王守仁、呂柟等，錄中亦加以肯定。

　　倘若取《明儒學案》與宗週年譜所述之《皇明道統錄》相比照，即可發現其間的若干重要相通之處。首先，《道統錄》的三段式編纂結構，亦為《明儒學案》所沿襲，無非將學術斷論移置各案卷首，成為該案之總論罷了。其次，學有承傳之諸大家，《明儒學案》亦獨自成案，如崇仁、白沙、河東、三原、姚江、甘泉、蕺山等。而其它儒林中人，一如《道統錄》之以類相從，宗羲書亦編為《諸儒學案》、《浙中王門》、《江右王門》等。至於以倡「異端邪說」獲咎的李贄，以及著《學蔀通辨》，詆王守仁《朱子晚年定論》為杜撰的陳建等人，《明儒學案》同樣摒棄不錄。最後，《明儒學案》評一代儒林中人，多以著者宗師之說為據，各案皆然，不勝枚舉。譬如卷首之冠以〈師說〉，推方孝孺為一代儒宗；卷一《崇仁學案》，以吳與弼領袖群儒，卷十《姚江學案》，全文引錄《陽明傳信錄》；卷五十八《東林學案》，輯顧憲成《小心齋札記》，所加按語云：「秦、儀一段，係記者之誤，故劉先生將此刪去」；同卷輯高攀龍〈論學書〉，亦加按語云：「蕺山先師曰，辛復元，儒而偽者也；馬君謨，禪而偽者也。」凡此等等，無不透露出《明儒學案》承襲《皇明道統錄》的重要消息。所以，如果我們說《明儒學案》係脫胎於《皇明道統錄》，進而加以充實、完善，恐怕不會是無稽之談。

　　《諸儒學案》是《明儒學案》的又一個重要文獻學來源，尤其是以「學案」題名著述的取法對象。該書著者劉元卿，江西吉安府安福人，年輩略早於劉宗周，為明隆慶、萬曆間活躍在學術舞臺上的陽明學傳人。所著《諸儒學案》，一作八卷，一作二十六卷，其說不一。各卷以小傳、佚事、語錄為序，依次輯錄周敦頤、程顥、程頤、張

載、邵雍、謝良佐、楊時、羅從彥、李侗、朱熹、陸九淵、楊簡、金
履祥、許謙、薛瑄、胡居仁、陳獻章、羅欽順、王守仁、王艮、鄒守
益、王畿、歐陽德、羅洪先、胡直、羅汝芳二十六家論學資料，卷末
附以著者宗師耿定嚮之說。筆者所讀到的是一部明刻殘本，作十二
卷，所錄為周敦頤、程顥、程頤、羅從彥、李侗、朱熹、陸九淵、楊
簡、陳獻章、王守仁、鄒守益、王艮十二家。

　　為什麼說《明儒學案》的題名是以《諸儒學案》為取法對象？主
要根據有二。黃宗羲籍屬浙江，與劉元卿故里江西相鄰，皆是明中葉
以後陽明學盛行的地區。康熙初，黃宗羲編選《明文案》、《明文
海》，諳熟一代文獻，劉元卿著述當所寓目。所以，《明儒學案》中才
會著錄劉元卿及其論學語，且取劉氏與吳與弼、鄧元錫、章潢並稱，
尊為「四君子」。[3]此其一。其二，明中葉以後，以「學案」題名著
述，乃一時風氣。先於劉元卿者，有劉氏宗師耿定向的《陸楊學
案》。後於劉元卿者，則是黃宗羲師劉宗周的《論語學案》。不過，耿
定向、劉宗周二家《學案》，編纂體裁則有別於劉元卿書以及其後的
《明儒學案》。耿氏所撰，為陸九淵、楊簡師徒的一篇傳記合編，宗
周書則是《論語》章句疏解。黃宗羲先前選輯有明一代文章，既以
「文案」題名，之後董理一代儒學，同樣以「學案」名書，也就順理
成章，可謂時勢使然。

## 三　關於學案釋名的困惑

　　在中國學術史上，學案體史籍的定型，時當明清鼎革，是由陽明
學的傑出傳人黃宗羲來完成的。而在黃宗羲著《明儒學案》之前，今

---

3　黃宗羲：《江右王門學案》，《明儒學案》（北京市：中華書局，1985年），卷21，頁
　498。

天我們尚能見到的幾部早期學案史著述，譬如《諸儒學案》、《聖學宗傳》、《理學宗傳》等，也都出自陽明學傳人之手。可見陽明學的貢獻不僅在於思想史，而且在史學史、文獻學方面也是卓有成就的。當然，我們這樣說並不意味著學案體史籍是由王陽明及其後學所創立，事實上其雛形的問世，淵源要深遠得多。二十世紀初，梁任公、陳援庵兩位先生談學案淵源，一致推祖於朱熹的《伊洛淵源錄》，且進而追溯到禪宗的宗史和燈錄。梁先生說：「唐宋以還，佛教大昌，於是有《佛祖通載》、《傳燈錄》等書，謂為宗史也可，謂為學術史也可。其後儒家漸漸仿傚，於是有朱晦翁《伊洛淵源錄》一類書。」[4]援庵先生唱為同調，也說：「自《燈錄》盛行，影響及於儒家。朱子之《伊洛淵源錄》、黃梨洲之《明儒學案》、萬季野之《儒林宗派》等，皆仿此體而作也。」[5]如此談學案源流，這無疑是兩位大師的卓識。但兩位先生並未將所論展開，而後繼者又罕作進一步的梳理。因此，究竟什麼叫學案，應當給它下一個怎樣的定義，久久少有學人董理，迄今尚未形成定說。

二十世紀八〇年代中，中華書局陳金生、梁運華二位先生整理《宋元學案》葳事，陳先生撰文指出：「什麼叫學案？未見有人論定。我想大概是介紹各家學術而分別為之立案，且加以按斷之意（原注：案、按字通——引者）。按斷就是考察論定。因此，學案含有現在所謂學術史的意思。」[6]陳金生先生的此一解釋無疑是一個富有啟示意義的創獲，唯似嫌尚欠周密。看來要解決這個問題，還得追溯到《伊洛淵源錄》上去。

---

4　朱維錚校注：〈梁啟超論清學史二種〉，《中國近三百年學術史》（上海市：復旦大學出版社，1985年），頁436—437。

5　陳垣：《景德傳燈錄》，《中國佛教史籍概論》（石家莊市：河北教育出版社，2000年），卷4，頁773。

6　陳金生：〈宋元學案編纂的原則與體例〉，《書品》1987年第3期。

《伊洛淵源錄》凡十四卷，全書以首倡道學的程顥、程頤為中心，上起北宋中葉周敦頤、邵雍、張載，下迄南宋紹興初胡安國、尹焞，通過輯錄二程及兩宋間與之有師友淵源的諸多學者傳記資料，據以勾勒出程氏道學的承傳源流。在朱熹繁富的學術著作中，《伊洛淵源錄》儘管只是他思想發展早期的著述，不僅尚未取得定本形態，而且朱子在其晚年還對該書發表過否定性的意見，然而這並不意味著可以因之而忽視這部著述的學術價值。恰恰相反，南宋理宗時期以後，隨著趙宋王朝對道學的褒揚，尤其是元初統治者的推尊，朱熹學說高踞廟堂而成為官方的意識形態。於是《伊洛淵源錄》大行於世，迄於明清，影響歷久而不衰，從而顯示出它重要的學術價值。元明以後，在傳統的史籍編纂形式中，學案體史書之所以能夠別張一軍，《伊洛淵源錄》確有首倡之功。

在中國古代，董理學術史的風氣形成甚早，先秦諸子之述學已然開其端倪。自司馬遷著《史記》，班固著《漢書》，以〈儒林傳〉、〈藝文志〉梳理學術源流，遂奠定藩籬，規模粗具。然而結撰專門的學術史，則無疑應自朱熹《伊洛淵源錄》始。朱子此書的可貴，就歷史編纂學的角度言，乃在於它既立足紀傳體史籍的傳統，又博採佛家僧傳之所長，尤其是禪宗燈錄體史籍假記禪師言論，以明禪法師承的編纂形式，從而使記行之與記言，相輔相成，融為一體，最終開啟了史籍編纂的新路。

宋明數百年，是理學時代。理學的興起，從學術發展的內在邏輯講，固然有佛學奪席，頡頏爭先的刺激，所以理學中人無不以闢佛相號召。然而在中國傳統學術中，儒佛相互滲透，本屬互補。作為理學的學術淵源之一，佛學之於理學，在其興衰的全過程中，影響潛移默化，或明或暗，不惟欲去而不能，而且波瀾起伏，絕非人們的主觀意志所能轉移。因而理學中人之為學，每多參禪經歷，程、朱、陸、

王，莫不皆然。於是宋明數百年間，語錄體著述的充斥書林，也就不足為奇了。明中葉以後，陽明學崛起，以講求簡易直截的「致良知」為特徵。由於陽明學與禪宗精神之相通，因之晚明王學風行，禪學亦大盛。耿定向、劉元卿師弟之以「學案」題名論著，即產生於這一儒禪並盛、形影相隨的學術氛圍之中。

　　據已故著名佛學大師呂澂先生之所教，唐代禪宗初起，不立文字，單傳心印。在禪師語錄中，多以簡略的語句，記述宗門師生、賓主問對，含蓄地暗示自身義法之所在，既以此說理，亦以此傳法。此類蘊涵「機鋒」的語句，禪門中稱之為「公案」，意欲據此以判斷是非。呂先生著《中國佛學源流略講》，將「公案」解釋為今人所云之「檔案」、「資料」[7]，一語破的，最是明晰。然而由於「公案」語意隱微，每多費解，於是趙宋一代，遂出現以文字解釋禪意的所謂「文字禪」。「文字禪」興，則解釋公案的著述不脛而走，累世不絕。

　　唐宋以還，江西吉安青原山，為禪門南宗重要傳法地。劉元卿得鄉邦地利之便，早年曾游青原求學，受禪風濡染，自是不言而喻。其師耿定嚮之為學，用黃宗羲的話來講，叫做「拖泥帶水，於佛學半信半不信」[8]，有割捨不斷的因緣。劉元卿著《諸儒學案》，以耿定嚮之說為依據，選編諸儒語錄，一方面從局部言，是要傳承理學諸家學術大要，另一方面從整體看，則旨在弘揚耿氏所宗法的陽明學。因此，《諸儒學案》之與禪宗「公案」，其間確有暗合之處。

　　秉持此一認識，筆者早先撰文，曾經試圖從學案與禪宗燈錄之間的關係來思考，徑直將「學案」釋為「學術公案」的省語。顯然這只

---

7　呂澂：〈南北宗禪學的流行〉，《中國佛學源流略講》（北京市：中華書局，1979年），第9講，頁257。

8　黃宗羲：《泰州學案四》，《明儒學案》（北京市：中華書局，1985年），卷352，頁815-816。

是一種揣測，並沒有直接的文獻依據，自然就缺乏說服力。一九九五年冬，應邀訪問臺灣地區「中研院史語所」，筆者以〈關於研究中國學案史的幾個問題〉為題，在該所作過一個學術報告。對於「學案」一語的解釋，也是報告內容之一。報告結束之後，承「中研院」院士黃彰健老先生賜教，示以還是從「案」字的本義上去思考為好。

訪臺歸來，黃彰老之所教時時縈回腦際，筆者一度將思路轉到王陽明的《朱子晚年定論》上去。王陽明生前做過一部很有名的書，叫做《朱子晚年定論》。這部書初刻於正德十三年（1518年），書成之後，影響甚大，迄於明亡，百餘年不絕。晚明的學術界，不惟陽明學中人奉此書為圭臬，據以論定朱熹、陸九淵學術，而且朱子學中人亦以駁詰辯難而表示了對王書的重視。譬如羅欽順的《困知記》、陳建的《學蔀通辨》皆是。在這樣一個學術背景之下，作為陽明學的傳人，耿定向、劉元卿接過其宗師的「定論」用語，改頭換面而衍為「學案」一詞，或者就不是不可能的事情。因此，如果這樣一個思路能夠成立，那麼「學案」二字似乎又可解為學術定論。也就是說，如同《朱子晚年定論》一樣，耿定向的《陸楊學案》就可讀作陸九淵、楊簡學術定論，劉元卿的《諸儒學案》也可讀作宋明諸大儒的學術定論。同樣的道理，黃宗羲所著《明儒學案》，也就當讀作明代諸儒的學術定論了。

然而，無論是「學術公案」也好，還是「學術定論」也好，憑以解釋「學案」一語，依然都是一種揣測，並沒有語源學上的文獻佐證。自己尚且說服不了，遑論請他人認同呢？年初以來，修訂舊作，重理「案」字之往日思路。誠如陳金生先生之所見，案、按字通，確有考察一義。但是其本義恐不涉「按斷」、「論定」，今日書面用語云「按而不斷」即是其證。可見，「案」字似不當釋為「按斷」、「論定」。如此一來，思路再行調整，可否徑釋為「學術考察」，或引申為

「學術資料長編」呢？當然，這樣去解釋「學案」一語究竟能否成立，確實也沒有把握，唯有敬請方家大雅賜教。

　　儘管如此，筆者以為，給學案體史籍做一個大致的界說，似乎是可行的。謹陳愚見如後。學案體史籍，是我國古代史家記述學術發展歷史的一種獨特編纂形式。其雛形肇始於南宋初葉朱熹著《伊洛淵源錄》，而完善和定型則是數百年後，即清朝康熙初葉黃宗羲著《明儒學案》。它源於傳統的紀傳體史籍，係變通〈儒林傳〉、(《儒學傳》)、《藝文志》(《經籍志》)，兼取佛家燈錄體史籍之所長，經過長期醞釀演化而成。這一特殊體裁的史書，以學者論學資料的輯錄為主體，合案主生平傳略及學術總論為一堂，據以反映一個學者、一個學派，乃至一個時代的學術風貌，從而具備了晚近所謂學術史的意義。

# 後記　就清代學術史研究答客問

　　二〇〇九年秋，首都師範大學歷史學院鄒兆辰教授來訪，就清代學術史研究的諸多問題，賓主切磋，相得益彰。鄒先生是一位很細心的學者，承他費心，將訪談整理成文發表。謹恭錄鄒先生記錄文稿如後，以作本書後記。

## 一　研究生院的讀書生活

　　問：陳先生，很高興能訪問您。從年歲來看，您似乎是處於老一輩學者和當今中青年學者之間的過渡階段的學者。以前也聽過您的學術講演，很有啟發，但一些問題還是不太清楚，今天可以當面向您請教了。

　　答：您太客氣，我們是學史、治史的同行，彼此交流，大有益處。我們從什麼地方開始呢？

　　問：一般我們都是從進入史學殿堂之前的學習階段開始談。

　　答：好！那就從我的讀書生活開始吧。我是一九六五年在貴州大學歷史系畢業的。畢業後，先到昆明糧食學校教書。執教不到一年，就遭遇到「文化大革命」。我被下放到一個貨場的倉庫和裝卸工人一起勞動，但艱苦的生活中，讀書一直是我生活的重要內容。

　　問：您在這十年動亂中仍然能夠堅持讀書，這是受了什麼影響，與家庭影響有關係嗎？

答：影響主要是兩個方面：一個是從少年時代起即接受良好的學校教育，另一方面則是每日不可離開書本的家庭教育。

問：十年動亂結束以後，您很快就得到了繼續深造的機會了？

答：一九七六年粉碎「四人幫」之後，我得以進入大學任教。這時候，我給著名歷史學家鄭天挺教授寫了信，並有幸結識了他。一九七八年，研究生招生制度恢復，在鄭天挺教授的鼓勵下，我考取了中國社會科學院研究生院的研究生，師從已故著名歷史學家楊向奎先生，從此踏進了清史研究的殿堂。作為研究生院的第一屆學生，當時的學習和生活環境都是相當艱苦的，研究生院還沒有獨立的校舍，只能跟北京師範大學的學生住在一起。

問：那樣說來當時的學習條件還是很艱苦的？

答：當時的生活情況，確實是很苦的。但是大家沒有因為生活清苦放棄自己的努力，因為我們這些經歷過十年浩劫的同學都有一種「時不我待」之感，倍加珍惜這來之不易的學習機會。「板凳寧坐十年冷，文章不寫半句空」，這就是我們當時的精神狀態。生活雖然清苦，但當時的學術氛圍確實是很好的。國家圖書館當時叫北京圖書館，是我們經常去讀書的地方。有時為了占個位置而不得不凌晨四五點鐘就爬起來去圖書館，中午就啃一個冷饅頭。社科院良好的學術環境和北京豐富的資料來源，加上得到諸多史學大師的悉心指導，使我們的學問日漸長進。在這三年的研究生院生活中，我經常以「時不我待」四個字來鞭策自己，只爭朝夕，孤燈相伴，苦讀清儒之作。可以說研究生院的讀書生活讓我受益一生，研究生院的養育深恩，我是終身難報。

問：研究生院畢業以後，您就留在了歷史所工作了嗎？

答：是的。一九八一年研究生院畢業後，就留在歷史所工作了，崗位在清史研究室。這三十年來，我專注於清代學術史的探究。經過

多年的學習，在這個領域裏，取得了一些初步成績，其中的《清初學術思辨錄》和《中國學案史》可以說是我的主要代表作。

《清初學術思辨錄》是我的第一本學術專著。一九九二年，由中國社會科學出版社出版。這本書從社會史和學術史相結合的角度出發，以順治、康熙二朝學術史上的若干重要問題作為研究對象，合眾多個案研究為一體，對清初八〇年間的學術演進趨勢、主要特徵和歷史地位等，進行了探討。

這本書問世以後，受到了學術界的關注和鼓勵。楊向奎先生對我的習作給予了肯定評價，認為結合清初的社會實際來談學術思想，這是最正確的方法之一。我們不能脫離實際社會而談社會思潮，「皮之不存，毛將焉附」！先秦諸子、兩漢經學、魏晉玄學、宋明理學，都與當時之社會相關。我此後的研究工作，便是遵循先師教誨，逐步推進的。

## 二　我的學案史研究

問：上次您到我們歷史學院來作學術報告，您專門講了您的學案史研究的情況。我看到學術界對您的《中國學案史》一書評價很高，認為它是一部填補學術空白的開拓性著作。它遠溯先秦諸子、《史記》、《漢書》，上起南宋朱熹《伊洛淵源錄》，下迄民國徐世昌《清儒學案》，對於學案體史籍的形成、發展和演變，作了第一次系統梳理。今天可以請您談一談您從事學案史研究的情況嗎？

答：我進入學案史領域是在二十世紀八〇年代初。致力於黃宗羲研究，就要讀他的《明夷待訪錄》，讀他的《明儒學案》。關於《明儒學案》，梁啟超的《中國近三百年學術史》，追溯到了朱熹的《伊洛淵源錄》，所以我去讀《伊洛淵源錄》，並寫成《朱熹與〈伊洛淵源

錄〉》一文。那麼黃宗羲的《明儒學案》和朱子的《伊洛淵源錄》是什麼關係呢？這是我首先要搞清楚的問題。

問：談中國學案史，首先就要追溯到朱熹的《伊洛淵源錄》了？

答：是的。談中國學案史推祖於朱熹的《伊洛淵源錄》，這是梁啟超先生首倡，中經陳垣先生等史學大師的認同，現在已經成為學術界的共識。

在中國古代學術史上，朱熹是與孔子後先輝映的兩位大師。孔子祖述堯、舜，憲章文、武，以儒學開派宗師而影響中國學術界兩千多年。朱熹則以理學泰斗集傳統儒學之大成，並且將它導向一個嶄新的天地。《伊洛淵源錄》是朱熹學說形成初期的一部著述。它誕生於南宋初葉，並非一個偶然的學術現象，而是深深地植根於兩宋間社會和學術的發展之中。《伊洛淵源錄》全書十四卷，以首倡道學的程顥、程頤為中心，上起北宋中葉周敦頤、邵雍、張載，下至南宋紹興初胡安國、尹焞，通過輯錄二程及兩宋間與程氏有師友淵源的諸多學者的傳記資料，來勾勒出程氏道學的承傳源流。這部書的可貴之處，就在於既立足於紀傳體史籍的傳統，又博採佛家的僧傳所長，尤其是禪宗燈錄體史籍假記禪師言論，以明禪法師承的編纂形式，使記行與記言，相輔相成，渾然一體，開啟了史籍編纂的一條新路。自《伊洛淵源錄》問世後，從元代到明清兩代，以至民國初期的學術史編纂，形成一個源遠流長的傳統。黃宗羲的《明儒學案》，無疑也受到它的影響。

問：上次您談到《明儒學案》的成書年代問題。這個問題是怎麼回事呢？

答：我感到讀《明儒學案》問題太多。首先一個問題，從文獻學的角度看它是在什麼時候成書的呢？黃宗羲曾在序中說：「書成於丙辰之後。」丙辰年是康熙十五年，但把此書的成書定於康熙十五年恐怕是不對的。

　　黃宗羲的這部書不可能在康熙十五年完成。因為之前一年他才完成了《明文案》，不可能這麼快就完成另一部書。黃宗羲的這部書，最初並不叫《明儒學案》，而是叫《蕺山學案》，這是專談他的老師劉宗周學術的史書，大概在康熙二十年完成。北方大儒湯斌，還為該書作了序。這樣，就有一個從《蕺山學案》到《明儒學案》的過程。

　　我提出了《明儒學案》的初始是什麼的問題，但沒有搞清楚，問題太多。我想弄清楚這部書最近的淵源是什麼？就是直接的來源是什麼？於是讀他的詩文年譜，發現孫奇逢的《理學宗傳》很重要。

　　問：孫奇逢是什麼人呢？他的《理學宗傳》是怎樣的一部書？

　　答：那就先說說孫奇逢這個人。孫奇逢河北容城人，生於明萬曆十二年（1584年），卒於清康熙十四年（1675年），享年九十二歲。所以，他的一生和明清更迭的歷史過程相始終。他經明清兩朝的徵聘而不出，所以人稱孫徵君，晚年號歲寒老人。他的門人如雲，弟子遍及南北。晚年，於課徒授業的同時勤勉著述，以著述終老，成為清朝初年北學泰斗。他的主要著述有《理學宗傳》、《中州人物考》、《畿輔人物考》等。

　　《理學宗傳》是他的代表作。這部書始刊於康熙五年春，但是編纂的過程已經經過了三十年，並且是三易其稿。就是說，他在崇禎初年就開始結撰，那時正當他的中年時代，等到該書刊刻，已經是八十三歲的高齡了。這部書共二十六卷，前十一卷主要寫他所稱的「宋明理學十一子」，就是周敦頤、程顥、程頤、張載、邵雍、朱熹、陸九淵、薛瑄、王守仁、羅洪先、顧憲成。另外，還有附載四人。卷十二以後已經逾出理學家的範圍，主要包括漢、隋、唐、宋、元、明各代的儒者。他的編纂方針就是「十一子其主也，儒之考其輔也」。全書總共記述了歷代學者共一百七十人。

　　孫奇逢儘管是出自陽明學，但他並不抱殘守缺。一方面肯定陽明學在儒學發展中的地位，另一方面也正視自身學派所面臨的危機，試

圖把朱子學和陽明學合在一起，他的書要解決王陽明的儒學正統地位。在編纂體例上，他上承朱熹《伊洛淵源錄》開啟的路徑，變通紀傳體史籍中的儒林列傳體裁，採取了合傳記及學術資料選編於一堂的編纂形式。《理學宗傳》的結撰，試圖通過中國古代學術史，尤其是宋明理學史的總結，尋找儒學發展的新途徑，在當時學術界產生了深遠影響。

問：您怎麼知道黃宗羲與孫奇逢有關係呢？

答：據黃宗羲的裔孫黃炳垕所輯《黃梨洲先生年譜》記載，孫奇逢生前與黃宗羲之間有過一次書劄往還。康熙十二年，正值黃宗羲母親八十誕辰，孫奇逢千里寄詩一章，並將他所輯的《理學宗傳》一部作為祝賀。黃宗羲在康熙十五年以後著手去作《明儒學案》，應當不排除《理學宗傳》的影響。

孫奇逢有一個《日譜》，記述了他輯《理學宗傳》的過程。我也讀過這部《日譜》，發現南北學術交流的問題。二十世紀八〇年代初，先是寫了〈孫夏峰與黃梨洲〉的讀書札記，後來即以之為探討內容，再成《蕺山南學與夏峰北學》一文。

問：除了《理學宗傳》以外，還有沒有別的書影響到黃宗羲呢？

答：對於黃宗羲影響最大的人應該說是他的老師劉宗周，《明儒學案》的直接來源我認為當是劉宗周的《皇明道統錄》。此書完稿於天啟七年（1627年），共七卷。它的編纂體例是仿照朱熹的《名臣言行錄》。結構是三段式，第一段平生行履，第二段語錄，第三段論斷。《明儒學案》的體例和《皇明道統錄》很相似，都是分三個部分，不過是將論斷置於各案的卷首。所以，我揣測黃宗羲的《明儒學案》脫胎於《皇明道統錄》，並進一步加以充實、完善。

關於《明儒學案》，我過去寫過一些文章，後來大都輯入新近修訂的《中國學案史》中。最近，又據讀書所得再成〈《明儒學案》發

微》一文，很快會在《中國史研究》上刊出，或許可以參考。

　　問：您的講座中還談到黃宗羲的書之所以稱為「學案」的問題，您是否可以再談談這一點？

　　答：為什麼叫「學案」？這是我二十年來沒解決的問題。

　　二十世紀八〇年代中，陳金生先生最先撰文提出定義，說了中國古代「案」和「按」兩個字是相通的，「按」是判斷、考察的意思。九〇年代初，我沿著陳先生的思路寫了一篇〈學案試釋〉，提出「學案」是學術公案的意思，未必能成立。今年初，又為《北京師範大學學報》寫了一篇〈學案再釋〉，請參考。

　　問：在學案史的研究中，您除了研究黃宗羲的《明儒學案》以外，您還在搞《清儒學案》的點校是吧？

　　答：《明儒學案》往下繼續讀還有兩部重要的著作，第一部就是《宋元學案》。黃宗羲完成《明儒學案》的結撰以後，以耄耋之年致力於《宋元學案》的結撰，雖然因為他年事已高，沒有能夠完成，但他發凡起例的辛勤勞動是功不可沒的。黃宗羲去世後，他的兒子黃百家繼承父志，繼續進行纂修，為《宋元學案》的成書立下不可磨滅的業績。據我的粗略統計，在今本《宋元學案》中，載有黃百家的按語兩百一十條，數量之多大大超過其父。黃氏父子先後謝世以後，所遺留下來的《宋元儒學案》稿本沒有人去整理，幾乎散失。到乾隆初年，幸好得到浙東學者全祖望繼續對書稿續加補輯，使這部瀕於失散的稿本最終得以完成。全祖望既有對宋元學術的深厚素養，又曾讀過《宋元儒學案》和《明儒學案》的稿本，所以他是完成此書的最好的人選。原來叫《宋儒學案》和《元儒學案》，全祖望把它們合二為一，成為今天的《宋元學案》。

　　另一本就是徐世昌主持的《清儒學案》。《清儒學案》共兩百〇八卷，上起明清之際的孫奇逢、黃宗羲、顧炎武，下至清末民初的宋書

升、王先謙、柯劭忞,一代學林中的人物,大多網羅其間。不僅內容
的豐富超過了先前諸家的學案,而且體例的嚴整也可以說深得黃宗
羲、全祖望這樣的一代大師的遺法。《清儒學案》的纂修始於一九二
八年,一九三八年完成,歷時十餘年。這部書修纂由徐世昌主持、提
供經費,並且親自審訂。具體的纂修者是夏孫桐等十人。它是繼《明
儒學案》、《宋元學案》之後又一部成功的學案體史籍。我花了三十年
的時間讀它,二十世紀九〇年代初開始點校,歷時十多年,總算在今
年初出版了,疏失一定很多,敬請大家指教。

問:您的《中國學案史》最初是在臺灣地區出版的嗎?

答:二十世紀九〇年代初,我把學案史的發展源流作了一個梳
理,寫成了《中國學案史》書稿。承臺灣地區文化大學邱鎮京教授錯
愛,把書稿送至臺北文津出版社,一九九四年出版。十幾年過去了,
學案史的研究在中國的學術史研究中還是一個可以深入開拓的領域。
由於它的研究對象處於思想史、哲學史和史學史、文獻學的交會點
上,隨著學術史研究向縱深推進,它也吸引了更多的研究者的注意。
所以,中國出版集團東方出版中心在二〇〇八年底又出版了新的修訂
本。承南北學術界的朋友們錯愛,據我所能見到的文字,迄今已有五
位專家分別撰文,對拙著修訂本進行專題批評。

## 三 對乾嘉學派的研究

問:我看到您的學術論著中關於乾嘉學派的研究成果很多,如河
北人民出版社二〇〇五年出版的《乾嘉學術編年》,是一個大部頭的
著作;還有一本《乾嘉學派研究》也是河北人民出版社二〇〇五年出
版的。是否可以談一談,關於乾嘉學派的研究有什麼重要意義?您為
何要投入這項研究?

答：這是一個大問題，只能粗略地談一下。最近十多年間，乾嘉學派研究是中國學術界所關注的若干問題之一，無論是在中國大陸，還是在臺灣地區，都有不少論著問世，取得了可喜的成績。首先，我們要探討一下為什麼在乾隆初葉以後，會出現乾嘉學派主盟學壇的歷史現象。

二十世紀初葉以來，我們中國的幾代學人，都在不間斷地尋求解決這個問題的答案。章太炎先生所著的《訄書》中曾談到了兩個方面的原因：一方面是學術的原因，另一方面則是政治的原因。「理學之言竭而無餘華」，講的是學術原因。是說經過宋明數百年演進，入清以後，理學在理論上已經枯竭，不可能再有發展的空間。在這樣的情況下，中國學術要繼續往前走，就只有尋求其它途徑。也就是說，十七世紀中葉以後，用一種新的學術形態去取代理學，已經成為中國學術的時代要求。另一方面，「多忌」、「愚民」等說法講的都是明清更迭所釀成的政治原因。「多忌」指學術界所受到的政治制約而言，因為統治者的政治高壓，避忌太多，學術失去生機，萬馬齊喑；「愚民」是就統治者推行的文化政策而言，由於愚民政策的需要，自然不提倡經世致用的學問。正是這學術、政治兩方面因素的共同作用，造成了乾嘉諸儒「治經以紓死」的局面。

我覺得章太炎先生所談的這兩方面原因，無疑是正確的。但是要注意一點，就是因為這個時候章先生正宣導「革命排滿」，對清政權成見很深，所以他沒有，或者是不願意去考慮清中葉以後，迄於乾隆中，中國社會的由亂而治，相對穩定的情況。正是看到了章先生論證的不周密，稍後梁啟超先生著《清代學術概論》、《中國近三百年學術史》，一方面既承襲章太炎先生的意見，從學術和政治兩方面去觀察認識問題，另一方面又注意到社會相對穩定對學術發展的影響。梁先生就此提出了一個帶有規律性的結論，他說：「凡在社會秩序安寧，

物力豐盛的時候，學問都從分析整理一路發展。乾、嘉間考證學所以特別流行，也不外這種原則罷了。」這樣，梁先生便在探索解決問題的道路上，於學術、政治兩方面的原因之外，又加上了社會經濟方面的因素。

繼章太炎、梁啟超二位先生之後，錢穆先生和他的高足余英時先生，可以說鞭闢近裏，後來居上。無論是錢穆先生視宋明迄清代的社會與學術為一整體，憑以揭出「學術流變與時消息」和「不識宋學即無以識近代」的認識規律，還是余英時先生就學術演進而首次闡發的「內在理路」學說都是領異立新，超邁前賢的，他們把問題的探討推向了前所未有的深度。

問：馬克思主義學者對這個問題是怎麼看的呢？

答：這個問題很重要，我們可以具體地談一談。二十世紀中葉以後，在錢先生、余先生深入開拓、精進不已的同時，以侯外廬、楊向奎諸先生為代表的學者，秉持馬克思主義唯物史觀，也在乾嘉學派的研究中取得了卓著業績。

侯外廬先生論究乾嘉學派，首先提出並加以解決的問題，就是對十八世紀中國社會基本狀況的認識。侯先生從經濟狀況和階級關係的剖析入手，認為從十六世紀中葉以後，中國封建社會開始了它的解體過程。這是一個蹣跚而痛苦的過程。當歷史演進到十七世紀中葉，由於明清更迭所釀成的社會動盪，使中國社會一度出現民族矛盾激化的局面，因而歷史的發展遂沿著更緩慢的途徑前進。侯外廬先生說：「在清初的大破壞時期和康熙朝後期若干年的相對安定時期，民族的壓迫都使中國歷史蹣跚不前。但這並不是說，清王朝一系列的鎮壓政策和統治階級的主觀願望就能長久阻止客觀歷史的前進。十八世紀的中國社會經濟就呈顯出復蘇的景象，它有了恢復，甚至也有了發展。」通過對十六世紀中葉以後尤其是十八世紀到十九世紀初葉國情

的研究，侯外廬先生得出了他觀察十八世紀中國社會的結論，那就是：「十八世紀的中國社會並不是所謂太平盛世。」以此為認識基點，侯先生進而論究十八世紀的中國學術與中國社會的關係，提出了他的見解：「十八世紀的中國社會，是階級矛盾和民族矛盾相交錯的。從整個形勢來看，這時清朝封建統治勢力佔有相對穩定的統治地位。從發展上看，這時資本主義的幼芽、市民的力量、農民的反抗活動都是在不可阻遏地生長著。這種歷史形勢反映在當時的思想界，就是一方面有專門漢學之統治地位的形成；另一方面則有戴震、汪中、章學誠、焦循等人的哲學思想的出現。」這裏侯先生所稱的「專門漢學」，就是指乾嘉學派而言的。

　　從二十世紀八○年代末開始，我也附諸位先進之驥尾，專心於乾嘉學派與乾嘉學術的研究。一方面承受了前哲時賢數十年積纍，更以自己不問寒暑的文獻耙梳，經過多年的思考逐漸悟到在中國古代學術史上乾嘉學派主盟學壇百年之久，並不是一個偶然的歷史現象。它是那個時代特定的社會經濟條件之下，為宋明以降學術演進的內在邏輯所制約，眾多歷史因素交互作用的結果。因此，我們論究乾嘉學派，不宜孤立地以某一方面的原因把問題簡單化，而應當放開視野，多方聯繫，力求準確地把握歷史合力的交會點，揭示出歷史的本質。

　　問：您談的這一點我覺得很重要，是不是可以再具體談一下乾嘉學派出現的具體原因？

　　答：好。要說明這個問題，要先從順、康之際的批判理學思潮談起。順、康之際，伴隨著理學的衰微，理論思維領域逐漸醞釀起同傳統的理學無論在內容上，還是在方法上都不盡一致的新思潮。這一思潮發端於明末以來的實學思潮，以樸實考證經史為方法，以經世致用為宗旨，試圖據以達到挽救社會危機的目的。清初的這種批判理學思潮，成為乾嘉漢學的先導。這種思潮，以經世致用為宗旨，對理學進

行批判和總結,打破幾個世紀以來理學對思想界的束縛,是具有歷史的積極意義的。但清初思想家對理學的批判又具有濃厚的法古傾向。他們批判理學的思想武器,不可能是建立在新的經濟因素上的理論形態,而是較之理學更為古老的漢代經學。這種法古的傾向,導致了清初知識界在方法論上逐漸拋棄宋明理學的哲學思辨,走上樸實考證經史的途徑,從而也就為乾嘉學派的形成在理論思維上提供了內在的邏輯依據。隨著清初歷史的發展,尤其是清廷文化專制的加劇,批判理學思潮發生了變化,樸實考經證史最終成為主要的方面,而經世的宗旨則無人回應。這樣,經過清初諸儒對理學的批判,中國古代儒學並沒有超越理學而大步前進,只是經過了一場如梁啟超所說的「研究法的運動」,走向對傳統學術的全面整理和總結。到了乾隆中葉,伴隨著經濟的發展和社會的相對穩定,考證學終於風靡朝野,形成了中國古代社會晚期繼宋明理學之後的主要學術流派,這就是清代漢學,也就是乾嘉學派。

問:我覺得您所談的乾嘉學派形成的背景很具有說服力,既承襲了前輩學者的研究成果,又有自己的創新見解,側重於學術發展的視野,令人信服。對於如何把握乾嘉學者的學術主流上您有什麼自己的見解呢?

答:清代學術以總結整理中國數千年學術為基本特徵,而最能體現此一歷史特色的,就是乾嘉學派與乾嘉學術。章太炎先生在《訄書》中說的「好博而尊聞」,「綜形名,任裁斷」,已經隱約道出了乾嘉學派樸實考經證史的為學特色。梁啟超先生則將章先生的主張加以發揮,稱清代學術為考證學。他認為:「我國自秦以後,確能成為時代思潮者。則漢之經學,隋唐之佛學,宋及明之理學,清之考證學,四者而已。」梁先生還將清代學術分為啟蒙、全盛、蛻分、衰落四期,以乾嘉為全盛期,指出:「啟蒙期之考證學,不過居一部分勢

力，全盛期則佔領全學界。故治全盛期學史者，考證學以外，殆不必置論。」又說：「乾嘉間之考證學幾乎獨佔學界勢力……可以說是清代三百年文化的結晶體。」章、梁二位先生，尤其是梁先生對乾嘉學術主流的把握，二十世紀初葉以來，一直為學術界所認可。最近十多年間，中國學術界重新審視乾嘉學派與乾嘉學術，一些學者，尤其是年輕學者，不再沿襲章、梁二家之說，試圖表彰此一時期的經世思想，重評文字獄，進而提出乾嘉時期存在一個新義理學的主張。這樣一來，什麼是乾嘉時期的學術主流就成了問題。

問：那麼您對於這個問題是如何看的呢？

答：對於今日學術界年輕朋友的學術創新精神，我是十分敬重的，沒有這樣的精神，學術研究就無從推進。然而學術創新的實現，必須建立在堅實的文獻基礎上，需要我們付出長期的、艱苦的創造性勞動。如何去把握乾嘉時期的學術主流，亦是如此。在這個問題上，恐怕首先要解決一個方法論的問題。具體地講，就是採用習慣的吳皖分派方法，還是把乾嘉學派與乾嘉學術視為一個歷史過程去認識和研究的方法。

在說明我自己的觀點以前，我還是要把前輩學者的看法梳理一下。

二十世紀二〇年代以前，章太炎先生、梁啟超先生等前輩大師，都是以吳皖分派法來談乾嘉學派與乾嘉學術。三〇年代中，錢穆先生從章、梁二先生忽略的地方入手，著意論究惠棟對於戴震為學的影響，提出「吳皖非分幟」的主張，這樣就把研究引向了深入。

二十世紀五〇年代中，侯外廬先生以章太炎、梁啟超、錢穆三位先生的研究所得為起點，繼續向縱深推進。一方面沿用吳、皖分派的思路，從為學路數和旨趣上去認識乾嘉學術；另一方面，他又選取乾嘉時代的幾位主要思想家，如戴震、汪中、章學誠、焦循、阮元等，去進行專題研究。通過探討諸家的思想、學術的個性和貢獻，侯先生

提出了若干具有創獲意義的重要見解。我覺得如下兩個見解對於深化乾嘉漢學的研究尤為重要：第一個見解是，漢學是始於惠棟，而發展於戴震的，戴學在思想史的繼承上為惠學的發展。第二個見解是，阮元扮演了總結十八世紀漢學思潮的角色。如果說焦循是在學說體繫上清算乾嘉漢學的思想，則阮元是在匯刻編纂上結束乾嘉漢學的成績。他是一個戴學的繼承者，並且是一個在最後宣導漢學學風的人。這就是說，乾嘉漢學肇始於惠棟，經戴震加以發展，至焦循、阮元而進行總結，方才走完其歷史道路。

這兩個重要見解，突破吳、皖分派的舊有格局，為把乾嘉學派和乾嘉學術作為一個歷史過程來進行研究開了先河。這是侯外廬先生在乾嘉漢學研究中的一個重大貢獻，其思想史和學術史上的意義不可低估。二十世紀六〇年代初，先師楊向奎先生同外廬先生相呼應，在《新建設》雜誌一九六四年七月號上發表了〈談乾嘉學派〉一文。文中，向奎先師說：「歷來談乾嘉學派的，總是說這一個學派有所謂吳派、皖派之分。其實，與其這樣按地域來劃分，還不如從發展上來看它前後的不同，倒可以看出它的實質。」令人惋惜的是，侯、楊二位大師的研究意見，尚未在學術界激起共鳴，一場民族文化的浩劫便轟然而起。

問：新時期以來，您繼承了侯、楊二位前輩學者的研究意見，把他們的觀點又作了進一步的闡揚。談談您是怎麼做的呢？

答：改革開放以後，我秉承侯、楊二位先生之教，於一九九二年冬初次赴臺問學，在「中研院文哲所」召開的清代經學研討會上，提交了〈乾嘉學派吳皖分野說商榷〉的文章。我在文章中說道：「在中國學術史上，乾嘉學派活躍於十八、十九兩個世紀間的學術舞臺，其影響所及，迄於二十世紀中而猶存。作為一個富有生命力，且影響久遠的學術流派，它如同歷史上的眾多學派一樣，也有其個性鮮明的形

成、發展和衰微的歷史過程。這個過程錯綜複雜，跌宕起伏，顯然不是用吳皖分野的簡單歸類所能反映的。」因此，我在文章中提出「從歷史實際出發，對各家學術進行實事求是的具體研究。其中既包括對眾多學者深入的個案探討，也包括對學術世家和地域學術的群體分析，從而把握近百年間學術演進的源流，抑或能夠找到將乾嘉學派研究引向深入的途徑。」

沿著這樣的方向努力，我在此後的五六年間同研究所裏的年輕學人合作，完成了《乾嘉學術編年》的結撰。全書上起乾隆元年，下迄道光十九年，我們試圖通過這一百年間學術史資料的長編，把乾嘉學派與乾嘉學術演進的歷史過程記錄下來。至於這一思想是否得到了實現，還要請學術界的朋友們多多指教。

問：您是不是可以把這部《乾嘉學術編年》在學術上的特點再具體地介紹一下？

答：《乾嘉學術編年》為編年體乾嘉學術史資料長編。在中國學術史上，編年體史籍雖成書甚早，然以之述學，則又較之其它體裁史書為晚。二十世紀二〇年代初，錢穆先生著《先秦諸子繫年》，或可視為其發軔。之後，劉汝霖先生之大著《中國學術編年》，則無疑可稱為開山之作。《乾嘉學術編年》之結撰，即係遵循前輩師長開辟之門徑而摸索向前。

問：您曾經探討過中國社會進入十九世紀以後，經籍考證如日中天的歷史時期已經過去，乾嘉學派步入總結和衰微的階段，那麼這種局面出現的原因在哪裏呢？

答：這確實是一個值得探討的問題。乾隆末、嘉慶初，也就是中國社會進入十九世紀門檻的時候，經籍考證如日中天的歷史時期已經過去，乾嘉學派步入了總結和衰微的階段。這一歷史時期中國社會的危機迭起，衰相畢露，中國學術亦陷入了前所未有的困境。

　　早在乾隆四十年代末，《四庫全書》館臣程晉芳撰《正學論》，即對風靡朝野的漢學也就是考證學提出了　質疑，他批評了當時的學術界「昌言漢學者幾四十年」，但宋學遭到貶斥。他說：「為宋學者未嘗棄漢唐也，為漢學者獨可棄宋元以降乎！」在乾嘉學術史上，章學誠的一生幾乎與考據學的興衰相始終。他同一時主流學派的人物，開始過從甚密，以後漸生齟齬，最後分道揚鑣，成為考據學風的一位不妥協批評者。章學誠是嘉慶六年病逝的，在他去世前數年，幾乎每年都要撰文抨彈一時學風。嘉慶元年，章學誠在給汪輝祖的信中說：「近日學者風氣，徵實太多，發揮太少，有如桑蠶食葉而不能抽絲。」嘉慶二年，章學誠以《文史通義》初刻稿送錢大昕，並致書闡發著述宗旨，重申：「惟世俗風尚，必有所偏，達人顯貴之所主持，聰明才雋之所奔赴，其中流弊，必不在小，載筆之士，不思救挽，無為貴著述矣。」嘉慶五年，章學誠再撰長文論浙東學術，系統地提出「史學所以經世」的主張。他的結論是：「史學所以經世，非空言著述也。且如六經，同出於孔子，先儒以為，其功莫大於《春秋》，正以切合當時人事耳。後之言著述者，舍今而求古，舍人事而言性天，則吾不得而知之矣。學者不知斯義，不足言史學也。」類似上述諸家的主張很多。足見十八世紀末十九世紀初，質疑和否定主盟學壇的考證學，已經是中國學術界存在的一個普遍傾向。

　　古往今來，學術前輩們的實踐一再告訴我們，學術文獻乃治學術史的依據，只有把學術文獻的整理和研究工作做好，學術史的研究才能夠建立在可靠的基礎之上。鑒於近一二十年間的乾嘉學派研究起步很快，但文獻準備尚不充分，所以二〇〇二年，我在高雄中山大學參加第七屆清代學術研討會，曾提出進一步做好乾嘉學術文獻整理和研究工作的建議，以與出席會議的學人共勉。我想，經過學術界的共同努力，循序漸進，持之以恆，我們的乾嘉學派研究定然會創造出一個可以告慰前賢的局面來。

## 四　博學於文，行己有恥

問：您在很多大學的講演中都提到孔子的教誨「博學於文，行己有恥」，為什麼您今天要提出這個觀點呢？

答：「博學於文，行己有恥」可以說是我一生的追求，同時也是我給在校學生的寄語。這句話源出《論語》，孔子回答弟子為學之問，主張「博學於文」，而為人之問，則答為「行己有恥」。後來清初學術大師顧炎武將這兩句話合而為一，就成了「博學於文，行己有恥」。我之所以要重申這樣的主張，是有感於當前學術界和社會的不良風氣而提出來的。我認為，要合為人與為學於一體。「博學於文」中的「文」不是簡單的書本知識，而是指整個人文知識，是學者的學術素養。史學工作者最要講素養，因為歷史學科是講求積纍的學問，如果積纍不到一定的程度，是不能取得發言權的。而「行己有恥」就是說要知道什麼是恥辱，什麼事情該做，什麼事情不該做，即要知道「有所為，有所不為」，自己腦子裏要十分清楚才行。學人不僅要「博學於文」，更要「行己有恥」，強調做人要律己，應當樹立一個做人的原則，即什麼事情對國家民族有利就要做，對國家民族不利就不做。

問：您在學術講演中經常提到要學習老一輩學者的治學傳統，這是您對當今年輕一代學者的重要期盼吧？

答：是的。我建議大家學習老前輩的治學傳統，讀書要入乎其裏，出乎其外，要善於效法他們去解決問題，要認真讀書。最近二三十年，許多學者堅持了這個好傳統，但有些人沒有堅持。我希望大家要潛心讀書。近十多年來，我每年要看許多博士論文，平均不下十五部。從二月到六月，都要為各高校服務。看到好的文章很高興，不好

的也很擔心。有的年輕的同志剛出了一本書，就很著急出版自己的第二本著作，我覺得不能這麼急。我們所裏的老前輩，有的人終生沒有出一本書，但沒有人不承認他們的學術地位，已故張政烺先生就是最有說服力的楷模。

問：我最近看到您談到史學工作者的社會責任和時代使命問題，為什麼您要強調這個問題？

答：我們回顧中國史學最近三十年來的發展，應該看到，成果很豐碩，主流是好的，但也存在一些問題。譬如有的同志把中國史學研究的好傳統丟掉了，對史學工作者的基本素養和社會責任很淡漠，在社會上造成了一些不太好的影響。有的史學工作者對馬克思主義唯物史觀產生懷疑，認為它有很多缺陷，必須加以修訂。再就是歷史虛無主義思潮也有所抬頭，有人借「重新評價」之名，歪曲近現代中國革命的歷史和黨的歷史，在社會上造成了很不好的影響。還有一種情況就是把歷史學的功能庸俗化，把嚴謹的歷史研究弄成虛無縹緲的東西。這些現象說明，確有部分史學工作者忘記了歷史學應該為人民服務、為社會主義服務的社會責任。

問：您長期致力於清代學術史的研究，從中國史學的優良傳統中也有一些可以為今天學術事業健康發展借鑒的東西。

答：是啊！「經世致用」就是中國史學的優良傳統，任何時代的歷史學家都要踐行那個時代的社會責任。當前，黨中央提出了科學發展觀、構建社會主義和諧社會、弘揚中華文化等重大命題，史學工作者要結合當代中國的社會主義現代化建設實踐，從史學的角度去研究，為我們黨和人民構建社會主義和諧社會的偉大實踐提供歷史借鑒、建言獻策。

問：二○○九年，您擔任了中國史學會的副會長，您覺得當前史學工作者有哪些重要工作要做？

答：史學工作者首先是要自覺地加強學習，特別是馬克思主義唯物史觀的學習。馬克思主義的唯物史觀不是教條，而是能夠經受實踐檢驗的真理。我們要理直氣壯地堅持唯物史觀，認真地學習馬列主義經典原著，學習中國化的馬克思主義理論體系——毛澤東思想、鄧小平理論、「三個代表」重要思想和新一代中央領導集體提出的科學發展觀。同時還要具有世界的眼光和開闊的胸襟，努力學習人類文明的先進成果，使之化為我有。

問：結合自己多年治史的實踐，您覺得怎樣才能成為一個合格的史學工作者呢？

答：怎樣才能成為一名合格的史學工作者，對於這個問題，自古以來，就有很多表述。比如唐代的史學家劉知幾對史家的素養進行理論總結，提出了「才、學、識」三個字。到了清代乾嘉時期，史學大師章學誠在「才、學、識」三個字之後，又提出一個「德」字。我認為，德、才、學、識這四個字，是我們史學工作者要盡職盡責做到的。如果把這四個字與我們新的時代任務結合起來解釋，就是應當具有正確的立場、觀點和良好的學術素養。

剛才我已經講到了，我認為在當前作為一名史學工作者，最要緊的是要做到「博學於文，行己有恥」。史學工作者最講素養，因為歷史學科是講求積纍的學問，字字有根據，句句有來歷，是起碼的治學要求。如果積纍不到一定的程度，是不能取得發言權的。《禮記》的《學記》篇中，有一句很有名的話，叫做「學然後知不足」。我們中國是歷史悠久的文明古國，以禮儀之邦而著稱於世，文獻山積，汗牛充棟，為中華民族，也為全人類留下了寶貴的精神財富。認真總結和整理這些寶貴財富，使之發揚光大，造福於今日及爾後的社會發展，是我們史學工作者的歷史責任。我們既然選擇治史為畢生的事業，一生有讀不盡的書，學不盡的知識，做不盡的學問。因此，就應當永遠

以孜孜求學的學子心志，刻苦讀書，精進不已。這是我們的天職，也是人生最大的樂趣。

問：謝謝您接受訪談。您的談話回顧了您自己走過的學術歷程，也提出了對當代史學工作者的期望。我相信您在治學中所得到的體驗，對於不同學科的史學工作者都是有益的。祝您在已經取得的學術成就的基礎上能夠更上一層樓！

中華文化思想叢書 A0100010

# 清代學術源流　下冊

作　　者　陳祖武
責任編輯　蔡雅如

發 行 人　陳滿銘
總 經 理　梁錦興
總 編 輯　陳滿銘
副總編輯　張晏瑞
編 輯 所　萬卷樓圖書股份有限公司
排　　版　林曉敏
印　　刷　百通科技股份有限公司
封面設計　斐類設計工作室

出　　版　昌明文化有限公司
桃園市龜山區中原街 32 號
電話　(02)23216565
發　　行　萬卷樓圖書股份有限公司
臺北市羅斯福路二段 41 號 6 樓之 3
電話　(02)23216565
傳真　(02)23218698
電郵　SERVICE@WANJUAN.COM.TW
大陸經銷
廈門外圖臺灣書店有限公司
電郵　JKB188@188.COM

**ISBN** 978-986-92892-1-4
2016 年 4 月初版
定價：新臺幣 400 元

如何購買本書：

1. 劃撥購書，請透過以下郵政劃撥帳號：
　帳號：15624015
　戶名：萬卷樓圖書股份有限公司
2. 轉帳購書，請透過以下帳戶
　合作金庫銀行　古亭分行
　戶名：萬卷樓圖書股份有限公司
　帳號：0877717092596
3. 網路購書，請透過萬卷樓網站
　網址 WWW.WANJUAN.COM.TW

大量購書，請直接聯繫我們，將有專人為您
服務。客服：(02)23216565 分機 10

如有缺頁、破損或裝訂錯誤，請寄回更換

國家圖書館出版品預行編目資料

清代學術源流 / 陳祖武著.-- 初版.-- 桃園
市：昌明文化出版；臺北市：萬卷樓發行,
2016.04
　冊；　　公分.-- (中華文化思想叢書)
ISBN 978-986-92892-1-4(下冊：平裝)
1.學術思想 2.清代
112.7　　　　　　　　　　　　105002879

本著作物經廈門墨客知識產權代理有限公司代理，由北京師範大學出版社（集團）有
限公司授權萬卷樓圖書股份有限公司出版、發行中文繁體字版版權。